ETERNAL FASHION ICONS

時尚經典的誕生

18位名人,18則傳奇,18個影響全球的時尙指標。

姜旻枝──圖‧文　黃筱筠──翻譯

序　和她們一起穿梭在時尚史的華麗旅程！‧4

1　瑪琳‧黛德麗 Marlene Dietrich‧6
2　瑪麗蓮‧夢露 Marilyn Monroe‧32
3　奧黛麗‧赫本 Audrey Hepburn‧52
4　葛莉絲‧凱莉 Grace Kelly‧78
5　賈桂琳‧甘迺迪‧歐納西斯 Jacqueline Kennedy Onassis‧106
6　碧姬‧芭杜 Brigitte Bardot‧126
7　崔姬 Twiggy‧148
8　珍‧柏金 Jane Birkin‧168
9　黛博拉‧哈瑞 Deborah Harry‧184

10 黛安娜・斯賓塞 Diana Spencer・202

11 瑪丹娜 Madonna・224

12 安娜・溫圖 Anna Wintour・248

13 凱特・摩絲 Kate Moss・278

14 莎拉・潔西卡・帕克 Sarah Jessica Parker・296

15 歐爾森姊妹 Olsen Sisters・314

16 女神卡卡 Lady Gaga・332

17 蜜雪兒・歐巴馬 Michelle Obama・348

18 凱特・密道頓 Kate Middleton・368

附錄・391

〈序〉和她們一起穿梭在時尚史的華麗旅程！

　　時尚經典人物——其實她們並沒有創造出新的時尚，設計和製作衣服，這件事實際上是服裝設計師的工作。不過，在時尚的歷史中，時尚經典人物扮演了把設計師的作品傳遞給一般大眾的重要角色，有時一定要經過她們的加持，才能成就時尚，甚至還會產生意料之外的效果，例如曾經被大家忽視的迷你裙之所以能夠造成全球的熱潮，靠的是崔姬完美演繹了瑪莉官的設計；尚‧保羅‧高緹耶曾經令人不敢恭維的錐形馬甲，也是因為瑪丹娜才變成大家熟悉的單品，如果說設計師扮演的是創造者的角色，那麼經典人物們就扮演了訊息傳遞者、時尚領袖、潮流推手的角色。

　　其實如果細細檢視時尚史，會發現提到富有傳奇色彩的設計師時，免不了要提到時尚經典人物，在比我預期中還受歡迎的前一部作品《時尚的誕生》也是這樣，愛馬仕篇講到了葛莉絲‧凱莉、珍‧柏金；提到紀梵希時，就不能少了奧黛麗‧赫本。

　　好，我們現在把主角換過來！

　　《時尚的誕生》是從設計師的角度看她們，這次則是要從葛莉絲‧凱莉、珍‧柏金的故事去看這些經典的設計。現在就透過這本書來想想——紀梵希在奧黛麗‧赫本的人生中是什麼樣的存在？崔姬對瑪莉官來說是多麼不可或缺的人？

　　不站在「製造」衣服的設計師立場，而是以「穿」衣服的時尚角度出發，這本書想談的是：她們是怎麼讓其他人接受自己的風格？進而對現代時尚史造成巨大影響的呢？

本書透過漫畫和插畫介紹在時尚史中仍有影響力的經典人物們，不講八卦，只從時尚的觀點談論她們的風格。順著她們的故事讀下去，就能夠一目了然地看到時尚史的變化。

　　書中選出的18位主角是各時代最有影響力，並且具有知名度、代表了某種風格的人物。沒能放進這份清單的其他人則在最後用附錄的方式簡短介紹。同時，跟《時尚的誕生》一樣，本書也是從過去進行到現代。因為前面出現的人物在後面可能會再次出現，彼此有著相互關係，所以建議讀者不要從自己喜歡的人開始看，而是從第一章開始依序翻閱。

　　雖然這已經是第二本書，所以應該比較熟悉作業了，但是為了呈現更豐富的內容和視覺效果，漫畫變得更細膩，插畫的比重也加倍成長，所以創作時間反而比第一本更長。我要在這裡向各位等待第二部作品的讀者們表達感謝；還有，總是在身邊給我鼓勵的鄭秀賢作家，總是體貼並以我為榮的亞莉，每次發現對寫作有幫助的資料時就想起我的貞熙，因為書籍而在紐約再續前緣的有貞，喜愛《時尚的誕生》的崔貞熙代表，以及一路以來守在我身邊的Vita、可靠的後盾──媽媽，我要深深向你們致謝。

　　現在，是時候翻開本書，透過書中經典的人物來認識時尚史了。

　　就從風靡好萊塢古典電影黃金時代的女演員──瑪琳・黛德麗的世界開始吧……

2013年11月　姜旻枝

1

Marlene Dietrich
瑪琳・黛德麗
1901~1992

我需要有人瘋狂為我著迷
（瑪琳・黛德麗對海明威說）

好萊塢風格！
一個在時尚雜誌或網站上出現次數多不勝數的詞。

好萊塢擁有全球最強的明星制度（Star system），對大眾文化有全面性的巨大影響力，光是它的名字，就能讓人心生憧憬和嚮往；而且，好萊塢明星們的時尚和生活風格，更擁有了足以左右時尚界的力量。

好萊塢不只是電影產業的中心，更是培養明星和流行產生的地方，對大眾流行有著巨大影響！

他們平常的樣子等同是我們的時尚參考書，仿效他們風格的賣場也到處都是！

但是，你知道好萊塢在1930年代經濟大恐慌時期就開始步入黃金時代了嗎？

此時，對陷入絕望中的他們來說，好萊塢電影就是一種慰藉。不穩定的現實狀況，反而讓好萊塢進入了全盛時期。

在這個時期，好萊塢的電影界是以「片廠體制（Studio system）」的型態運作。

什麼是片廠體制？
意指電影工作室（製作公司）和導演、編劇、製作團隊以及演員簽訂長期合約，從發掘明星、製作、發行到電影上映，所有細節都一手包辦的制度。

明星制度由片廠體制衍生而出，在這樣的制度下，明星的所有活動都受到徹底的管控。不只是電影角色要吸引人，為了讓明星下了戲也能吸引大眾，他們還會刻意塑造明星的形象。

8 時尚經典的誕生

＊「想知道就給我500元」為韓國流行語，出自搞笑節目《GAG CONCERT》的花漾乞丐單元。

瑪琳・黛德麗是在1930年的電影《藍天使（Blue Angel）》中扮演主角後，才開始嶄露頭角。

這是德國第一部長篇的有聲電影

黛德麗在這部片中扮演的角色是歌舞女郎羅拉，劇情敘述一位受人敬重的學校教授因為迷上擁有致命吸引力的羅拉，導致落魄收場。

這部電影的導演約瑟夫・馮・斯登堡，把瑪琳・黛德麗塑造為風騷、擁有魔力能讓男人沉淪的危險妖姬。她有著獨特的沙啞魅惑嗓音、冷漠且朦朧的眼神，詮釋出了極致的性感。瑪琳・黛德麗透過這部電影而聞名世界，並且在大眾心中奠定了性感明星的形象基礎。

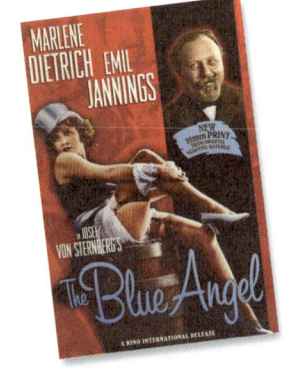

瑪琳・黛德麗因為《藍天使》而走紅，得到了去美國發展的機會。

進軍好萊塢！！！！

她與約瑟夫・馮・斯登堡導演一起和好萊塢代表性的電影公司派拉蒙簽下了合約。

當時競爭對手米高梅的代表女演員是葛麗泰・嘉寶，

派拉蒙則選擇了瑪琳・黛德麗作為與她抗衡的對手！

從瑞典來的葛麗泰・嘉寶？我們是來自德國的瑪琳・黛德麗！

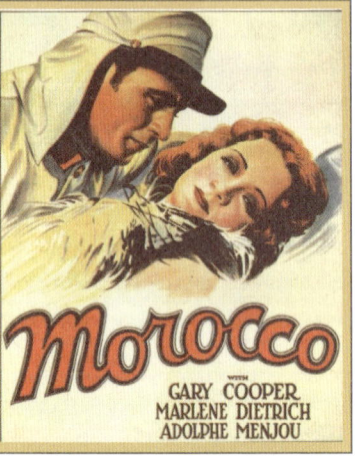

之後，黛德麗和斯登堡導演成了知名的絕佳拍檔，在1930年代到1950年代之間合作了許多部電影。

1930年，她的第一部美國電影《摩洛哥（Morocco）》上映後大受歡迎！

此後，她開始在被稱為夢工廠的好萊塢，蛻變為帶給大眾浪漫和幻想的大明星！

《摩洛哥》以戰爭為背景，敘述歌舞女郎艾美（黛德麗）和法國傭兵湯姆（賈利・古柏）的愛情故事。

透過這部電影，黛德麗瞬間躋身為一線女星，開始有好萊塢性感象徵和「時尚經典」的架式。

FASHION ICON!!
登場！！
成為時尚的經典！

她能成為好萊塢代表性的時尚經典，背後有兩大功臣，第一位是她的搭檔—約瑟夫・馮・斯登堡導演。

斯登堡就是第一個塑造出瑪琳・黛德麗形象的人

有天才導演之稱的斯登堡是一個完美主義者，出了名的連小事都嚴加管控。

妳瘋了啊？想變豬嗎？把東西放下！

驚！

12 時尚經典的誕生

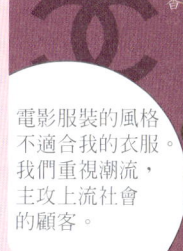 

當時的電影服裝對時尚界的影響力很大。1930年代的電影以浪漫的愛情片，和女人渴求提升身分地位的劇情為主。

相較於針對少數上流社會顧客製作的昂貴高級訂製服，一般女性反而對電影中自己憧憬的女演員風格更加敏感。

模仿女演員的穿著可以讓人得到滿足感，就像變成了電影裡的主角。

電影公司當然不可能會錯失這種機會！

他們紛紛設立了「Modern Merchandising辦公室」，將電影裡的服裝改良成日常生活可以穿的服裝後販賣。

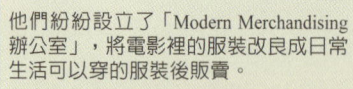

而且，當時有很多女性會親手做衣服穿，所以也很流行在電影雜誌中附上衣服的樣板。

好萊塢在大眾之間的人氣和影響力達到了至高點。

所以電影中女演員所飾演的角色、服裝、髮型、彩妝風格，都會直接反映在女性時尚上。

因此，搭配上電影公司的制度和行銷後，好萊塢電影對時尚的趨勢就佔了很大的影響力。

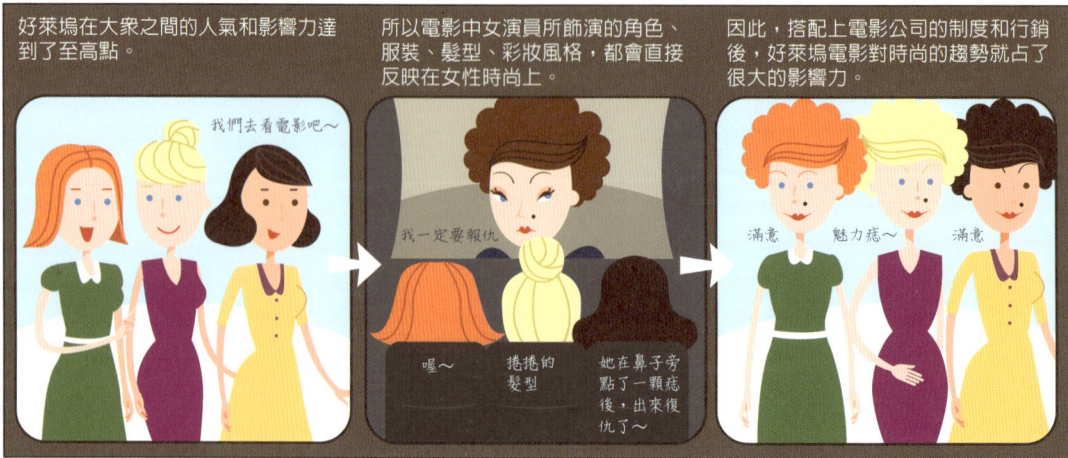

14 時尚經典的誕生

黛德麗的男裝女穿風

在這樣的時空背景之下,電影服裝設計師特拉維斯‧班頓替《摩洛哥》中黛德麗的角色,設計出了一套大受歡迎的男西裝。

有「瑪琳褲(Marlene Trousers)」之稱的這套服裝,是至今大家想起瑪琳‧黛德麗時,最先聯想到的事物,瑪琳‧黛德麗之所以能晉升為時尚經典,這套服裝意義重大。

即使演出的是歌舞女郎、妓女的角色,但黛德麗的魅力卻和其他傻氣的金髮美女角色不同,她在《摩洛哥》這部片中不只性感,更同時展現了能夠制伏男人的強烈魄力。這套男西裝除了為她增添致命的女性魅力,也微妙地展現出女人穿著男裝時的性感風采。

MOROCCO

15

值得注意的一點是：雖然穿的是男裝，但黛德麗並非單純地「女扮男裝」，反而維持著極度女性化的髮型和彩妝。

黛德麗的打扮讓人能同時感受到強烈的男人味和魅惑的女人味，是既獨特又矛盾的組合。

雖然她穿上了男西裝，反而更加襯托出性感的形象。

像黛德麗這麼適合詮釋中性魅力的人，至今還是很難找到。

螢光幕下的黛德麗平常也很愛穿男人的西裝。

即使當時的女性穿上男人的衣服會引人側目，黛德麗還是穿得理直氣壯。

1932年她甚至曾經在巴黎遭到警察警告。

17

黛德麗對時尚有自己的一套看法，所以可以不受他人目光約束地穿上男裝。

我為了自己而穿。
不為塑造形象
而穿著打扮，
不為大眾，
不為時尚，
也不為男人，
而是為自己而穿。

——瑪琳·黛德麗

其實黛德麗穿男裝並不是為了男女平等，也不是為了女性解放運動，看過《Motion Picture》雜誌上刊載的訪談內容，就能明白。

買女性服裝要花很多時間和心血，而且流行的款式變化得很快，不久又得買新衣服。很多女人為了穿得好看而花了大把的錢，相反地，男裝不太容易變化，想穿多久就能穿多久。
我真的很喜歡男裝，而且，穿上男裝之後我覺得自己是最有魅力的。

——節錄自瑪琳·黛德麗訪談

黛德麗穿男裝是為了不被流行束縛，以實穿和好看為考量，並不是為了什麼偉大的原因或目的而穿。

但是，以結果來看，她的風格卻為大眾帶來了認知上的變化。

天啊！女人穿褲子也可以穿得很美！

原來女生穿男生的西裝也可以表現出另一種性感啊～

而且值得一提的是：不管是男人還是女人，這一套都行得通。

瑪琳·黛德麗男性的一面吸引了女人，性感的一面則吸引了男人。

電影影評家
肯尼思·泰南

原本是電影一線女星的黛德麗，就這樣從銀幕經典躍升為時尚風格的經典了。

VOGUE

黛德麗的男性服裝！

再沒有更創新的時尚了！

1935年《VOGUE》

有趣的是，同時保有男性魅力和女性魅力的她，實際上的性向也是模稜兩可的雙性戀。

嘿～美女～

!!!

她公開和女性們傳出緋聞。

相信我，我們蓋棉被純聊天。

勾引

害羞

在保守的當時，她這樣的性向能夠躲過大眾的批評嗎？

什麼？女人喜歡女人??

太!

天啊!

驚人了!

18 時尚經典的誕生

神奇的是！性感的黛德麗喜歡女人的這件事，反倒帶給人們一股奇妙的神祕感，讓她變得更有魅力！

她那不在乎他人目光的自信感真是棒!!

她好神祕！

她是當代的時尚熱潮，也是一個自由穿梭在性感女性和魅力男性之間的演員。

但這麼熱愛男裝女穿風格的黛德麗，在電影《金髮維納斯（Blonde Venus）》（1932年）之後，卻有好一陣子都不再穿男西裝了。這是為什麼呢？

我早就知道男裝女穿風不會紅多久。

哼　丟

我可是個懂得捨棄的女人。

黛德麗的男裝女穿風如今演變為中性風，至今仍是時尚界靈感的來源。

什麼是中性風（Androgynous）？
「Androgynous」由代表著男人的希臘語「Andros」，和代表女性的「Gynacea」組合而成，代表同時擁有男性與女性的特徵；也就是說，這是一種女性穿著男性服裝，或男性穿著女性服裝的跨性別時尚。
過去主要是女性穿男人衣服的男裝女穿風，但2000年之後，也很常可以看到男人嘗試女性的穿衣風格。

接下來，在1932年的電影《上海特快車（Shanghai Express）》裡，她呈現的是非常戲劇化的形象，與先前的男裝女穿風截然不同。

這部電影從黛德麗偶然在火車上遇到了往日戀人，正在回憶過去時受到中國強盜襲擊而展開的故事。

打造出黛德麗中性形象的斯登堡導演和班頓設計師，在《上海特快車》再次攜手合作，讓黛德麗搖身一變為帶有異國風情的女人，將她迷人且華麗的時尚經典形象拉抬到了巔峰。

Shanghai Express

20　時尚經典的誕生

特別的是，這部片還罕見地請來東方女演員飾演配角，可見電影非常重視異國風情……

如果是現在的電影，應該可以自由運用豐富的色彩來呈現，但在1930年代，這卻是不可能的事情，因為……

當時不是彩色電影～

而是黑白電影！

所以，衣服的關鍵不在於「視覺」，而在於「觸感」。

能展現立體感的素材！

利用光線製造明暗強烈對比！

逼真的材質！

特拉維斯·班頓選擇了最能在黑白電影中發揮效果的素材製作衣服。

毛皮　薄紗　鴕鳥毛　蕾絲　網紗

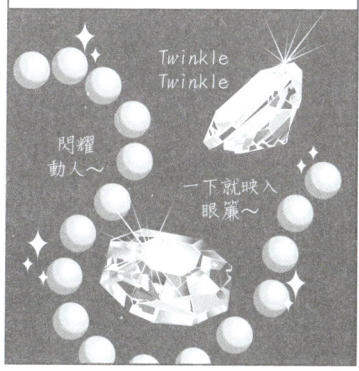

以飾品來說，大多也是選用能跳出黑白背景的珍珠和水晶等閃亮的飾品。

Twinkle Twinkle

閃耀動人～

一下就映入眼簾～

由奢華的毛皮、羽毛飾品、紗、頭巾搭配而成的這身裝扮，一如預期地帶來了極佳的效果。黛德麗就像一隻黑天鵝，散發出異國風情和神祕感，以冷漠卻浪漫，脫俗中帶著豪放的貴氣女性形象，在銀幕上發光發熱。

另外，也因為斯登堡導演的拍片技巧非常特別，所以才能把專屬於黑白電影的美感表現得更到位。

斯登堡導演懂得活用光線，透過光影呈現出黛德麗特有的神祕夢幻姿態。

呵呵

我可是有能力者！

我有獨門的一套打光和拍攝技巧，可以把視覺效果做到最好。

黑白電影講究的不只是這些，髮型和彩妝也得花費許多心思。

在鼻樑上用銀色打亮，受到光線反射後就能強調鼻子的立體感。

為了製造出如雕像般的立體感，他會利用從上方打光等技巧。由於斯登堡導演懂得自由操縱光影，因此也被人稱作是「電影界的李奧納多·達文西」。多虧他的功力，《上海特快車》的場景至今仍被認定是電影史上最美的畫面之一。

眼睛下方畫上白色的眼線，這樣即使是在黑暗中，也能有一雙水亮的眼睛。

為了讓頭髮在燈光的照射下看起來更閃耀動人，黛德麗的頭髮還會撒上金色亮粉。特別的是，金粉是化妝品品牌 MAX FACTOR 的產品，當時 1 盎司（約 30 公克）要價 60 美元，而且每做一次造型就得用掉半盎司。

22 時尚經典的誕生

* IU為韓國一位清新女歌手。

為了要設計舞台服裝，當然需要一個不同的設計師，而黛德麗的新搭檔就是——讓・路易（Jean Louis）。

讓・路易用特製的soufflé薄紗，替黛德麗做出了被稱為「透視洋裝」的禮服，大膽的肉色透膚薄紗和絲綢上裝飾了密密麻麻的亮片和珠子，在舞台上非常有存在感。

因為讓・路易和黛德麗兩人都是完美主義者，所以就連裝飾之類的細節，他們也會持續交換彼此的意見。

放在腰線下0.1公厘的地方吧。

不行不行！腰線上的0.1公厘比較好吧？

為了做出毫無一絲誤差的完美服裝，站立十小時試衣服也是常有的事。

我們達到目的了！雖然看起來像沒穿，卻美得那麼光彩照人！這就是我們要的衣服！

得意

這件禮服滿足了人們對「透視」的幻想，能讓妳美如天仙，並且成為最媚惑的女人！

26 時尚經典的誕生

瑪琳・黛德麗的舞台服裝
黛德麗會穿著相當合身的禮服，並帶著華麗的鵝毛大衣上台，以性感且優雅的姿態開場；當氣氛達到高潮，她會換上經典裝扮──男性西裝和絲綢大禮帽，呈現180度的反轉，讓觀眾為自己的魅力深深著迷。

即使黛德麗已經去世,但她的名氣和鮮明的形象還是留存在人們的心中。1997年,德國還發行了印有黛德麗肖像的郵票。

為了紀念她,萬寶龍也出了瑪琳‧黛德麗的限量鋼筆。

鍍白金,深藍色寶石

德國歷史上的女性系列

按頭四《比伯軍曹寂寞芳心俱樂部》的專輯封面集結了歷史上的經典人物,被認為是全球最有名的專輯封面,而黛德麗就是封面上的其中一人。

2011年,法國經典鞋子品牌Roger Vivier,從瑪琳‧黛德麗身上獲得靈感,以「瑪琳‧黛德麗與龐克的結合(Marlene Dietrich Meets Punk)」為概念,出了一系列的商品,每款包包和鞋子都是限量版,各只有20組。

黛德麗在1930年代開始成名,雖然距離現在已經有80年的時間,仍舊被認為是經典的時尚指標。

像我這麼長壽的經典人物能有幾個呢?

即使黛德麗一開始可能是因為電影產業體系而發跡,但她之後透過徹底的經營和管理,展現出獨特的性感和中性魅力,是好萊塢女演員中最久遠的傳奇人物,也是永恆的指標。

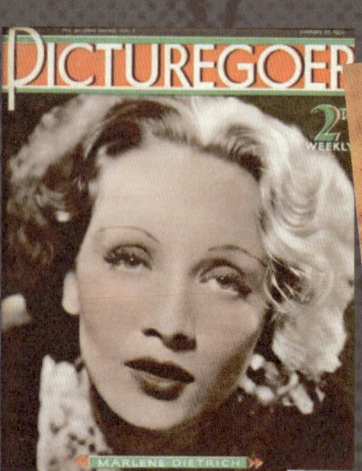

2

Marilyn Monroe
瑪麗蓮・夢露
1926~1962

「妳睡覺都穿什麼呢？」當有人這麼問
「香奈兒N°5。」我回答
畢竟直說裸睡不太好嘛？

1930～1950年代是性感女星的時代。對當時活躍於好萊塢的女明星來說，性感是不可或缺的條件。

瑪琳・黛德麗

葛麗泰・嘉寶

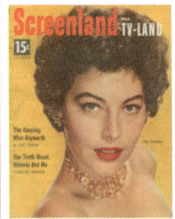
愛娃・嘉德納

伊莉莎白・泰勒

在這些人當中，提起「性感象徵」，我們最先想到的人會是誰？

瑪麗蓮・夢露！

說到性感，沒有女演員可以打敗她！

還有其他女星能像她留下這麼經典的形象嗎？

其實我們所熟知的「瑪麗蓮・夢露」並不是她的本名。

我的名字叫做諾瑪・珍・貝克（Norma Jean Baker）。

頭髮是深棕色

其實我的頭髮也不是金色的。

嘴唇上的痣讓我覺得很難為情，所以都會化妝遮掩。

她在1950～1960年代擔任許多電影的主角，成為全球最成功的女演員之一，但其實在她華麗的外表下卻是……

我的童年時期很悲慘……

瑪莉蓮・夢露在1926年出生，她的媽媽葛拉迪絲不只精神狀況不穩定，以她的經濟狀況來說，要撫養一個年幼的女兒也有困難。

媽媽，我肚子餓了。

喃喃自語

國之語音異乎中國與文字不相流通……

所以，諾瑪・珍的童年時期是在幾個寄養家庭和孤兒院裡度過的。

這個月就住在這裡，好嗎？

這次是個嘴巴旁邊有痣的孩子呀

夢露媽媽的好友葛蕾絲‧麥基成了她的監護人，希望可以領養她，但是…… 喔……滿漂亮的嘛！ 小諾瑪‧珍卻遭到養父性侵……	於是諾瑪‧珍搬到了葛蕾絲的親戚家，但不幸並沒有就此停止。 這家人的兒子也試圖強暴她…… 啊呵呵 啊啊啊！	因為這些衝擊的事件，瑪麗蓮‧夢露有著悲傷的童年，這樣的經歷，在她成為知名的女明星後，仍是揮之不去的陰影。 所以長大成人後的瑪麗蓮‧夢露，也遭遇了睡眠障礙、濫用藥物、人際關係障礙、性慾亢進等問題。 心理學家
可能是因為受過太多傷害，瑪麗蓮‧夢露才16歲就嫁給了鄰居詹姆斯‧多爾蒂。 我現在也有自己的家了，再也不用在孤兒院和寄養家庭之間流浪了。	成為演員後，她經歷過兩次離婚、兩次再婚，並和許多名人傳過緋聞。 棒球選手 喬‧狄馬喬 劇作家 亞瑟‧米勒 甚至還有甘迺迪總統	雖然她過得並不幸福，但卻成了好萊塢史上最有名的經典人物和指標。現在就讓我們一起進入她的世界吧！
1943年第二次世界大戰，當第一任丈夫詹姆斯從軍之後，她就像所有送丈夫上沙場的女人一樣，必須靠自己的力量賺錢。 她開始在飛機軍用品工廠工作 噢！那迷人的女人是誰？以前沒看過這個員工啊！	當時美國陸空軍電影製作部隊「First Motion Picture Unit（FMPU）」的攝影師大衛‧康諾弗在工廠拍照時，發現了諾瑪‧珍的魅力。 妳要不要去模特兒公司呢？我不是奇怪的人喔。	因為大衛‧康諾弗的建議，於是諾瑪‧珍進了模特兒公司，她就是在這個時期把一頭棕髮染成金髮。 The Blue Book Modeling Agency 咦？金髮模特兒好像比棕髮還受歡迎耶？ 那我也來試試吧？

加入 Blue Book 模特兒公司後,她以本名諾瑪‧珍替幾本雜誌拍了照片後,很快地就被20世紀福斯公司的班‧萊恩注意到了。

喔……她看起來很有潛力,請她來試鏡看看好了。

最後,諾瑪‧珍以週薪125美元,和電影公司簽下了半年的合約。

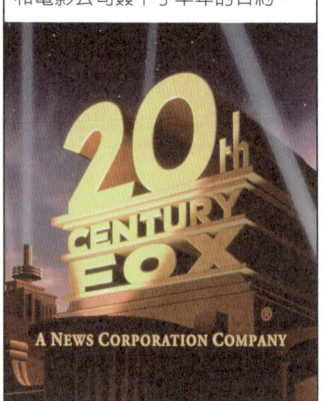

她就是在這個時期改掉了諾瑪‧珍這個名字。

諾瑪‧珍這個名字太無趣了,得取個新的藝名才行。

這名字實在太平凡了!

那要叫什麼呢?

一定要放媽媽結婚前的姓「夢露」!

諾瑪‧夢露?

珍‧夢露?

諾瑪‧珍‧夢露?

好!我喜歡珍‧夢露!

我想取珍‧夢露這個名字!

什麼?珍‧夢露?哎呀~太普通了~要取那種唸起來很有感覺的名字才行啦!

最後,當諾瑪‧珍一輩子的名字誕生的同時,也孕育出了一個經典的名字。

好!瑪麗蓮‧夢露!

讚!唸起來也很順,兩個M字感覺更性感!

Marilyn Monroe
MM!

相信我!這兩個M肯定能為妳帶來幸運!

就這樣,名為瑪麗蓮‧夢露的新人進入了電影圈,但她不是一出道就走紅。

每次都只能演小角色,這個月的生活費也不夠用。

怎麼辦

此時,攝影師湯姆‧凱利找上了她。

!!!

嘿,新人,妳需要錢嗎?我可以讓妳賺錢喔~

躡手躡腳

36 時尚經典的誕生

湯姆・凱利說的是裸照。因為需要錢，所以她在1949年以區區50美元的報酬，拍攝了裸照。

夢露認真地工作，不管是多小的角色，她都認真詮釋，逐漸累積了知名度。

《去托馬霍克的票》(1950年)

《彗星美人》(1950年)

《火球》(1950年)

《罪有應得》(1950年)

《快樂愛情》(1949年)

這是她一生中唯一一次收錢拍裸照。

20世紀福斯和她延長了合約。

再簽7年！

OK！

然而，第一個醜聞在1952年3月爆發了。

很眼熟耶……

咦？這個人是誰啊??

過去因為生活拮据而拍的裸照，竟然神不知鬼不覺地被印在月曆上拿來賣！

哇！這不是那個叫做瑪麗蓮・夢露的女演員嗎？

哇！身材真火辣！

面對這突如其來的事件，電影公司開始苦惱該如何處理。

她什麼時候拍了這種東西啊……

還是乾脆厚臉皮一點，當做沒事發生呢？

不過真的滿性感的耶

此時瑪麗蓮・夢露提出了一個想法！

這種事情遮遮掩掩有用嗎？你們以為大家有那麼笨嗎？乾脆直接說是我拍的，大大方方地承認吧！

!!!

但是！

請一定要提到我是因為窮到繳不出房租，迫於無奈才拍了裸照……

楚楚可憐

不幸的演員

無名小卒的悲情時期

她的坦誠果然奏效了。大家都相信裸照事件是夢想成為明星的人為了生計而不得不做的選擇，成功博取了大眾的同情。

原來是這樣啊。

原來是有苦衷的啊……

真可憐……

抱歉不能守護妳。

這次的事件化危機為轉機，她開始走紅，不久便登上了《LIFE（生活）》雜誌的封面。

瑪麗蓮・夢露不為人知的故事！

接著《True Experinces》雜誌也刊載了這段能刺激保護本能的女明星悲情故事。

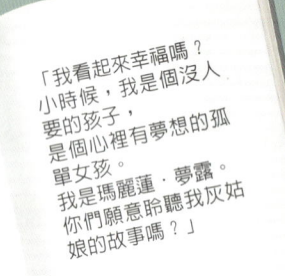

「我看起來幸福嗎？小時候，我是個沒人要的孩子，是個心裡有夢想的孤單女孩。我是瑪麗蓮・夢露。你們願意聆聽我灰姑娘的故事嗎？」

聚焦在她身上的鎂光燈，自然影響了電影的選角，而她的人氣也很快地開始水漲船高，差點成為汙點的事件反而變成翻身的機會。

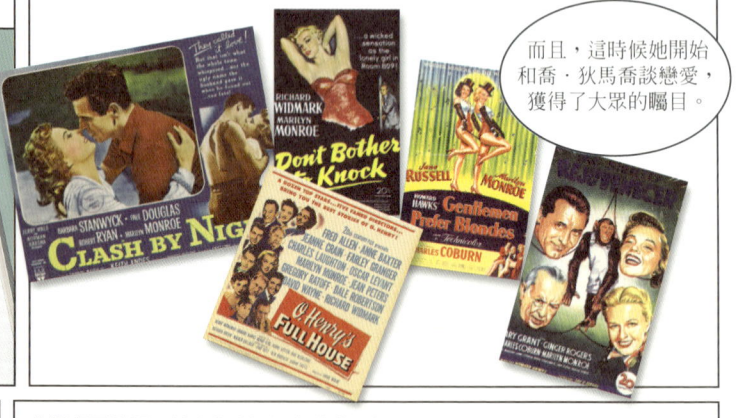

而且，這時候她開始和喬・狄馬喬談戀愛，獲得了大眾的矚目。

在她當時演出的電影中，開始讓大家注意到瑪麗蓮・夢露風格的是——她第一次主演的電影《飛爆怒潮（Niagara）》（1953年）。

在這部電影裡，她大多穿粉紅色或淡藍色洋裝，而且還配上了可愛的蝴蝶結。

38 時尚經典的誕生

格一

除了火辣身材、迷人眼神，瑪麗蓮·夢露還有著讓人說不上來的輕佻的性吸引力，而且非常矛盾的是，她還散發出了天真無邪的感覺。

「性感！」
「卻又帶著稚氣?!」
「她就是1950年代天使臉孔、魔鬼身材的代表！」

格二

她在電影中扮演的角色大多是傻氣的金髮美女。

1953年《紳士愛美人》就是這樣的電影！

格三

在《紳士愛美人》(Gentlemen Prefer Blondes)電影中，她飾演的是想和富翁兒子艾士文結婚的歌舞女郎羅莉拉。

格四

羅莉拉是典型見錢眼開的傻氣金髮妞，至於她有多傻……

「這艘船要去的地方是在法國的歐洲嗎？」
「應該是在歐洲的法國吧……」

格五

女人可能會對這種傻氣金髮美女產生反感。

「金髮妞果然蠢。」
「漂亮能當飯吃嗎～」
「腦袋空空，嘖嘖。」
閒言閒語

格六

但男性觀眾可就不同了。

「根本是女神!!」
「妳們還真可笑！」
「羨慕人家就說嘛！」
……

格七

金髮傻妞——這樣的形象主宰了1950年代的好萊塢，而代表就是瑪麗蓮·夢露。

dumb
1. （在以前具侮辱意味）啞的，不會說話的
2. （暫時的）說不出話的
3. （非正式）笨的、傻的

blond
1. 金髮的
2. （皮膚）白的
3. 金髮、白皮膚、藍眼睛的

格八

雖然「Dumb blond」就字面上的意思是帶點傻氣、稚氣的女人……

「這笨女人是怎樣啊」
「她感覺呆呆的」
「完全不會讓男人感到棘手的類型」
呵呵

格九

但是這樣的特點卻讓人聯想到天真爛漫的孩子，反而變成一個讓人想照顧她的可愛女人。這就是金髮傻妞的魅力！

「我想保護妳！」
「什麼？」
「哥哥會守護妳的！」
天真無邪

金髮傻妞有個必備的條件：性感！

要在現在的女演員中，找到尺碼16（相當於L-XL）這種身材豐滿又凹凸有致的人可說是非常困難。

「不懂如何把性感魅力當成武器的天真女人」是向來只存在於男人們心中的理想類型，而瑪麗蓮‧夢露就是同時具備了這種雙重魅力的完美女性。

真的嗎？我很性感嗎？

真的？

完美～太完美了

我是性感又強勢的女人！

我是高傲的都會女子！

她這種不知道自己其實很可愛的魅力充分與其他女演員產生了區隔！

在《紳士愛美人》一片中，她的服裝風格強調的是豐胸和小蠻腰。

《紳士愛美人》的代表服裝

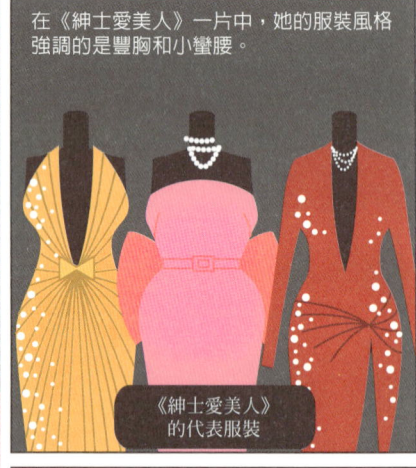

特別是其中的金色繞頸洋裝，據說為了完美展現出她的身材，是在她身著洋裝的狀態下，按照身體曲線縫製收尾的。

電影服裝設計師威廉‧特拉維拉

40 時尚經典的誕生

因為這樣,所以每當她動作大一點,衣服就會撕裂。

嘶嘶嘶嘶
!!! !!!

女演員的打扮和妝容產生了很大的改變。

圓弧形的粗濃眉

戲劇化的誇張睫毛與拉長的眼線

刻意強調明亮膚色和輪廓的妝法

嘴邊的痣更增添了夢露專屬的金髮傻妞魅力

用大紅色唇膏強調嘴唇

她走路時臀部總是搖晃得特別劇烈,這樣特殊的走法可能也是原因之一。

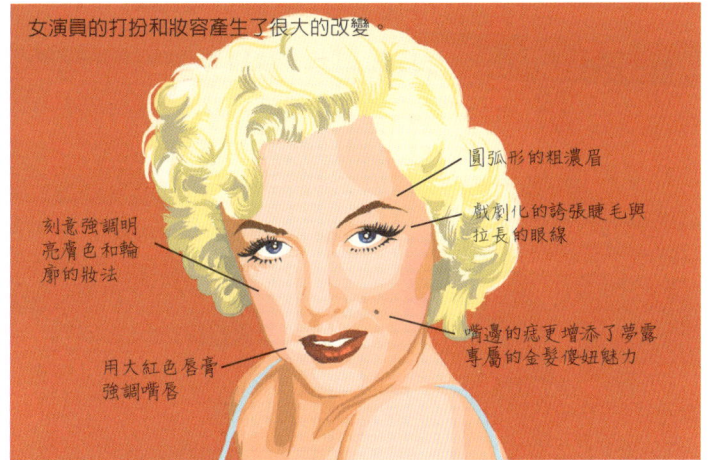

人稱「夢露步」

搖啊搖

夢露原本的髮色比較接近黃色,她在這個時期改染成接近白色的金髮,在當時造成了一股熱潮,連染劑的銷量都跟著激增。另外,她那充滿蓬鬆立體感的髮型也大受歡迎,成了人們對美國美女的標準印象。

1950年代美國開始播放彩色電視節目,不久後,彩色電影的時代降臨了。

色彩變得更加重要!

自然的風格
1930s

蓬鬆的短捲髮風格 **1950s**

Gentlemen Prefer Blondes

瑪麗蓮・夢露在電影《紳士愛美人》中的服裝

瑪麗蓮・夢露的風格從服裝到彩妝、髮型、步法，都受到了歡迎，但向來人紅總是招忌。

1952年9月參加大西洋城「美國小姐遊行」時，她的風格也遭到部分人士的批評。

看看她那身衣服，真是膚淺。

忌妒

那丫頭的風格根本不適合淑女！

1953年獲頒電影雜誌《PHOTOPLAY》最快竄紅明星獎的頒獎典禮

天啊！她是怎麼一回事啊！

那是什麼衣服啊！

嘻嘻嘻

像是要諷刺這些人一樣，她參加活動的樣子掀起了一股熱潮，甚至被拿來當作1953年《PLAYBOY》的創刊號封面。

當時這本雜誌裡還刊登了1949年瑪麗蓮・夢露拍的裸照。

演員能力受到認可的她，在飾演帶有諷刺意味的角色時，把情色的詼諧與機智發揮得淋漓盡致，被認為是當代最有才華的喜劇女演員。

多金的男人跟漂亮的女人沒什麼不同。雖然不會只是因為長得漂亮而結婚，但在決定要不要結婚時，美貌確實扮演了舉足輕重的角色，對吧？如果你有女兒的話，你肯讓她嫁到窮困的男人家嗎？誰都希望她嫁給有錢人，過著幸福美滿的日子吧？
那為什麼我不能這樣想呢？
──取自《紳士愛美人》

但是電影裡的形象與私下的她其實有著天壤之別。在銀光幕上，她形象開朗而活潑；但是在現實生活中，她卻有舞台恐懼症

好，準備開拍囉！

驚！

每次拍攝，工作人員都要花好幾個小時鼓勵她，讓她做好心理準備

化妝師艾倫・惠尼・史奈德

沒關係，妳可以辦到的

嗚嗚嗚……

據說她每次都因為不敢離開更衣室而拖時間，所以常常要好友珍・羅素陪她從更衣室走到現場。

頭暈

腦脹

瑪麗蓮・夢露生性害羞溫柔，大家總覺得她笨，其實她是很知性的人。

珍・羅素

43

沒錯！金髮傻妞只是電影角色和明星體系塑造出來的形象，事實上她很有智慧，而且溫暖又幽默。

嘿嘿嘿

呵呵

她是個認真看待自己工作的演員，大學除了主修文學、藝術鑑賞之外，也學了演戲，是出了名的讀書狂。

加州大學

我是有讀書的女人啦！不要誤會我！

說不定，是人們選擇性地相信身為性感象徵的她是傻氣的吧？羅莉拉在電影中的某一段台詞，似乎就在替她回答。

「我也可以變聰明。但是大部分的男人不喜歡聰明的女人。」

節錄自《紳士愛美人》

隨著《紳士愛美人》大紅，瑪麗蓮·夢露成了好萊塢的大明星；1955年她演出《七年之癢（The Seven Year itch）》，達到了時尚經典的巔峰時期。

《七年之癢》是一部用搞笑手法呈現的電影，劇情描述一個愛幻想的男人，在送老婆和孩子去度假後，難得有了獨處的時間。

這個時候，他遇見了剛搬到樓上的金髮美女，於是內心開始產生糾葛。

要不要來我家喝一杯呢？

而且20世紀最經典的電影場景就是出現在這部電影裡。

噢！我知道這一幕！

喔～原來是《七年之癢》啊～

就算沒看過電影，大家也一定都知道這段經典畫面。

而且，說到這個場景就不得不提到瑪麗蓮·夢露身上穿的這件洋裝！

繞頸洋裝

44 時尚經典的誕生

由設計師威廉・特拉維拉製作的這件洋裝，不只在電影史上留名，更被選為20世紀最有名的服裝之一。

電影史上最具代表性的服裝！

夢露風的象徵！

這件洋裝由替夢露做了許多衣服的特拉維拉收藏，直到他去世

之後被收進黛比・雷諾的好萊塢收藏品系列

2011年在拍賣會上以560萬美元（折合台幣約1億6800萬元）的高價賣出。

光是拍賣的手續費就高達1萬美元（折合台幣約30萬美元）

這位買家以電話參加拍賣，所以無從得知是誰。

好奇我是誰嗎？

想知道就給我500元

在紐約萊辛頓大道和第52街的地鐵出風口上，羞澀飄揚著的這套洋裝，就是瑪麗蓮・夢露的招牌服裝！

45

《七年之癢》的服裝
除了繞頸洋裝之外，夢露還穿了性感迷人的洋裝，以及強調天真少女感的休閒服，將她特有的神祕魅力發揮到了極致。

46 時尚經典的誕生

就這樣，瑪麗蓮．夢露成了頂尖的時尚經典，她那同時具備性感與純真的風格，創造了「夢露風」、「夢露穿搭」，不只是電影界，更影響了大眾對時尚的認知，對時尚史有很大的影響力。

女人們趨之若鶩地模仿夢露的風格，曾經被認為不夠高格調的金髮傻妞風，漸漸被大眾接受。

親愛的，我像瑪麗蓮．夢露一樣有傻氣美嗎？

還點了痣～

妳又沒胸部。

她再也不是當年那個沒沒無名，得為房租而憂心的女演員了。

根據1953、1954年奎格利發表的「最會賺錢的明星」，瑪麗蓮．夢露擠進了前10名

現在與20世紀福斯簽約時，她可說是占了上風。

之後我們7年期間一起拍4部電影吧～

每一部的片酬請幫我提高到10萬美元，

票房好的話也要讓我分紅。

理直氣壯地要求！

她不是個傻妞嗎？

她已經搖身一變成可以任意提出要求的大明星。

特別是他

我不跟討厭的編劇或工作人員一起工作。

她什麼時候變這麼大牌了……

經過《願嫁金龜婿》（1953年）、《巴士站》（1956年）、《熱情如火》（1959年）等電影，夢露的演技變得更精湛，外貌也越來越美麗動人，奠定了電影史上傳奇人物的位置。

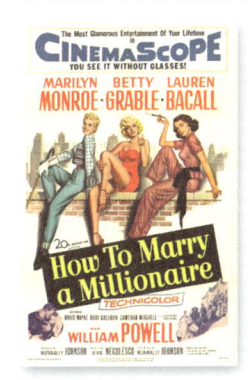

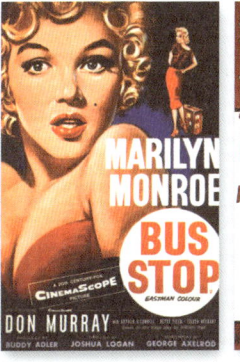

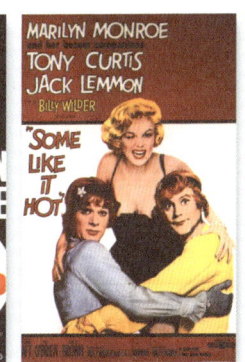

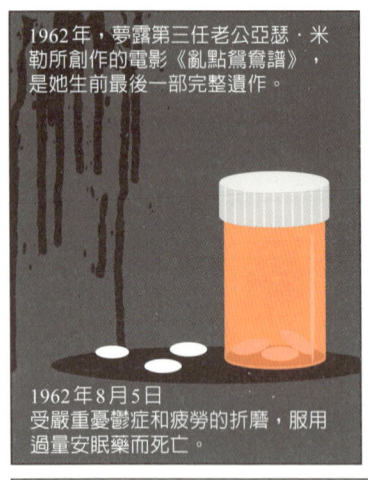

1962年，夢露第三任老公亞瑟·米勒所創作的電影《亂點鴛鴦譜》，是她生前最後一部完整遺作。

1962年8月5日
受嚴重憂鬱症和疲勞的折磨，服用過量安眠藥而死亡。

雖然官方表示瑪麗蓮·夢露是自殺，但她真正的死亡原因卻像一個謎團仍未解開。

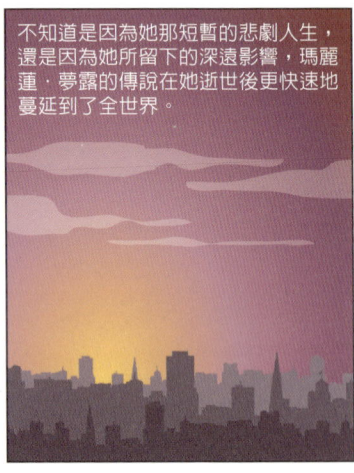

是因為不小心服用過多安眠藥

還是刻意自殺

又或是他殺

當時她只有36歲

不知道是因為她那短暫的悲劇人生，還是因為她所留下的深遠影響，瑪麗蓮·夢露的傳說在她逝世後更快速地蔓延到了全世界。

她在人們心目中的形象從原本的金髮傻妞，變成「因為無法負荷隱藏在好萊塢亮麗表象下的沉重生活，而走向悲劇的女演員」。
她生前曾這麼說過：

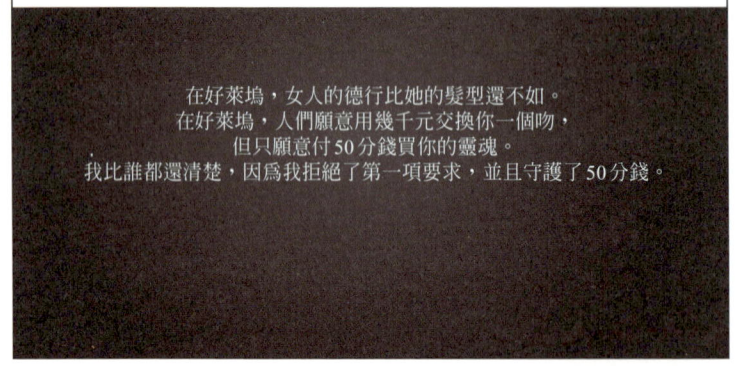

在好萊塢，女人的德行比她的髮型還不如。
在好萊塢，人們願意用幾千元交換你一個吻，但只願意付50分錢買你的靈魂。
我比誰都還清楚，因為我拒絕了第一項要求，並且守護了50分錢。

她呈現出來的面貌，以及她華麗卻不幸的人生，為藝術家們帶來了許多靈感。

安迪·沃荷

在她死後，夢露風因為後代明星們的效仿而重現。

碧姬·芭杜　黛博拉·哈瑞　瑪丹娜　克莉絲汀·阿吉萊拉　史嘉蕾·喬韓森

1960年代，法國少女碧姬·芭杜繼瑪麗蓮·夢露之後，躍升為性感指標。

瑪丹娜在〈Material Girl（拜金女孩）〉MV中以《紳士愛美人》橋段向瑪麗蓮·夢露致敬。

瑪麗蓮·夢露至今仍是女明星們最常模仿的時尚經典。

48　時尚經典的誕生

逝世40多年，1999年的調查證明「瑪麗蓮·夢露」這個名字還是具有相當大的影響力。

第一名　凱薩琳·赫本
第二名　貝蒂·戴維斯
第三名　奧黛麗·赫本
第四名　英格麗·褒曼
第五名　葛麗泰·嘉寶
第六名　瑪麗蓮·夢露
第七名　伊麗莎白·泰勒

被選為百年以來最偉大的女演員第六名！

在她逝世50周年（2012年）時，各領域都在緬懷追思她。

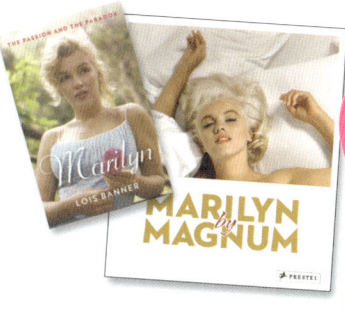

路易斯·班納出版瑪麗蓮·夢露的傳記
夢露從未公開的照片寫真集上市
第65屆坎城影展的標誌人物。

化妝品品牌MAC推出瑪麗蓮·夢露系列

《PLAYBOY》推出裸體畫報特別版

雖然如今激瘦的身材成了女性和時尚界的夢幻目標。

平坦
瘦才漂亮？
瘦巴巴

但另一方面，從豐腴性感的身材又開始流行這一點看來，說不定正代表了人們還是很懷念瑪麗蓮·夢露這樣身材豐滿的古典明星。

天使臉孔
魔鬼身材
蜜糖大腿

她的風格為「美」立下了新的標準：接近白色的金髮、性感、獨特的可愛感。

性感的範本
性感的標準

她是性感的象徵、是時尚指標的靈魂人物，同時也是好萊塢全盛時期的代表影星，以及流行文化的指標。

她對整體大眾文化的影響力可以說是不勝枚舉。

她曾說過：「我不是想賺錢，我只想讓自己更完美。」
儘管生命短暫，但她似乎已經完成了自己的期望。
——因為瑪麗蓮·夢露已經成為我們永恆的傳奇。

We miss you, Marilyn.

MARILYN MONROE

瑪麗蓮‧夢露

文獻

- 瑪麗蓮‧夢露（2003），《My Story》，Hainaim 出版社
- Jung Soyeong（2005），〈好萊塢明星的時尚指標（Fashion Icon）：以1930～1950年代女明星為主〉，首爾梨花女子大學研究所
- Kim Jeonghui（2011），*The comparison of the character images in film through the analysis of costume, hair and make-up styles: Focused on Audry Hepburn and Marilyn Monroe*，首爾成均館大學設計研究所
- Marilyn Monroe(2006), *My story*, Taylor Trade Publishing.
- J. Randy Taraborrelli(2010), *The secret life of Marilyn Monroe*, Grand Central Publishing.
- Sarah Churchwell(2004), *The many lives of Marilyn Monroe*, Henry Holt and Company.
- Les Harding(2012), *They knew Marilyn Monroe: famous persons in the life of the hollywood Icon*, McFarland.
- Gordon D. Jensen(2012), *Marilyn: a great woman's struggles: who killed her and why. The psychiatric biography*, Xlibris Corporation.
- Mary Slosson, *Marilyn Monroe "subway" dress sells for $4.6 million*, Reuters, 2011. 6. 19
- Black Panther, *Marilyn Monroe a style icon & a legend to follow*, Belle-monde.com, 2011. 11. 26
- Ella Alexander, *Style File-Marilyn Monroe*, 《VOGUE》UK, 2011. 11. 9
- Anna Fitzpatrick, *Marilyn Monroe, Style Icon*, The Fashion Spot, 2008. 11. 18

網站

- marilynmonroe.com
- biography.com
- immortalmarilyn.com

Audrey Hepburn

3

Audrey Hepburn
奧黛麗·赫本
1929~1993

想要漂亮的眼睛，就多看別人的好；
想要美麗的唇，就多說好話；
想要苗條的身材，就把食物分享給飢餓的人；
想要美麗的秀髮，就讓孩子撫摸你的髮絲；
想要優雅的姿態，要記得你永遠不是獨自前行。

＊下衣失蹤：看不見下半身服裝的穿著風格。

我們通常都是在10幾歲開始關心流行的事物。

We are teenagers!

BB霜、唇彩、瞳孔放大片絕對不能少！

下衣失蹤＊

青少年時期特別愛模仿年齡相仿的人。

女團

具荷拉的衣服好美！

喔！我想買泫雅的鞋子

在1950年代，我們的爺爺奶奶還10幾歲的時候也和我們一樣。

我們那時候也很時髦。

哎呀呀我的腰

咳咳

那還用說嗎？我們可是很搶手的！

第二次世界大戰結束後，因為生活環境好轉，所以出生率激增，出現了嬰兒潮。

超強壯！

經濟與醫療技術發達，幼兒死亡率銳減

不會死翹翹！

隨著他們成長到青少年時期，培養出獨特的青少年文化，時間是1950年代。

鬧哄哄　鬧哄哄

10幾歲的人口激增！

當時不像現在有網路或手機，所以對他們來說最棒的休閒活動就是看電影！

因為這樣，「演員」自然而然地變成他們的偶像，引領了年輕階層的流行文化。

此時一位年輕又有魅力的明星出現，成為了他們的偶像，那個人就是奧黛麗‧赫本。

她與同期但風格完全相反的瑪麗蓮‧夢露，同樣都被認為是世上最有名的時尚經典人物。

電流

這根竹竿哪來的啊？

天啊！看看她身上的肉……真不舒服……

當時性感當道，完全不符合潮流的奧黛麗‧赫本是怎麼變成為「美」的新標準？又是怎麼變成萬人迷的呢？現在讓我們一起來看看吧！

她是第一個讓大胸部變得俗氣並且退流行的人。

導演比利‧懷德

54　時尚經典的誕生

奧黛麗的爸爸是英國人,媽媽是荷蘭人,她在1929年5月4日於比利時出生,小時候的生活因為戰爭而過得很苦。

> 營養不良
> 貧血
> 呼吸疾病
> 父母離異
> 所有稱得上是病的病她都有

她跟著媽媽到荷蘭避難,好躲避德軍的攻擊,而且為了不遭到驅逐,她還改了名字。

> 妳的名字太有英國味了,德軍會發現的。
> 從今天開始妳是艾達‧凡‧辛斯特拉(Edda Van Heemstra)。

1944年,荷蘭的救援物資中斷,15歲的她只好上街頭找東西吃。

> 路上到處都是凍死和餓死的人……

當戰爭終於結束,國際聯合機構送來救援食物時,她一次吃光加滿糖的燕麥片,和一整罐的煉乳。

雖然身處這樣的環境,但她的心裡卻始終有個夢想——芭蕾。

> 多虧她身材纖細、個子又高,於是當起了模特兒賺取生活費。
> 在瑪莉‧蘭伯特芭蕾舞學校上過芭蕾舞課程。

但是,因為戰爭而引起的健康問題、身高太高、經濟等因素,她只好放棄芭蕾舞者的夢想,轉而走向可以登上舞台的演戲之路。

> 而且演戲至少可以馬上賺一點錢!

因為這個足以左右一生的選擇,讓赫本纖細身軀裡的才華被世界看到了。一開始她都是接一些小角色累積演戲的經驗。

> 音樂劇劇場的和音
> 電影小角色

1951年她的演技受到認可,選上了百老匯舞台劇《金粉世界(Gigi)》的主角。

> 在美國出道!
> AUDREY HEPBURN in Gigi

不久後,她被提拔為好萊塢電影的主角,瞬間登上了一線明星的位置。

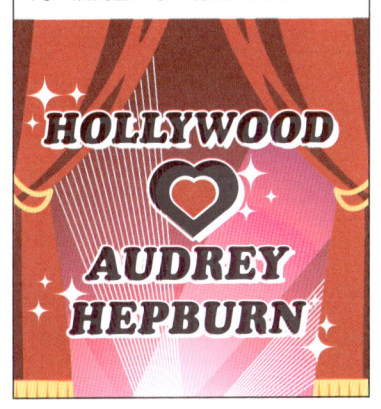

> HOLLYWOOD ♡ AUDREY HEPBURN

讓幾乎算是素人的赫本一躍成為大明星的電影，就是至今仍深受喜愛的《羅馬假期（Roman Holiday）》（1953年）。

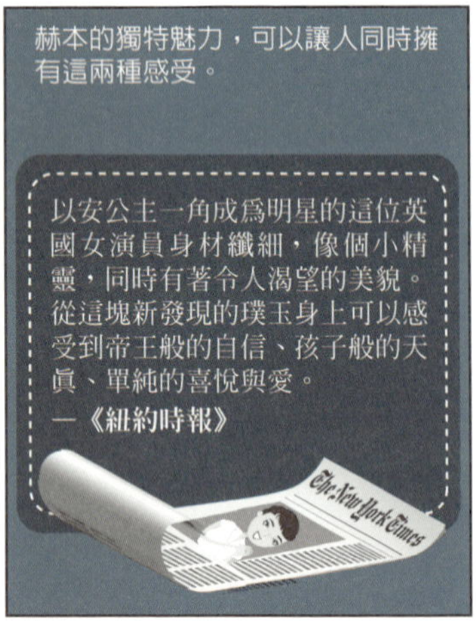

這部電影以義大利羅馬為背景，內容敘述歐洲公主安（奧黛麗‧赫本）因為被制式的生活束縛而感到厭煩，於是偷溜出皇宮，與美國記者喬伊（葛雷哥萊‧畢克）陷入愛河的故事。

導演威廉‧惠勒說自己從試鏡開始就深受奧黛麗‧赫本感動。

她具備我要的一切——魅力、純真、才華，而且還是一個非常開朗的女孩子。所有人一下子就被她迷得神魂顛倒，我們一致為她呼喊——

以第一部主演的電影得到奧斯卡最佳女主角獎

That's the girl!!!

安這個角色是歐洲的公主，所以除了要有氣質之外，同時還得展現天真無邪、開朗少女的魅力。

一面是公主的優雅

一面是少女初出茅廬的天真爛漫

赫本的獨特魅力，可以讓人同時擁有這兩種感受。

以安公主一角成為明星的這位英國女演員身材纖細，像個小精靈，同時還有著令人渴望的美貌。從這塊新發現的璞玉身上可以感受到帝王般的自信、孩子般的天真、單純的喜悅與愛。
——《紐約時報》

在《羅馬假期》的電影裡有95%以上，她都穿著從宮裡偷溜出來時穿的那套衣服。

在羅馬的西班牙廣場吃冰淇淋時

休閒樸素風的襯衫和裙子

還有和喬伊一起騎機車時穿的那一套！

偉士牌

這套服裝是根據1950年代迪奧引起熱潮的New Look而設計出來的風格。

柔和的肩線

緊縮的腰身

散開的傘裙

請參考《時尚的誕生》迪奧篇

56 時尚經典的誕生

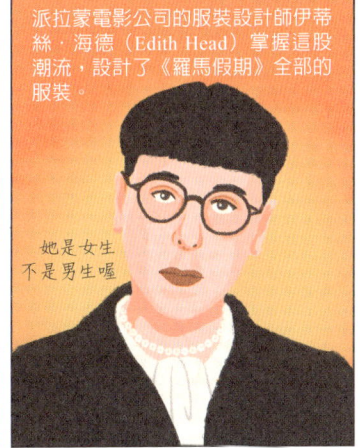

ROMAN HOLIDAY
Gregory Peck
Audrey Hepburn

捲起袖子的樸素古典白襯衫

有朝氣的條紋絲巾

過膝的可愛波浪裙

在羅馬路邊攤買的涼鞋

New Look 之所以會流行，跟當時的時代背景也有關係。

1940 年代第二次世界大戰的時候，女人們必須穿著呆板的制服在工廠工作。

戰後情勢一穩定，女人們像過去一樣追求女性形象的熱情萌生。

所以強調女人味的風格便開始流行。

派拉蒙電影公司的服裝設計師伊蒂絲‧海德（Edith Head）掌握這股潮流，設計了《羅馬假期》全部的服裝。

她是女生不是男生喔

這是《羅馬假期》最後一幕，奧黛麗・赫本重回宮廷恢復公主身分時穿的禮服。

這套禮服很特別，奧黛麗・赫本在1954年領取奧斯卡獎時，又再次穿它現身，可說是她的幸運服。參加頒獎典禮時，紀梵希為了讓衣服更適合赫本，於是就電影中伊蒂絲・海德原版的服裝（左圖），加以修改了袖子和領子的部分（右圖），從這裡可以看到兩位設計師想法上的差異。

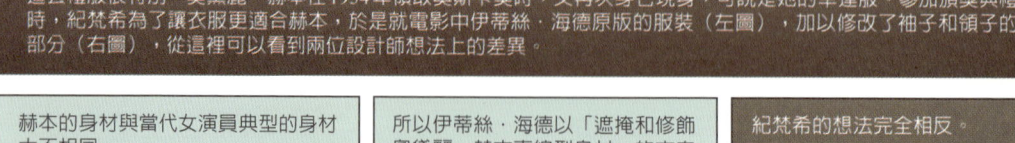

赫本的身材與當代女演員典型的身材大不相同。

大屁股　平坦柔弱　豐滿

所以伊蒂絲・海德以「遮掩和修飾奧黛麗・赫本直線型身材」的方向做設計。

強調纖細的腰

用波浪裙讓平坦的屁股看起來豐滿一點！

紀梵希的想法完全相反。

我反對

58 時尚經典的誕生

明星與設計師的關係向來都很密切。

明星透過設計師的衣服散發魅力，讓人注意到自己的存在。

設計師從明星身上得到靈感，或是彼此溝通以進行創作。

能帶給設計師創意靈感的對象被稱為「時尚繆思」。

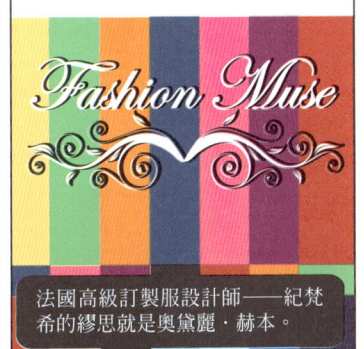

Fashion Muse

法國高級訂製服設計師——紀梵希的繆思就是奧黛麗‧赫本。

奧黛麗‧赫本和紀梵希在電影史、時尚史上被稱為最完美的演員與設計師搭檔，他們一開始是因為1954年的電影《龍鳳配（Sabrina）》而結緣。

由舞台劇《莎賓娜‧菲兒（Sabrina Fair）》改編而成的電影

莎賓娜是有錢人家的司機女兒，單戀著二少爺戴維，但是他卻從沒注意過她。

莎賓娜到巴黎留學，2年後回來時變得美麗動人。

有錢人家的兩個兒子都愛上了她……

從村姑變身成巴黎最新時尚的自信新女性，是這部電影的重頭戲！

去巴黎留學前

圓領T恤、點點背心裙、馬尾，端莊而老土的風格，

去巴黎留學後

變成時髦的巴黎風！

呈現莎賓娜從巴黎回來後，風格180度大轉變的那一幕可說是非常重要。

其實赫本平常幾乎可說讀遍了法國時尚雜誌，對潮流瞭若指掌。

59

她覺得在這樣的場景必須要有特別的東西。	這讓從《羅馬假期》開始就一直負責奧黛麗・赫本服裝的伊蒂絲・海德非常生氣。	但是因為導演同意,伊蒂絲・海德不得已也只好讓赫本到巴黎去了。
導演!如果要說服觀眾莎賓娜是從巴黎回來的,應該要穿上巴黎的 High Fashion!	什麼?穿巴黎設計師的衣服?把我放在哪裡?!	哈!好啊!那妳就盡量去跟法國瓦倫西亞加(即巴黎世家)要妳喜歡的衣服吧!
奧黛麗・赫本抵達巴黎後,去找瓦倫西亞加大師……	在準備莎賓娜的服裝時,《羅馬假期》還沒上映,所以赫本還沒沒無聞。	當赫本一進到紀梵希的工作室,紀梵希就被嚇了一大跳。為什麼?難道是被她迷住了嗎?
不好意思,我現在太忙了,妳要不要去找我的大弟子紀梵希呢?	我是來見紀梵希先生的。 哪位啊?竟然要找紀梵希大人……	驚!
不!他吃驚是因為失望!	原來紀梵希等待的「赫本」另有其人。	來的卻是一個沒沒無名的瘦子……
貢多拉船夫的帽子 短髮 啊啊 Bonjour Monsieur T恤 個子很高身材卻很乾瘦 窄管褲 什、什麼!這小丫頭是誰??	我請赫本小姐到你那邊去,她馬上就會到了~ 誤會一場! 噢!赫本小姐?米高梅傳奇女星凱薩琳・赫本	我的凱薩琳・赫本在哪裡啊?!

無情的紀梵希……馬上板起臉孔地一口回絕！

找藉口

抱歉，這位小姐。
雖然我也很想幫你，但我現在要準備作品沒有空，而且我們為數不多的幾個裁縫師也都在忙著做作品。

但是奧黛麗·赫本還是不放棄。

沒有啦！你不一定要幫我做新的衣服！上一季的也沒關係！

淚光　閃閃

最後紀梵希只好答應了。

敷衍

應付

那妳就隨意從那裡面選吧……

喔耶！

她選了紀梵希1953年春夏系列的衣服，而且彷彿命中注定一樣，衣服非常適合她。

太好了！！這就是我正在找的衣服！

雖然不是為她設計的衣服，但是卻完美符合她的身材。

噢！怎麼可能……太完美了！好像一開始就是為她做的一樣！

小鹿亂撞

她很了解自己的外貌和身材！知道自己適合什麼、不適合什麼的演員可不多啊！

激動　激動　激動

就這樣，赫本原本只是來找一場戲裡要穿的一套衣服，最後卻拿了三套回去。

GIVENCHY
GIVENCHY

這三套後來全都成了莎賓娜的招牌服裝。

就如前面提到過的，紀梵希和伊蒂絲·海德走的設計風格完全不同。

我很會隱藏奧黛麗·赫本那像小男孩的乾癟身材！

為什麼要隱藏？

OK

小男孩風格不算是缺點啊！那是奧黛麗·赫本獨特的魅力！

紀梵希認為赫本纖細的身材是她獨特的風格，並透過服飾強調。

《龍鳳配》中紀梵希設計的服裝

這套衣服就出現在赫本提出必須穿巴黎服裝的精彩橋段：
當莎賓娜留學回來在火車站等爸爸時，
她一甩過去的俗氣，以全新的面貌出現。
這套衣服也如實地反映了當時法國高級訂製服的潮流。

SABRINA

莎賓娜第一次參加上流社會派對時，擄獲了所有男人的心，當時她就是穿紀梵希的這套衣服。（右圖）

女演員時尚的重要性在1950年代開始受到重視，甚至出現了「Cinema Fashion（電影時尚）」、「Screen Fashion（銀幕時尚）」這樣的名詞。

奧斯卡頒獎典禮也新增了最佳服裝設計獎。

奧黛麗‧赫本登場後，好萊塢女演員主要可以分成三種流派。

性感豐滿風
ex)瑪麗蓮‧夢露

高雅貴族風
ex)葛莉絲‧凱莉

清純少女風
ex)奧黛麗‧赫本

在《龍鳳配》這部電影裡，赫本穿的是如實呈現纖細身材、不加以掩飾的服裝。
原本可能被譏笑的身材，搭配上紀梵希的設計後變得優雅又有自信，也讓她的身材在大眾的眼中看起來很美麗，開始被視為魅力的其中一個要點。

《LIFE》雜誌

小胸部和小屁股，與瑪麗蓮‧夢露完全相反的魅力！

身高超過170公分的她總是穿低跟的鞋子，Ferragamo（菲拉格慕）的平底鞋被稱為「赫本鞋」，大受歡迎。

完整呈現細瘦身材曲線的鉛筆裙

露出細長雙腿的高腰短褲

貼身的卡普里褲和船型領子

赫本穿的卡普里褲得到了「莎賓娜褲」的別名，造成大流行。穿膩繁複服裝的年輕女性，非常熱愛這種簡單又好穿的T恤、褲子，以及舒適的平底鞋。

63

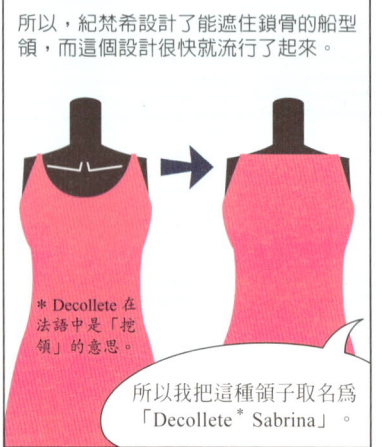

雖然在紀梵希的幫助下，赫本可以自信地展現自己的身材，但她其實也有想要隱藏的缺點。

討厭！我討厭我的鎖骨！

凸出的鎖骨是赫本的死穴。

所以，紀梵希設計了能遮住鎖骨的船型領，而這個設計很快就流行了起來。

＊Decollete 在法語中是「挖領」的意思。

所以我把這種領子取名為「Decollete＊Sabrina」。

《龍鳳配》創造了一股全新的風潮，並且得到奧斯卡最佳服裝獎。但是這座獎……

噔噔！

獎是我的！！

事情是這樣的，如前面所看到的，赫本選了紀梵希的衣服當作電影的戲服。

但是當時《龍鳳配》官方的服裝負責人是伊蒂絲・海德。

我想穿這些衣服！

紀梵希？OK！穿吧！

64 時尚經典的誕生

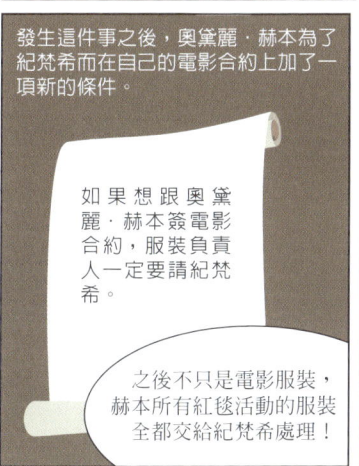

結果，明明是紀梵希的設計，但因為服裝總監是伊蒂絲·海德，所以奧斯卡獎的主人是……

就是我！伊蒂絲·海德！

雖然至今這件事還是有爭議性，但當時伊蒂絲·海德的立場很明確。

對，不是我設計的。但那又怎樣？

服裝總負責人是我！

如果我電影裡用了百貨公司買的毛衣，難道要頒獎給百貨公司嗎？

當然，紀梵希也很不高興。

那是憑我的創意設計出來的！那是我的衣服！

太不像話了！獎是我的！

她偷了我的獎！

發生這件事之後，奧黛麗·赫本為了紀梵希而在自己的電影合約上加了一項新的條件。

如果想跟奧黛麗·赫本簽電影合約，服裝負責人一定要請紀梵希。

之後不只是電影服裝，赫本所有紅毯活動的服裝全都交給紀梵希處理！

雖然伊蒂絲·海德抱走了奧斯卡獎，但最終的勝利者卻是紀梵希——因為他成了赫本一輩子的形象塑造者。

什麼！

他是我的靈魂伴侶，也是我的良師。

她是我永遠的朋友，也是我的繆思女神。

之後，赫本眾多的服裝都交給紀梵希設計，他們的友情長達40年。

我們想要的風格是一樣的，設計師和繆思要這麼氣味相投可是不容易呢！

紀梵希在1957年參與了電影《甜姐兒（Funny Face）》的製作，而這部電影因為是以紐約時尚雜誌與模特兒的世界為背景，所以在時尚的角度上更是受到矚目。

AUDREY HEPBURN · FRED ASTAIRE
PRESENTED IN A REAL NEW DIMENSION IN MOTION PICTURE ENTERTAINMENT
FUNNY FACE
KAY THOMPSON

電影劇情敘述的是：攝影師迪克和雜誌社社長梅姬正在尋找能代表雜誌的新人模特兒。

有沒有美麗又知性的模特兒呢？

漂亮的模特兒很多，但沒有一個是聰明的啊！

喬（奧黛麗·赫本）是一個平凡到近乎古板的書店店員，她的魅力有一天偶然被迪克發現，於是開始投入模特兒的工作。

要我當模特兒？我的臉怎麼當模特兒？

I love your funny face!

我喜歡妳滑稽的臉！

65

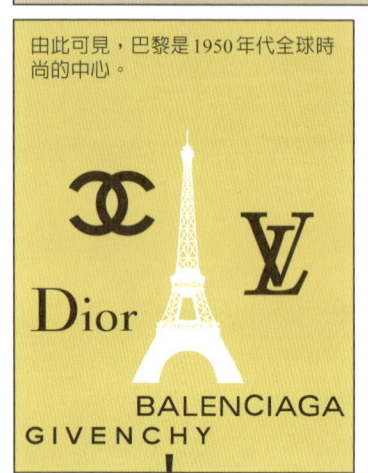

跟《龍鳳配》一樣,《甜姐兒》的重頭戲是赫本從俗氣保守的書店店員,戲劇性地變身成光鮮亮麗的模特兒。

黑色高領加上樸素的背心裙

法國設計師做的高級訂製服

有趣的是,這兩部電影都隱約地透露出人們憧憬巴黎時尚的心態。

我們去巴黎拍畫報吧!

Bonjour Paris!

由此可見,巴黎是1950年代全球時尚的中心。

令人特別印象深刻的其中一幕是:電影剛開始時,雜誌社社長說要讓粉紅色廣為流行,所以出現了充滿時尚感,到處都是粉紅色的畫面。

因為《甜姐兒》詮釋的是時尚界的故事,所以出現了各式各樣的服裝,和彷彿會出現在時尚畫報上的場景。

拍攝畫報中

我打信號之後,抓著氣球大力地跳起來!

66 時尚經典的誕生

《甜姐兒》出現了多達50套的服裝，全都是出自紀梵希的設計，這些服裝可以讓我們窺視當時巴黎的潮流。

FUNNY FACE

電影裡，赫本在巴黎咖啡店跳舞時穿的衣服，被認為是《甜姐兒》一片的招牌服裝。高領衣搭配卡普里褲的這套穿搭，最近在美國品牌GAP的電視廣告中再次重現。

此外，正如電影的英文片名「Funny Face」，電影裡的喬因為長相獨特，跟典型的美女不一樣，所以對自己很沒有自信。

My face is funny……

實際上，她的臉與當時的美女演員們確實有所不同。

相對於其他演員，奧黛麗·赫本的臉被認為長得比較「有趣」。

尤其是她那雙濃濃的粗眉！

因為赫本的長相令人印象深刻，所以攝影師理查德·阿維頓在替她拍照時，會刻意把鏡頭拉近到她的臉上。

大眼睛、濃眉、厚唇就是妳的魅力！天啊！要強調出來！

她的妝容果然在年輕女性之間造成大流行。

從瑪琳·黛德麗時期流行的圓弧形細眉，

轉變成因奧黛麗·赫本而風行的「有稜有角的粗濃眉」。

用睫毛膏刷出濃密的睫毛！

68 時尚經典的誕生

另外，她也掀起了一股短髮的流行，她的招牌短捲髮被稱為「赫本頭」、「Pixie* Haircut」，蔚為風尚。

*Pixie的意思是「小精靈」。

奧黛麗‧赫本變成票房保證的靈藥，而她的風格同樣也改變了時尚界的流向，理直氣壯地成為當代時尚界的流行推手。

Audrey Hepburn

像個小丫頭、小精靈的她，因為這樣新鮮的形象而深受大眾的喜愛。

所有女性都在模仿她的風格。

這是奧黛麗‧赫本的招牌髮型，襯托了她凸出的顴骨和深邃的眼睛。
電影《羅馬假期》和《龍鳳配》都有長髮變身為短髮的場景。

69

1961年，發展順利的奧黛麗·赫本終於達到時尚經典的巔峰，而契機就是《第凡內早餐（Breakfast at Tiffany's）》。

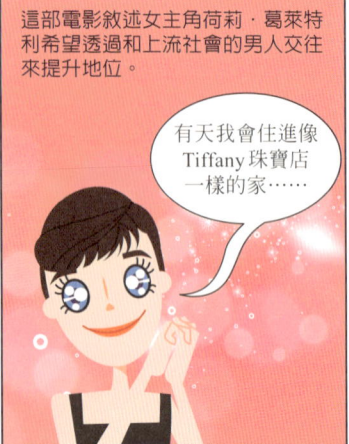

原作是楚門·卡波提的小說

這部電影敘述女主角荷莉·葛萊特利希望透過和上流社會的男人交往來提升地位。

有天我會住進像Tiffany珠寶店一樣的家……

其實原作作家卡波提心中理想的女主角是瑪麗蓮·夢露。

當然是瑪麗蓮·夢露啊！女主角是性感又善變的紐約應召女郎啊！

可是竟然要用奧黛麗·赫本？太扯了！選角選錯了！她一點也不性感啊！

而且奧黛麗·赫本也……

我絕對不要演妓女！

因為赫本這樣想，所以最後修改了電影版荷莉·葛萊特利的形象。

俐落風格～

電影開始後，被評為世紀經典場景的一幕就出現了──清幽的紐約早晨，在《月河》的音樂聲中，盤起頭髮的奧黛麗·赫本戴著墨鏡、身穿華服，從計程車上下來，接著她走向Tiffany珠寶店，一面盯著櫥窗裡的珠寶看，一面吃著她的早餐咖啡和麵包。

70 時尚經典的誕生

《第凡內早餐》的服裝

嚮往上流社會的荷莉，偏好高級且俐落的 High Fashion。一樣交由紀梵希設計，完美演繹了當時流行的極簡主義。

黑色小禮服

說到奧黛麗·赫本，大家最先想到的就是這套禮服，它和瑪麗蓮·夢露米白色的繞頸洋裝，被認為是20世紀電影史上最具指標性的服裝。大墨鏡、珍珠項鍊、長手套和高高盤起的髮髻，展現了主角的虛榮心。

Breakfast at Tiffany's

她代表性的配件「大墨鏡」是雷朋的 Wayfarer，到現在還是很受歡迎，銷售穩定。

2006年12月，電影裡的黑色小禮服在佳士得的拍賣會上以驚人的高價賣出。

92萬美元（折合台幣約2800萬元）。

成交金額比事前預估的還高了七倍。

不過拍賣的這一件黑色小禮服並不是赫本在電影裡穿的那一件。

GIVENCHY

紀梵希當時總共做了三套，一套由自己珍藏，另一套則在馬德里服裝博物館展示。

總之，92萬美元的高價創下了當時電影服裝拍賣金額的紀錄。

拍賣所得捐給幫助印度兒童的「歡樂城（City of joy）」作為慈善金。

我簡直不敢相信一件曾屬於一位迷人女星的戲服，竟然可以幫助我購買磚和水泥，讓那些窮人家的孩子都可以去學校上學。

感動

慈善組織負責人

感動

另一方面，赫本透過這部電影呈現了她專屬的「優雅的性感」，打破大家原本覺得她不性感的評價。

從過去調皮女孩的形象，

蛻變為成熟高雅的女演員！

從第一部電影《羅馬假期》到《第凡內早餐》、《窈窕淑女（My Fair Lady）》，赫本演出的每一部電影都非常成功，她得過許多獎，成為了美國電影的經典人物。

奧斯卡最佳女演員獎

英國電影學院（BAFTA）最佳女演員獎

金球獎最佳女演員獎

雖然派拉蒙電影答應給她最棒的待遇：一年七部片的合約、個人更衣室和接駁車。

但赫本與其他奢侈的好萊塢明星不同，她拒絕了電影公司提供的待遇。

灑脫而且無拘無束的個性。

我比較喜歡騎腳踏車！

72 時尚經典的誕生

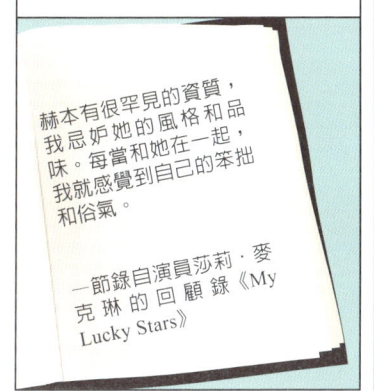

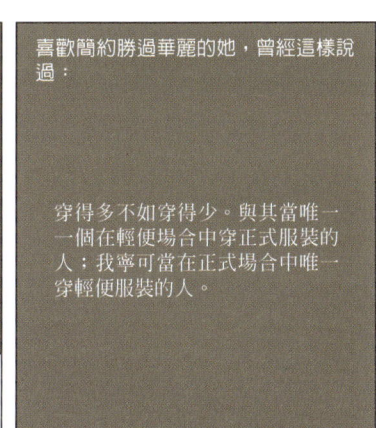

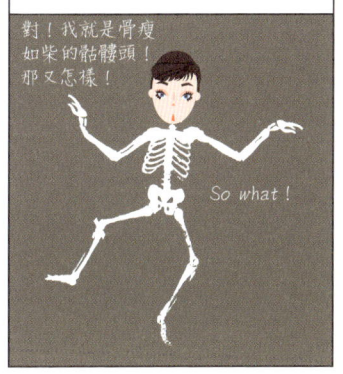

她很有時尚和流行的眼光，所以很清楚自己的身材和形象適合什麼。 赫本有很罕見的資質，我忌妒她的風格和品味。每當和她在一起，我就感覺到自己的笨拙和俗氣。 ——節錄自演員莎莉·麥克琳的回顧錄《My Lucky Stars》	從赫本整體的風格來看，可以發現她很重視簡單和實穿。 **Simple!!!** 她之所以能夠成為超越時代的經典，其中一個重要因素就是「簡單而不盲從流行」。	喜歡簡約勝過華麗的她，曾經這樣說過： 穿得多不如穿得少。與其當唯一一個在輕便場合中穿正式服裝的人；我寧可當在正式場合中唯一穿輕便服裝的人。
跟好萊塢明星們不一樣，她偏好實穿的風格，這點從她平常的穿著就能看出來。 為了穿久一點而買大半號的鞋子， 平常都穿Polo衫和卡普里褲	很有趣的一點是：赫本總是覺得自己沒有魅力。 我不漂亮，我太高、太瘦、胸部太平，而且腳這麼大！	原來那個時代的藝人也會口出妄語！ 別瞎扯了！ 那是要叫我們不用活了嗎？
認為自己滿身缺點的赫本，之所以能自信地站在攝影機前，是因為有一套自己的時尚哲學。 必須客觀看待自己！	請像分析一個物品一樣分析自己。一定要對自己坦誠，正視缺點，不要試圖隱藏它，同時發掘其他的優點。	她正視自己不完美的身材，並且盡可能地把缺點變成優點，而不是遮遮掩掩。 對！我就是骨瘦如柴的骷髏頭！那又怎樣！ *So what!*

她拒絕了電影公司建議她遮掩不整齊的門牙和修掉粗眉的意見。
她一輩子從沒接受過任何整形手術，甚至也不嘗試變得更年輕。
打一劑肉毒桿菌吧？
Nooooooo!!
赫本接受自己的缺點，也大方地讓世人看見，她因此而感到內心平靜，並且從中獲得自信。
脫俗的境界
時間對我的美貌來說一點也不重要。
就算上了年紀，她還是保有自然的美和優雅的氣質。在整形和微整形已經變得理所當然的現在，赫本這樣的行為對我們來說更是別具意義。
說什麼啊～我們院長可是做得超自然的呢～
大明星遇到瓶頸時雖然容易一不小心就跌入無節制的生活或迷途，但赫本卻輕鬆地克服了。
她不過美國電影界和好萊塢演員們危險的生活模式。
她一向只專注在工作和訓練，絕不做違反自己原則的事情。
只要拍一張性感照，妳要多少錢都給妳！
Nooooooo!!
據說赫本對自己的飲食習慣也嚴格控制。
我不會為了維持纖細的身材而挨餓，我只是從來不亂吃或暴飲暴食，而且我不吃甜點、不喝酒。
首先，我每天都吃一樣的早餐：2顆水煮蛋、一片在健康食品超市買的7種穀物全麥吐司、3～4杯加了熱牛奶的咖啡。
Yogurt
中午吃茅屋起司、水果沙拉，或是有添加蔬菜的優格。
晚餐則吃烹煮過的蔬菜和肉。
有趣的一點是：赫本也無法抗拒巧克力的誘惑。
Chocolate
因為戰爭時挨餓過，所以我沒辦法控制對巧克力的熱愛。
我的最愛巧克力

此外,從1988年開始,她開始投入新的領域——聯合國兒童基金會的親善大使。直到1993年因癌症去世,她都在全世界各地幫助挨餓的孩子們。

我小時候也是個受國際救援基金會幫助過的孩子,所以我很清楚聯合國兒童基金會做的事情有多麼重要。

她到過全球50多個地方,包括衣索比亞、蘇丹、索馬利亞、孟加拉等。

我知道什麼叫極度貧窮,現在輪到我奉獻了。

為了紀念赫本而設立的「奧黛麗·赫本人道主義獎」,每年頒發給對人類和世界和平有貢獻的人。

奧黛麗·赫本不只存在電影和時尚裡,她的生活總是充滿真誠,大眾也愛戴這樣的她。

而且她不知道自己有多特別。

囂張的人擺出一副跩樣最讓人倒胃口了~

所以感覺她跟我們更親近。

我們的偶像!

她總是打扮樸素,就像在說「不要看我」一樣。

我很平凡　我很平凡　我很平凡

!!!

但赫本的特別和優雅卻是想藏也藏不住,所有人都為她神魂顛倒。

閃亮亮　閃亮亮　閃亮亮

啊~奧黛麗!!

啊!好耀眼!

她的風格至今仍舊存在,對時尚界有巨大的影響;而她率真高雅的人生現在也還是為人們帶來感動。

1999年《National Enquirer(國家詢問報)》

被選為8位形成20世紀時尚潮流的代表人物之一

在美國電影學院選出的百年以來最偉大的女演員中,排名第3

現在還是有許多女性想知道奧黛麗·赫本美麗的祕訣,但是其實她並沒有任何的招數,因為毫不造作的率真與自愛,可能就是她美麗的祕訣了吧?

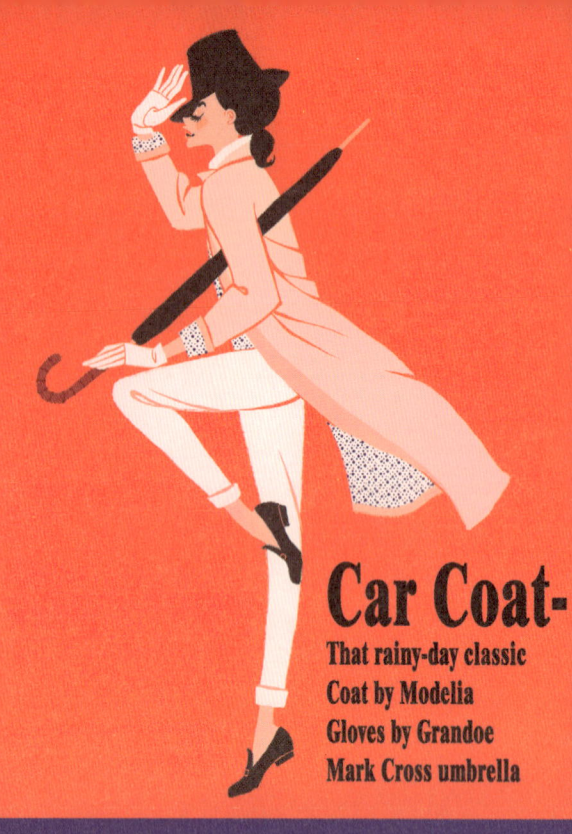

Car Coat-
That rainy-day classic
Coat by Modelia
Gloves by Grandoe
Mark Cross umbrella

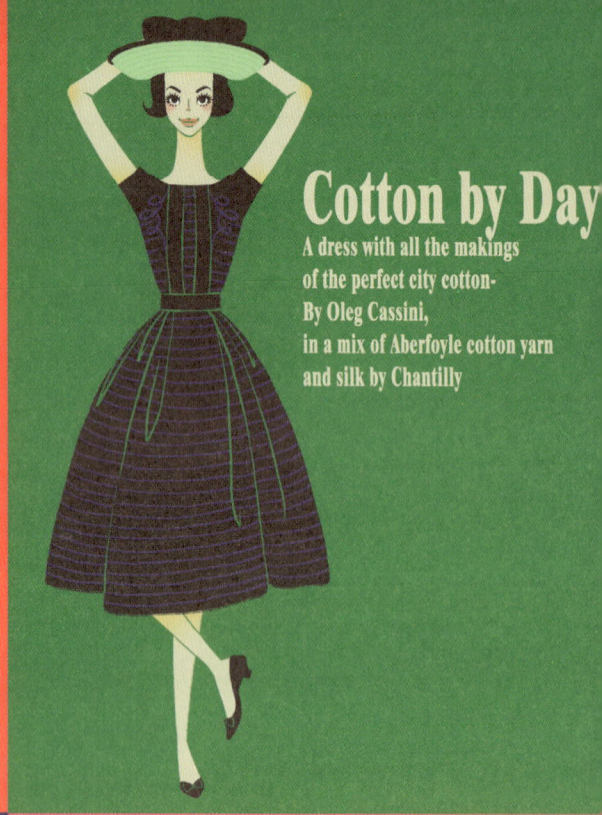

Cotton by Day
A dress with all the makings
of the perfect city cotton-
By Oleg Cassini,
in a mix of Aberfoyle cotton yarn
and silk by Chantilly

Or Evening
Some of the prettiest new cottons
will be staying up late
for the summer parties-
A black-and-white cotton
print by Michel
Capezio dancing pumps

They Go by Air
Prints, too, are traveling
the airways, these days-
The one here,
by Mollie Parnis.
The summery leghorn hat
by Lilly Dache.

奧黛麗‧赫本

文獻

- Joel Kimbeck（2012），《Fashion Muse》，Miraebook Publishing Co.
- Kim Yeonsuk、Bae Sujeong（2002年），*(The) Study about Audrey Hepburn style reflecting on the fashion in the late 20th century*，Korean Journal of Human Ecology，5（2）
- Kim Yeonhui（2003），*The Effect of Costume and Make-up Shown in Famous Movies on the Popular Fashion*，光州朝鮮大學產業研究所
- Kim Jeonghui（2011），*The comparison of the character images in film through the analysis of costume, hair and make-up styles: Focused on Audry Hepburn and Marilyn Monroe*，首爾成均館大學設計研究所
- Pamela Clarke Keogh(1999)，*Audrey style*, HarperCollins Publishers.
- *Audrey Hepburn tops beauty poll*, BBC NEWS, 2004. 5. 31
- Megan Lane, *Audrey Hepburn: Why the fuss?*, BBC NEWS, 2006. 4. 7
- *Audrey Hepburn: Style icon*, BBC NEWS, 2004. 5. 4
- *Auction frenzy over Hepburn dress*, BBC NEWS, 2006. 12. 5
- 'She thought she had a big nose and feet, was too skinny and not enough breast'：*Audrey Hepburn's son reveals how the movie star never believed she was beautiful*, <Daily Mail> Online, 2013. 4. 2
- Claire Ellicott, *Audrey Hepburn's Givenchy couture collection sold at auction for?270,000*, <Daily Mail> Online. 2009. 12. 9
- Alex Cox, *Audrey Hepburn: an iconic problem*, <The Guardian>, 2011. 1. 20
- Lesley Garner, *Lesley Garner meets the legendary actress as she prepares for this week's Unicef gala performance*, <The Sunday Telegraph>, 1991. 5. 26
- *Audrey Hepburn on a role. Jessica Seigel*, <The Chicago Tribune>, 1992. 1. 20
- Caryn James, *Audrey Hepburn, Actress, Is Dead at 63*, <The New York Times>, 1993. 1. 21
- *Audrey Hepburn: Still the Fairest Lady. Richard Corliss*, <TIME Entertainment>, 2007. 1. 20
- *Audrey Hepburn 'most beautiful woman of all time'*, <The Sydney Morning Herald>, 2004. 6. 1
- *Audrey Hepburn and Fashion. Sarah Jane Stratford*, Womens-fashion.lovetoknow.com.
- Rachel Chambers, *Cinemode: Sabrina: Edith Head vs. Hubert de Givenchy*, onthisdayinfashion.com, 2010. 9. 22

網站

- audreyhepburn.com
- kerrytaylorauctions.com
- Vogue.com
- Theage.com.au
- fashionodor.com
- famous-women-and-beauty.com
- essortment.com

Grace Kelly

4

Grace Kelly
葛莉絲•凱莉
1929~1982

在人們的記憶裡，我期許自己不是一個丟臉的人；
但在我愛過的人的記憶裡，
我只希望自己是一個美好的女人。

她就像雪之女王一樣，冰冷又神祕。

不對，她雖然看起來像大家閨秀，但是卻熱情如火。

身為好萊塢的金髮美女演員，以及摩納哥的王妃，她向我們展示了明星與王族的兩種風貌。

她，是葛莉絲·凱莉。

1950年她出現在電影圈時，電影公司和媒體都用一樣的話語形容她。

上流社會社交界的女人！

今日新聞

新聞

父親是費城企業家兼政治人物，所以她確實是在富裕的家庭中長大。

但我不像媒體說的是社交界的人。

呵呵呵 什麼社交界嘛！

這都是為了塑造形象而做的媒體操作啦。

但是以她的氣質和格調來看，任誰都會相信她是社交界的名媛。

高尚　氣質
優雅　知性

所有毛孔都散發著氣質和知性。

她這樣自然的高雅感，不是電影公司或導演培養的，而是源自於她的母親瑪格麗特。

如果不想變成馬路三寶，妳就好好開！

不只是禮儀，凱莉的媽媽甚至親自教她開車。

你們以為這是努力就能有的嗎？高貴可是與生俱來的。

芭蕾也是媽媽叫她學的。

跳芭蕾才會有優美的身材！

80 時尚經典的誕生

81

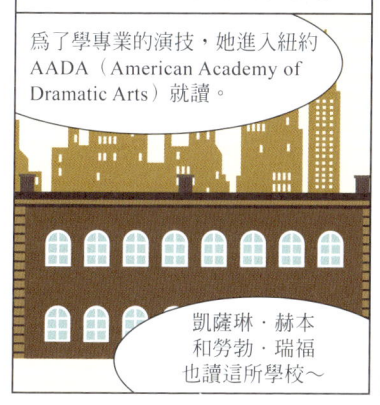

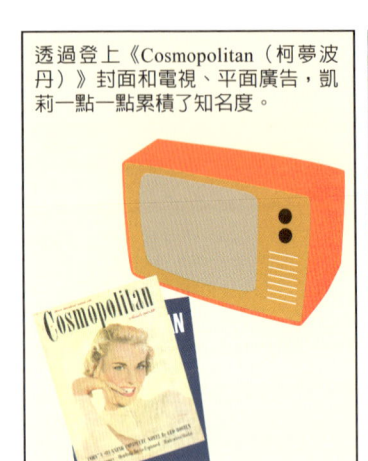

透過登上《Cosmopolitan（柯夢波丹）》封面和電視、平面廣告，凱莉一點一點累積了知名度。

終於在1949年以演員身分出道。

由1948年《The Father》登上百老匯。

1950年第一次演出電影《14小時（Fourteen Hours）》的小角色！

她一開始就受到電影圈的注意。

她跟我們常看到的女演員很不一樣。

賈利·古柏

當時的好萊塢是「金髮傻妞」意識濃烈、以性感為武器的金髮美女時代，此時卻罕見地出現了溫文儒雅、充滿智慧的金髮美女。

品味高檔

俐落的女性

上流社會名媛

天啊，妳是有讀過書的女人啊？

真煩人，看她擺出一副富千金的樣子。

討人厭！她的內臟應該長得很醜。

1950年代初期的電視黃金期，葛莉絲·凱莉表現很活躍，參加了60個以上的電視節目。

妳知道葛莉絲·凱莉嗎？

喔～你說的是最近很常出現在電視上的那個漂亮女生嗎？

在電視領域的成功，為她開啟了更大的舞台。1952年，她在22歲時與好萊塢最大的電影公司米高梅簽了約。

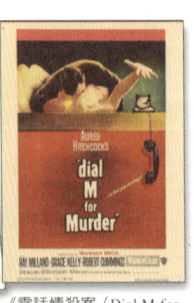

之後葛莉絲·凱莉與米高梅拍了多部電影，躋身為一線明星。

《紅塵（Mogambo）》（1953年）

《電話情殺案（Dial M for Murder）》（1954年）

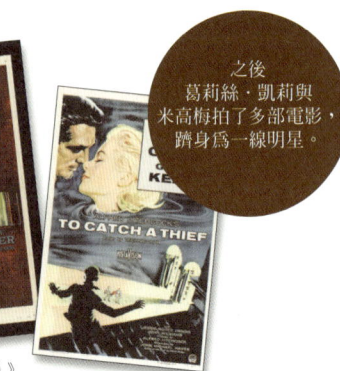

《日正當中（High Noon）》（1952年）

《後窗（Rear Window）》（1954年）

《捉賊記（To Catch a Thief）》（1954年）

82　時尚經典的誕生

當時她以相對之下較低的薪水——週薪850美元和米高梅簽了7年的合約。
太便宜了吧？那我有條件！
來，簽名吧。
她對米高梅提出了兩個條件。
第一，除了電影工作之外，給我自由時間參加劇場的演出。
第二，讓我住在紐約！
她的家在曼哈頓66街200號，現在則成了紐約的著名景點。
身為電影演員，她有自己的信念，任何金錢誘惑都無法改變她。
來拍泳裝照吧
呃～！不要！
凱莉一口回絕當時女演員們常拍的泳裝照！當電影公司要求她露乳溝，也一樣遭到拒絕！
那至少露個乳溝……
OH!! NO!!
如同我們現在只要在網路搜尋藝人的名字，就可以知道他們的身高體重一樣。
NAVER
姜末順
生日 1980年12月1日
身高體重 163公分 43公斤
所屬公司 幸福娛樂公司
家庭關係 1男1女中的長女
學歷 該學的都學了
網站 網誌
當時女明星的身材資訊是公開的，但葛莉絲．凱莉一樣不肯妥協。
知道我的尺寸要做什麼!!
宣傳負責人們
同時期的金髮美女還有瑪麗蓮．夢露、碧姬．芭杜，她們都是非常性感的女星，而凱莉雖然同樣是金髮，卻一點也不性感，所以有些攝影師也抱怨過她。
又不是說很性感……
端莊
文靜
也不是說身材很好……
未免也太中規中矩了吧～
太乖了，好無聊。

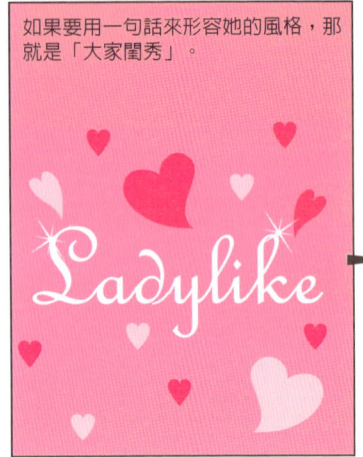

正是因為她近乎執著的端莊和知性形象，所以人們不叫她金髮傻妞，而叫她「金髮酷妞（Cool Blonde）」。

瑪麗蓮·夢露與奧黛麗·赫本的綜合版！

她是很少見的女演員，因為她清楚自己的個性、風格，和要走的路。

穿穿看這件吧。

我們妝化濃一點吧！

NO!
NOPE!

她對自己的決定非常有信心。

只做我認為適合自己的事情。

如果要用一句話來形容她的風格，那就是「大家閨秀」。

Ladylike

同一個時期的瑪麗蓮·夢露雖然對流行也帶來很大的影響，但是相較於經歷過大風大浪的兒童時期，長大後透過性感魅力來吸引人的瑪麗蓮·夢露，一般的女性還是希望像葛莉絲·凱莉一樣，在富裕的家庭中成長為有教養的淑女。

端莊的髮型與妝容

優雅包覆身體的高級洋裝

古典的黑色洋裝
珍珠短項鍊

手套

強調纖細腰部的寬襬裙
（full skirt，裙襬寬闊的裙子）

低跟鞋

同齡的奧黛麗·赫本和葛莉絲·凱莉，她們最大的不同在於「上流社會的形象」。

上流社會的格調！

名門大家的涵養！

我是社交圈的名媛！

她在幹嘛？

什麼是「大家閨秀風」？這個詞指的是散發出女人味，並且強調優雅和格調的古典風。

84 時尚經典的誕生

葛莉絲・凱莉的風格是在1954年的《後窗》開始被注意到。

大導演亞佛烈德・希區考克與葛莉絲・凱莉搭檔的成功之作

這部電影描述的是：紐約的攝影師傑夫（詹姆斯・史都華）因為腳受傷，而待在家倚靠輪椅生活。

因為太無聊，「從窗戶偷看鄰居」就變成他的興趣。

他偶然地目擊了犯罪現場。凱莉飾演傑夫的女友，是在時尚圈工作，重視上流社會潮流的女性。

我是同一件衣服絕不穿第二次的莉莎～

特別是她第一次出現時所穿的洋裝，可說是把凱莉推向了時尚經典的位置。

就是這套充滿女人味的黑白洋裝！

她穿的是腰際以下有花紋的蓬蓬裙。

上衣的前後都是深V領，微微露出肩膀，以優雅而充滿女人味的風格登場。

這套洋裝在當時成為了「優雅」的範本。

伊蒂絲・海德這套服裝的手稿甚至在2010年的拍賣以13000美元（折合台幣約40萬元）賣出！

伊蒂絲・海德是在奧黛麗・赫本篇也出現過的電影服裝設計師，她在希區考克與葛莉絲・凱莉合作的幾部電影中，設計了許多套具有指標性的服裝。

雖然我和很多女演員共事過，但卻沒看過像葛莉絲・凱莉這麼清楚自己該穿什麼的女演員。

她不管是什麼衣服都撐得起來，而且對服裝很有眼光，具備天生的時尚感！

奧黛麗・赫本

之前還說我最棒！就是因為這樣我才去找紀梵希！

REAR WINDOW

GRACE KELLY

電影《後窗》中葛莉絲‧凱莉的服裝

1. （右邊）雪紡紗洋裝。
2. （左邊）Pillbox帽（沒有帽簷的圓帽）和橄欖綠色套裝，展現優雅高級的都會女性風格。
3. （中間）肩膀為薄紗的黑色洋裝。

葛莉絲・凱莉在這部電影中第一次展現出性感的一面，而且和其他女星不同的是：她的性感是內斂而優雅的。
不是大剌剌的暴露，而是隱隱約約的裸露。
高格調的性感風。
胸部和背部挖成深V領
露出背部的繞頸上衣
薄紗透視出肩膀線條的洋裝
葛莉絲・凱莉總是端莊優雅，第一個發現她性感面的人是她的良師——希區考克導演。
妳就像被雪覆蓋的火山一樣，外表冰冷、內心熱情如火！
滾燙
寒冷
如果說瑪麗蓮・夢露的衝突魅力是「性感」和「純真」，奧黛麗・赫本是「天真爛漫」和「優雅」，那麼葛莉絲・凱莉就是「優雅」與「性感」。
在她那金髮美女冷冷的優雅感之中，還散發了隱約的性感魅力，也就是所謂的「性感的優雅（Sexual Elegance）」！
sexual elegance
《後窗》的服裝雖然乍看之下很高雅，但是如果仔細看，應該可以發現這段期間我不為人知的性感魅力吧？
葛莉絲・凱莉和奧黛麗・赫本雖然有著類似的淑女形象和時尚哲學，但凱莉的優勢是：她有奧黛麗・赫本沒有的金髮魅力！
挖苦
挖苦
那又怎樣
聽到了嗎？我隱約中帶著性感～
希區考克導演很相信凱莉的品味，常常賦予她選擇服裝的權力。
導演很信任我，所以我穿衣服總是很自由！
炫耀
炫耀
但是，這麼信任凱莉的希區考克導演也有一點介意的事……
嗯……那平胸有點……
喔～性感的優雅～
噗！她對小胸部也沒轍嘛。
在《後窗》裡她有一場穿著薄紗睡衣的戲。
喔～我好美～我好性感～
不對不該是這個樣子啊……

希區考克悄悄叫了伊蒂絲·海德過去……

葛莉絲·凱莉的胸部好像真的太平坦了，想個辦法吧。

交頭接耳

!!!

葛莉絲，那個，就是啊……導演說衣服撐不起來，希望妳加個胸墊……

什麼?!

但是固執的葛莉絲·凱莉怎麼樣就是不肯加胸墊讓胸部看起來變大。

我對我的平胸很滿意!!

我絕對不會放胸墊！人們肯定會開言閒語地說：「葛莉絲·凱莉加了胸墊！」我的自尊心不容許這樣的事發生！

結果她說服了海德。

我們就騙他說已經放胸墊了吧！他不會發現的。

嘰嘰咕咕

什麼??

凱莉裝出一副已經加上胸墊的樣子騙導演。

厚臉皮

裝模作樣

跟剛剛一樣扁平的胸部

結果希區考克導演發現了嗎？

看吧～聽我的沒錯吧？加胸墊後好多了～

……

啊

她集希區考克導演的寵愛於一身，常常演出他的電影。

多虧希區考克導演比誰都還懂她的魅力，讓她的風格變得更出色，也漸漸奠定了地位。

甚至出現「希區考克的金髮女郎」稱呼

1956年的作品《上流社會（High Society）》，正如電影名稱，她充分地演繹出上流社會的高雅時尚。

88 時尚經典的誕生

《上流社會》的服裝
帶著祖母綠色的灰色雪紡紗洋裝,雖然不是裸露的服裝,卻能讓人感受到葛莉絲‧凱莉令人心醉的性感。

High Society

《捉賊記》（1955年）和《上流社會》（1956年）出現特別多上流社會女性的休閒打扮，凱莉就是從這個時候開始引領1950年中後期的休閒潮流。

大帽簷的帽子

墨鏡

卡普里褲

無袖上衣配上長長的絲巾

《捉賊記》裡，凱莉在法國海灘的高級度假勝地展示了富家女的度假風。

Alfred Hitchcock's

To Catch A Thief

90 時尚經典的誕生

《上流社會》裡出現了休閒襯衫和褲子,還有至今男女都愛的麻底帆布鞋

麻底帆布鞋 Espadrille
鞋底用麻布或麻繩等編織而成,並搭配布料做成的鞋子,重量很輕。韓國也很流行「TOMS」的麻底帆布鞋。

葛莉絲・凱莉的奢華休閒風
凱莉的休閒裝扮高貴又舒適,至今仍是美國富有階層女性們理想的穿衣公式。特別的是,卡普里褲在1950～1960年代蔚為風潮,如果說奧黛麗・赫本的卡普里褲是野丫頭般的「莎賓娜風」;那麼葛莉絲・凱莉則活用了卡普里褲,呈現出優雅的高貴休閒風。

棉質或丹寧材質的卡普里褲,配上麻底帆布鞋、襯衫、絲巾、頭巾等,凱莉輕鬆地詮釋出時髦的休閒穿搭,被稱為「葛莉絲・凱莉休閒風」並深受喜愛。

休閒的褲裝不失格調又實穿,變成美國女性們愛穿的外出服,造成一股熱潮。

襯衫　針織衫
卡普里褲

這是美國女性們最喜歡的典型古典風格。

凱莉在1955年《Women's Wear Daily》雜誌中被選為時尚聖經!

卡普里褲
Capri Pants
長度到小腿的八分貼身褲。

當時美國正在積極培養能夠與時尚王國法國對抗的本國設計師。

VS

歐洲的強項是成套的服裝或洋裝,美國則是單件的服裝較發達。由葛莉絲・凱莉掀起的這股潮流,帶動了美國的買氣。美國的實穿主義時尚至今仍延續著。

用分別購入的單品搭配出休閒風。

T恤　裙子　襯衫　褲子

不過葛莉絲・凱莉最愛的品牌是法國名牌——與她很有緣的愛馬仕。

HERMÈS PARIS

她與愛馬仕的緣分從電影《捉賊記》開始。

由於凱莉飾演的是石油財團繼承者,所以導演希區考克認為必須要為她準備豪華的配件。

妳去巴黎愛馬仕的店鋪找一些需要用到的配件吧。

伊蒂絲・海德

這個時期,正好伊蒂絲・海德的繆思奧黛麗・赫本被紀梵希搶走。

哼～我忌妒死那一對組合了。

她看上葛莉絲・凱莉,希望凱莉能代替赫本成為她的繆思。

呵呵呵

妳是我的……我們會成為不亞於紀梵希和赫本的夢幻組合!

誰在講我?耳朵好癢喔。

伊蒂絲・海德決定去愛馬仕時帶凱莉一起去。

我們要不要像知名搭檔一樣,一起血拼啊?

巴黎
聖奧諾雷路

92　時尚經典的誕生

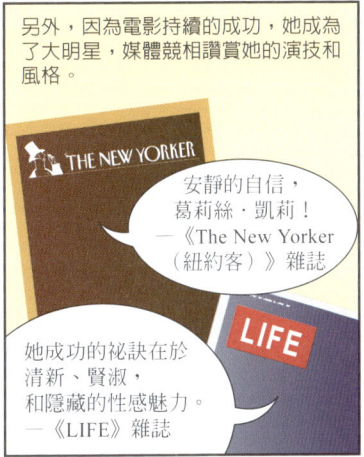

葛莉絲·凱莉立刻就迷上了愛馬仕。

哇啊啊啊啊啊啊！！！！

好優雅的絲巾！

包包！

手鍊！

她對愛馬仕的喜愛從這個時候開始萌芽，之後不只是在當演員的時期，連當上摩納哥王妃後也一樣喜歡愛馬仕。

這裡是天堂啊!!

蹦蹦　跳跳

另外，因為電影持續的成功，她成為了大明星，媒體競相讚賞她的演技和風格。

THE NEW YORKER

安靜的自信，葛莉絲·凱莉！
──《The New Yorker（紐約客）》雜誌

LIFE

她成功的祕訣在於清新、賢淑，和隱藏的性感魅力。
──《LIFE》雜誌

凱莉是1955年《TIME》雜誌的封面人物，而用來形容她的句子則讓人充分感受到身為瑪麗蓮·夢露強敵的她有多受歡迎。

TIME
GRACE KELLY

「紳士愛淑女（Gentlemen Prefer Ladies）」

在性感的女演員之間，她那高雅的形象當然也受到了男演員的注意，但並沒有鬧出什麼緋聞。

賢淑之中帶著隱約的性感！

真是完美的女人！

克拉克·蓋博　威廉·霍頓

擄獲芳心的另有其人。

呵……區區的演員們怎麼跟我比。

摩納哥王子蘭尼埃三世!!

葛莉絲·凱莉與摩納哥王子是在1955年4月的坎城影展上第一次相遇，當時她受邀到摩納哥宮廷。

繁忙行程中在飯店暫時休息的葛莉絲·凱莉

飯店突然停電。

造型師

葛莉絲·凱莉

凱莉，糟了，活動馬上要開始了，但現在沒辦法吹整頭髮，也沒辦法燙衣服。

這個時候，身為「好萊塢風格聖經」的葛莉絲馬上就想出應變的方法。

沒辦法吹頭髮的話，那就綁個俐落的髮型吧。

衣服穿最不皺的一件不就好了嗎？

這件由花朵圖案的真絲塔夫塔綢（taffeta）製成的洋裝，被認為是凱莉時尚中最具代表性的招牌服裝，原因是什麼呢？

這件衣服是伊蒂絲・海德從美國女性雜誌《McCall's》得到靈感後替她做的衣服。

《McCall's》雜誌
1960年代初期擁有800萬以上的讀者，是美國的月刊。因為書上刊載流行服飾的插圖和樣板，女性可以親手做衣服，受到廣大歡迎。

94 時尚經典的誕生

因為她與未來的老公蘭尼埃三世第一次見面就是穿這件洋裝。

當時蘭尼埃王子到訪美國,其實還有另一個重要的目標。

我一定要找到未來的老婆!

可能蘭尼埃一眼就相中凱莉當老婆了吧?之後他們兩人開始書信往來,漸漸培養出愛意。

USA
Monaco

蘭尼埃三世急著結婚還有另一個原因。

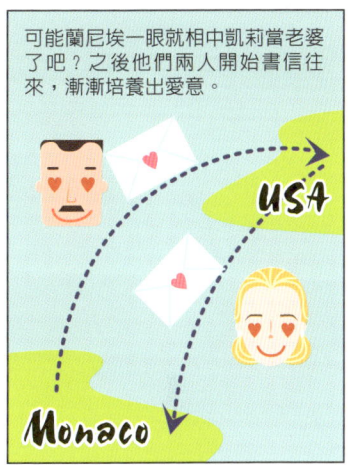

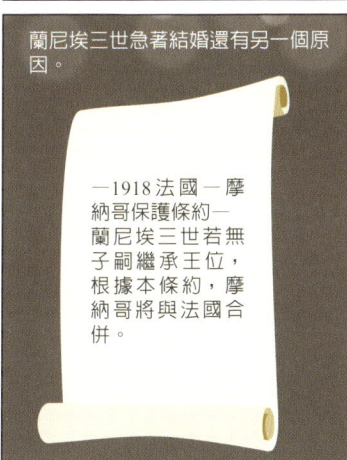

—1918法國—摩納哥保護條約—蘭尼埃三世若無子嗣繼承王位,根據本條約,摩納哥將與法國合併。

因此,蘭尼埃三世的婚事理所當然地成為了媒體和大眾關心的焦點。

您喜歡什麼樣的女人?

您的理想類型是什麼樣的女人?

這個嘛,應該是最好的女人吧?

那一年12月的記者會

記者會過後3天,蘭尼埃三世向凱莉求婚,她就是他眼中最好的女人。

請成為我的公主。

於是,葛莉絲·凱莉留存在我們印象中的「世紀婚禮」就這樣促成了。

葛莉絲·凱莉升級為王宮貴族。

這段婚姻不只讓凱莉「升級」,也讓小國摩納哥得到很大的利益。

當時摩納哥遭受經濟困難

與世界巨星葛莉絲·凱莉結婚成為熱門話題!

全世界的觀光客開始湧入摩納哥!

經濟問題政治問題繼承問題一石三鳥!完全解決!

隔年,1956年4月18日,在600位賓客和電視機前3000萬觀眾的矚目下,凱莉和蘭尼埃三世舉行了結婚典禮。

葛莉絲·凱莉結婚了!

她要變成歐洲的王妃了!!

26歲的電影明星葛莉絲‧凱莉就像童話故事裡的主角,與白馬王子結婚成為了公主。

既然是好萊塢女星史上最厲害的婚禮,大家最好奇的當然就是葛莉絲‧凱莉的婚紗了。

會是哪個設計師設計葛莉絲‧凱莉的婚紗呢?

迪奧?
瓦倫西亞加?
紀梵希?

但出乎意料地!

什麼迪奧!是我設計的。

凱莉的婚紗是電影公司米高梅幫她做的。

海倫‧羅斯

葛莉絲‧凱莉的婚紗

96 時尚經典的誕生

為什麼她不像其他明星一樣，把婚紗交給數一數二的高級訂製服設計師做呢？
結婚後就不能隨心所欲地當演員了，跟米高梅的長期合約該怎麼辦呢？
我有辦法！妳穿我們做的婚紗結婚，讓我們拍妳婚禮的紀錄片，這樣就可以解約了～
妳在《上流社會》穿的衣服也全都給妳！如何?!
豎耳
聆聽
條件還不錯，凱莉沒道理拒絕米高梅的提議。但是，卻有一個人無法接受這項交易。
呃……對不起
伊蒂絲・海德
不可以這樣！我有多想做妳的婚紗啊！我還以為我們是夢幻的組合！
葛莉絲・凱莉華麗的婚紗完成了，總共用了約270公尺的古典玫瑰花紋蕾絲、20公尺的塔夫塔綢、90公尺的絲質紗，以及綴有珍珠的頭紗。
光是製作就動用了36位裁縫師！
耗費六週才做好
凱莉結婚時的嫁妝是2百萬美元（折合台幣約6千萬元）。
購入美國頂級設計師的40套服裝當作婚禮用品
賈桂琳・甘迺迪未來的老公——希臘船王亞里士多德・歐納西斯送了一艘Deo JuvanteII（「Deo Juvante」是摩納哥的國家格言，代表「主的幫助」）給他們當結婚禮物，於是凱莉和蘭尼埃三世就搭著這艘船到地中海蜜月旅行了七週。
去蜜月旅行時穿的是迪奧的外套
蜜月旅行時，凱莉也帶著愛犬黑貴賓奧立佛一起去～
正如決定和米高梅終止合約，成為一個國家的王妃之後，代表她再也不能當演員。
不行不行，成為王妃之後不可以當演員～
點頭
好，我會端莊地生活～

1962年希區考克導演邀請她拍電影，雖然很心動…… 「我希望妳可以演這次的新作品《豔賊（Marnie）》。」 「我也好想演。」	因為摩納哥國民們強烈的反對而告吹。 「那不是有偷竊癖的角色嗎？」 「摩納哥的王妃絕對不可以演偷東西的人！」	蘭尼埃三世甚至訂了一些跟王妃有關的嚴格規定。 不能拍照！ 不能簽名！ 訪談時不得用錄音機！ 訪談時若王妃還在位子上，任何人都不能先行離開。
另外，她成為摩納哥皇室的一員後，風格上更有長足的發展。 「如果她現在還活著，我敢確定她到80歲一定還是美得嚇人。」 卡爾・拉格斐	她不盲從潮流，總是走基本和簡約的風格，這就是為什麼即使歲月流逝，她的搭配看起來也不會俗氣。 「就算是現在看凱莉以前的照片，也很難推測是哪個時代，因為她的風格很俐落。」	眾所周知的是，凱莉即使身為王妃也還是很樸實。 「她雖然很美、很有型，卻也很樸實。」 在摩納哥負責凱莉服裝的瑪莉埃・吉拉登
從光鮮亮麗的好萊塢明星到皇室的一員，只要是喜歡的衣服，她總是會穿好幾次。 「她可以一整年常常穿同樣的衣服。」	以前的衣服如果退流行，她還會根據潮流修改後再穿。 「我對自己買的衣服很忠誠，不流行了就要丟掉，這像話嗎？」	婚後，雖然迪奧、巴黎世家、香奈兒、紀梵希、YSL聖羅蘭等高價的衣服變多了，但她購物的支出並不算太高。 「奢華的衣服全都是老公買給我的。他喜歡購物，出手也很闊氣，可能是因為一出生就是王子，所以出於本能地都挑貴的。」 「喔，迪奧？好便宜。」

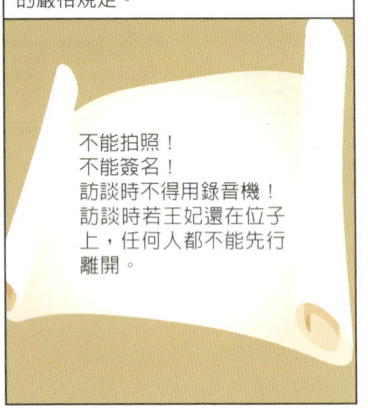

葛莉絲・凱莉在摩納哥王妃時期的套裝
她不喜歡過度的奢侈,透過線條簡單的外套、低跟鞋、白色手套等,展現比以往更加優雅和高格調的王妃姿態。

看她在1965年生完第三胎,到紐約旅行時穿的衣服,就可以知道她有多麼簡樸了。 「那件大衣很眼熟耶?」 「哇!那不是1956年她來摩納哥時穿的大衣嗎?都已經過9年了!」	它的狀態跟一開始穿的時候一樣好,有什麼理由不穿呢?雖然生完小孩之後胖了一點,但還是很合身呢~	這麼樸實的她,在離世的那一天也是一樣。
1982年,當她開車回摩納哥時,車子滑落懸崖,悲劇性的意外發生了。	她的車上有幾套根據下一季的潮流而修改好的舊衣服。	她讓我們體會到:使自己光彩照人的方法不是靠每季追流行買新衣服,而是透過內在的品行和人格。

有趣的是,雖然她相對之下算是樸實的女性,但世界上最奢侈的單品卻是因她而誕生——以她名字命名的「愛馬仕凱莉包」。1956年懷有身孕的凱莉被狗仔包圍,當時她用愛馬仕手提包遮住自己的肚子。

照片登上《LIFE》雜誌後,這款包包成了熱門的話題。

這件事發生後,愛馬仕的「凱莉包」因此而誕生!

100 時尚經典的誕生

凱莉包

愛馬仕曾經出過紀念葛莉絲‧凱莉的限量版凱莉包。

珠寶品牌梵克雅寶（Van Cleef & Arpels）和葛莉絲‧凱莉的緣分也很深厚。身為摩納哥王國官方指定的珠寶品牌，蘭尼埃三世訂婚和結婚時送凱莉的項鍊、手環和耳環，都出自梵克雅寶。2010年4月，倫敦的維多利亞與艾伯特博物館得到梵克雅寶和凱莉家人的援助，開了一場「葛莉絲‧凱莉：風格指標（Grace Kelly：Style Icon）」展示會，展出凱莉生前的服裝與飾品。當時從王族到名人都來參加開幕酒會，蔚為話題。

這是蘭尼埃三世為凱莉準備的結婚禮物，是由鑽石和珍珠做成的項鍊、耳環、手鍊組。凱莉常常同時戴上這組配件現身。

101

葛莉絲・凱莉的髮型

身為金髮美女演員的凱莉，在金髮傻妞的時代開啓了「不輕易把心交給男人、拒絕成為被物化的對象」的金髮酷妞時代。因為她的臉型稜角稍微明顯，所以相較於長髮和誇張的蓬鬆感，她偏好肩膀以上的短髮，以及光滑柔軟的波浪捲造型。

盤髮風格

波浪捲髮風格

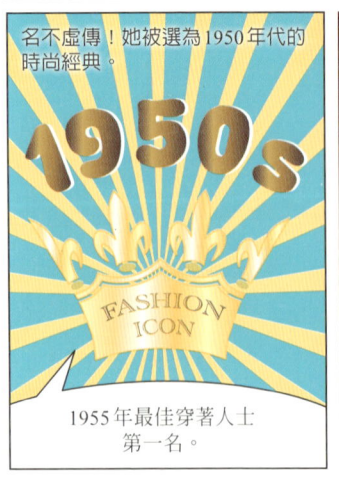

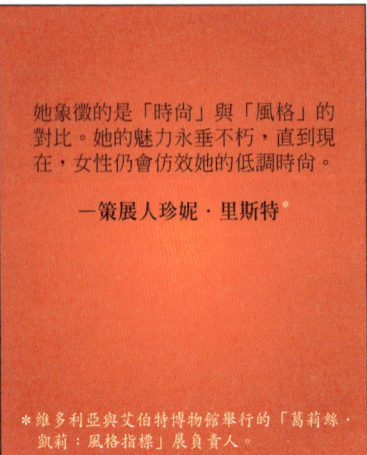

名不虛傳！她被選為1950年代的時尚經典。

1950s
FASHION ICON

1955年最佳穿著人士第一名。

她象徵的是「時尚」與「風格」的對比。她的魅力永垂不朽，直到現在，女性仍會仿效她的低調時尚。

―策展人珍妮・里斯特*

＊維多利亞與艾伯特博物館舉行的「葛莉絲・凱莉：風格指標」展負責人。

她的風格現在仍留存在時尚界，許多婚紗設計師都是從凱莉的婚紗獲得設計的靈感。

到脖子的高度。

遮住手腕的蕾絲袖子。

102 時尚經典的誕生

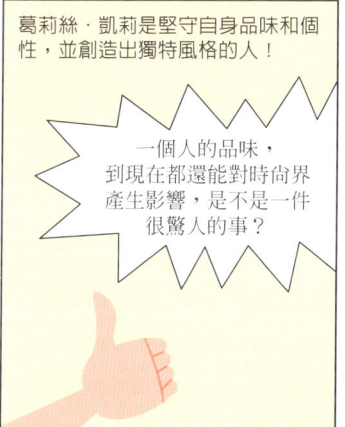

她的大家閨秀風隨著2000年代的復古潮流，再次登上Prada等品牌的舞台。

Jonathan Saunders 2011春夏

LV 2010秋冬

Prada 2010秋冬

傳奇經典人物的芭比系列也推出了「葛莉絲公主芭比」。

葛莉絲‧凱莉是堅守自身品味和個性，並創造出獨特風格的人！

> 一個人的品味，到現在都還能對時尚界產生影響，是不是一件很驚人的事？

在2011年Beautifulpeople.com網站以12萬7千名會員為對象進行的「世界王族外表排名」調查中，葛莉絲‧凱莉榮登第一名。

高達91%的支持率！

第1名　摩納哥王妃葛莉絲‧凱莉
第2名　約旦王妃拉妮亞‧阿卜度拉
第3名　英國王妃凱特‧密道頓
第4名　英國王妃黛安娜
第5名　摩納哥公主夏洛特‧卡西拉奇

> 通殺全世界的女王族！！

直到現在，要找到媲美凱莉氣質和美貌的名人，還是非常困難。

> 當然要裸露啊！
> 好身材何必遮掩？

看看我的腿～

雖然因為意外而結束了短暫的生命，但她以演員和王妃的身分在大眾心中留下了影響，也為各領域的藝術家們帶來靈感。

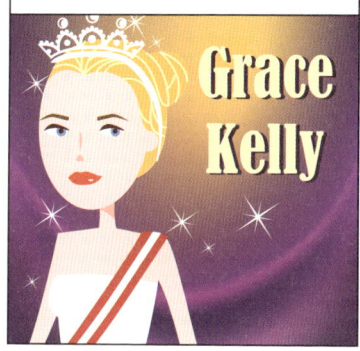

Grace Kelly

正如她的名字「Grace」，葛莉絲‧凱莉是一個展現了極致優雅的女性。她是永恆不滅的美好，也是時尚界永遠的經典。

103

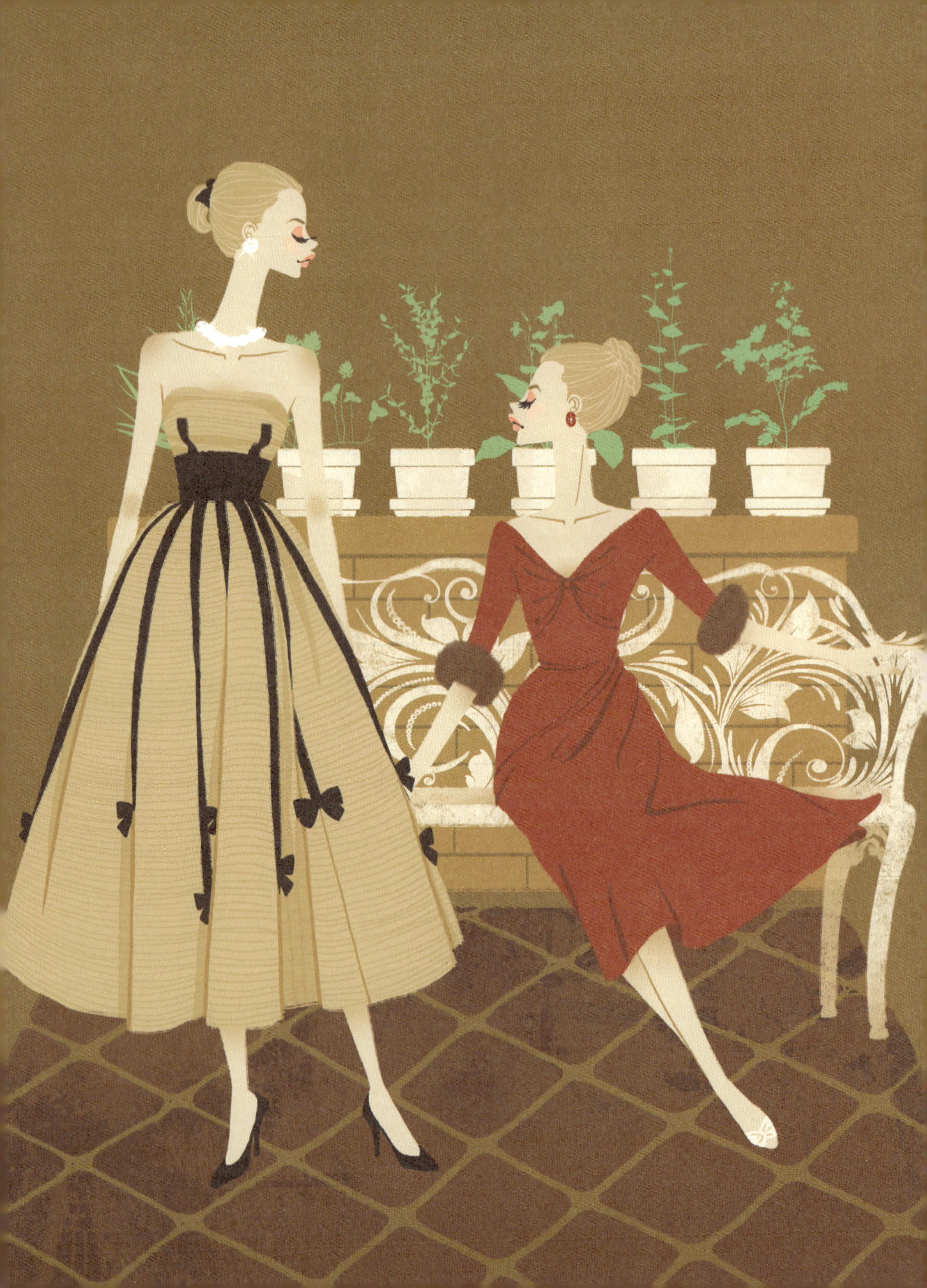

葛莉絲‧凱莉

文獻

- Joel Kimbeck（2012），《Fashion Muse》，Miraebook Publishing Co.
- Jung Soyeong、Cho Gyuhwa（2006），*A study on the Ladylike Style of Grace Kelly*，The Korean Society of Fashion Business.
- H. Kristina Haugland(2006), *Grace Kelly: icon of style to royal bride*, Yale University Press.
- Wendy Leigh(2007), *True grace: the life and times of an american princess*, Thomas Dunne Books.
- Donald Spoto(2010), *High society: the life of grace kelly*, Three Rivers Press.
- Christopher Silvester, *High Society: Grace Kelly and Hollywood by Donald Spoto: review*, <The Telegraph>, 2009. 6. 12
- Roya Nikkhah, *Grace Kelly's wardrobe to go on display at V&A museum in London*, <The Telegraph>, 2009. 11. 22
- Karen Kissane, *Inside the palace*, <The Sydney Morning Herald>, 2012. 2. 3
- Theresa Shirley, *Grace Kelly: Princess and fashion icon*, Knoji.com.
- Ammu Kannampilly, *Grace Kelly's Style Secrets Revealed in New Exhibit*, ABC NEWS, 2010. 7. 15
- Julia Neel, *Style File-Grace Kelly*, Vogue.co.uk, 2010. 4. 20
- Laura Jacobs, *Grace Kelly's Forever Look*, <Vanity Fair>, 2010. 5
- Christopher Parr, *History of the Hermes Kelly Bag and Grace Kelly*, pursuitist.com.
- Barth Healey, *STAMPS; U.S. and Monaco Honor Grace Kelly*, <The New York Times> 1993. 3. 21

網站

- britishpathe.com
- mdb.com
- philamuseum.org
- bendigoartgallery.com.au

JACQUELINE KENNEDY

5

Jacqueline Kennedy Onassis
賈桂琳・甘迺迪・歐納西斯
1929~1994

我現在才領悟到，時尚比政治還要重要。
因為人們放在賈姬衣服上的專注力，多過我的演講。
（約翰・甘迺迪）

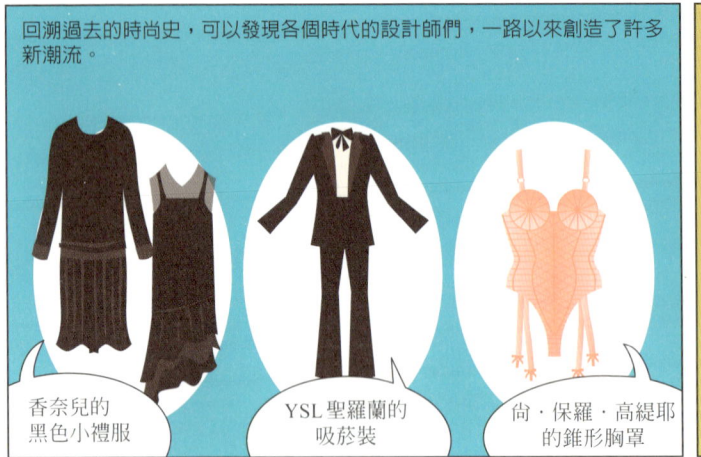

回溯過去的時尚史，可以發現各個時代的設計師們，一路以來創造了許多新潮流。

香奈兒的
黑色小禮服

YSL聖羅蘭的
吸菸裝

尚‧保羅‧高緹耶
的錐形胸罩

這些創新的設計可不是一開始大眾就肯買單。

鏘鏘！
黑色小禮服！

香奈兒

什麼？妳要去
參加葬禮啊？

但是排斥只是暫時的，這些設計最後扎根成為一股新的流行，人人都開始跟隨風潮。

在這個過程中，總是會有引領大眾追隨新潮流的時尚領袖出現。

跟隨我的
時尚吧！

是的！

我相信你！

引領最新流行的人，通常都是電影演員或歌手這類集人氣於一身的人。

瑪琳‧
黛德麗

瑪麗蓮‧
夢露

奧黛麗‧
赫本

但是，從某個時候開始，出現了社會團體的領導者、政治領導階層的人物引領潮流的特殊現象。

雖然在韓國並不常見，但在美國卻是常有的事。

其中有位到現在還是對時尚有影響力的女性，她就是賈桂琳‧鮑維爾。

她是美國第35任總統約翰‧甘迺迪的夫人，也是比任何時尚經典人物都還會依照策略穿衣服的時尚領袖。

108 時尚經典的誕生

在所有第一夫人當中，她是最能引領時代流行的一位。

我致力於把美國的時尚傳播到全世界。

她的人生可以分成幾個時期，而她一生的穿著也隨著身分不同而變化。由於她總是受到媒體和大眾的關注，所以她懂得策略性地修改自己的形象。

第一夫人賈桂琳·甘迺迪時期

賈桂琳·歐納西斯時期

總編時期

1929年出生的賈桂琳，從小就生長在富裕的家庭，是個只讀過知名私立學校的名門子弟。

查賓學校

波特女子中學

我是優質女

她在就讀瓦薩爾學院一年級的時候，第一次進入社交界，被選為那一年的Debutante（初次進入社交界的女性）。

我在上流社會也是個受認可的女性。

興趣是騎馬。

她曾到法國索邦大學留學，學了法語、義大利語、西班牙語，並在喬治華盛頓大學讀法國文學。

我可是讀過很多書的女人～

高學歷的精英份子！

而且，她對時尚也有獨到的見解，甚至在1951年得到《VOGUE》的巴黎時尚寫作獎（Prix de Paris）。

VOGUE

獲頒時尚論文第一名～

高格調的生活和巴黎留學的經驗，成為奠定她的品味和風格的基礎。

Christian Dior

BALENCIAGA

賈桂琳從小就對法國設計師們的高級訂製服展現了與眾不同的熱愛。

這件是巴黎世家

這件是迪奧

這件是紀梵希

這件是香奈兒

109

據說賈桂琳是個看到喜歡的衣服，可以在短短幾分鐘內花大錢買下的衝動派購物狂。
這一定要買！改變心意的話再退貨就好了嘛。
Dior
喜歡的衣服她會買各種顏色，而且只要穿過一次，她就會賣到二手店鋪。
從這裡到這裡我都包了。
特別的一點是，賈桂琳的偶像是奧黛麗・赫本。
聽說賈桂琳是受我影響最深的人？
甚至當奧黛麗・赫本在電影《龍鳳配》裡帶著貴賓狗出現時……
天啊！我也要養一隻黑貴賓～
她與未來的老公約翰・甘迺迪是在1952年某個晚宴上結緣。
當時約翰・甘迺迪是年輕的上議院議員
他們開始約會，並在隔年1953年6月訂婚，9月步入禮堂。
花樣年華24歲
1960年，約翰・甘迺迪成功選上總統，成為美國第35任總統。
排名在弗朗西絲・福爾瑟姆・克利夫蘭和茱莉亞・泰勒之後，以31歲的年紀成爲史上第三年輕的白宮女主人。
從這個時候開始，就是賈桂琳時尚史上最具指標性的時期——卡美洛時期。
卡美洛時期（1961～1963）
意思是美好而迷人的時期，指賈桂琳成爲白宮女主人時。

賈桂琳的購物習慣遭受國民批評，讓這個時期的她不得不在風格上做改變。 聽說她每年花3萬美元買衣服耶！ 我還聽說她的衣服和帽子都有很多贊助！ 而且她都只穿外國的牌子耶！	從選舉期間開始，賈桂琳就是大眾和媒體的焦點，成為第一夫人之後，她舉手投足之間受到的注目也不亞於總統。 賈姬 賈桂琳 賈姬‧甘迺迪 賈桂琳‧甘迺迪	賈桂琳的老公和公公為了獲得國民的支持，殷殷地囑咐她。 約翰‧甘迺迪　公公約瑟夫 不要再花錢買法國的衣服了，要買至少買美國的啊！
賈桂琳同樣也認為自己的消費習慣在政治上會造成不良影響。 好，在正式場合我得穿美國設計師的衣服才行。	專門負責賈桂琳服裝的設計師是甘迺迪家族的老朋友奧萊格‧卡西尼。 曾任派拉蒙公司電影服裝設計師。	奧萊格‧卡西尼是法國出身的美國設計師，從1961年到1963年，他根據賈桂琳的喜好設計了幾百套衣服。
不過賈桂琳並沒有就此放棄對法國高級訂製服的愛；她每一季都會確認流行的動向，然後選出自己想要的風格。 你看這件！你看這件！ 幫我做這件～ 這件也要！那件也要！	在正式場合她會盡量穿著奧萊格‧卡西尼設計的服裝，私底下則會透過妹妹偷偷買法國的衣服。 呵呵呵	為了隱藏龐大的服裝費用，帳單上她不用甘迺迪或自己的名字，而是用公公的名字。 什麼?!又是4千美元？ BALENCIAGA 她在白宮的第一年，花了大概15萬美元買衣服和飾品，比老公10萬美元的年薪還高！

在她這麼充滿熱情的卡美洛時期，賈桂琳的時尚風格是怎麼樣呢？
簡單來說，就是代表了1960年代的「現代極簡主義」。

古典　　俐落　　　　　　　實穿

簡單

賈桂琳・甘迺迪的招牌風格

- Pillbox帽
- Bouffant*髮型
- 接近一字型的平領
- 採用羊毛或絲綢等高級材質
  簡單而端莊的直筒型套裝
  為了更容易吸引大眾的目光
  偏好白色、黃色、粉紅色、
  天藍色等明亮色調
- 手臂約3/4長度的袖子
- 簡單的設計
  用大鈕扣畫龍點睛
- 及膝長裙

*Bouffant意指蓬鬆的髮型。

112　時尚經典的誕生

這種風格當時創造了新名詞「賈姬風」，許多女性爭相模仿。

賈桂琳的風格之所以受到歡迎，當時的時代背景也出了一份力。

戰後嬰兒潮世代長大，年輕階層的人口急速增加，青少年高達總人口的10%

也就意味著年輕時尚（Young Fashion）的世代到來了。

Shopping!

隨著年輕人進入了過去被認為專屬於大人們的時尚界，並成為新的主力。

此時，年輕而且笑容優雅的第一夫人出現，立刻受到了年輕女孩的注意。

而且至今政壇人物的夫人，在時尚風格上總是給人一成不變的印象，所以賈桂琳的出現更為轟動。

加上當時美國的彩色電視正急速普及。

每個家庭都開始有電視

清新可人

原本的政壇人物夫人們

賈桂琳年輕又優雅的風格帶來新鮮的衝擊！

電視上常播出總統夫婦一起出現在正式場合或旅行的畫面。

吸引民眾們目光的不是彩色電視機裡的總統，而是他身旁的賈桂琳！

賈桂琳比以往的第一夫人還常出現在媒體上，是第一個僱用媒體祕書的第一夫人。

你們在看哪裡？我才是你們的總統！

喔！是總統夫婦

這是明天電視的排程表。

媒體對賈桂琳時尚的傳播也有貢獻。

卡美洛時期的賈桂琳風格
線條以直筒（H line）或梯形（trapeze）為主，大多是7分袖或無袖的服裝。

蓬蓬髮 Bouffant
為了製造頭髮的蓬鬆感，把頭髮往髮流的反方向梳整，或是往外捲成圓形。

| 賈桂琳風格的代表單品是Pillbox帽——因為外型與藥丸盒相像而命名,這種帽子上面很平坦,沒有帽簷。 | Pillbox帽造成熱潮,甚至當賈桂琳不小心戴著凹陷的帽子現身…… | 大家誤以為是最新流行,紛紛把帽子壓扁後再戴。 |

霍斯頓的商品

凹陷

她們幹嘛這樣?

我們是很懂最新流行的女人們!

說到賈桂琳在白宮時期帶動的流行單品,當然也不能忘了提到珠寶。
美國寶石設計師肯尼斯‧杰‧萊恩（Kenneth Jay Lane）設計的這條三股珍珠項鍊,是賈桂琳第一夫人時期的招牌首飾。她從大學時期就喜歡珍珠項鍊,也特別愛配戴香奈兒的珍珠項鍊,但沒戴過三條以上。

Tiffany這組被稱為Two fruit clip或Berry pin的胸針,是法國設計師尚‧史隆伯杰（Jean Schlumberger）設計的,草莓果實由紅寶石組成,葉子則由鑽石組成。這個胸針是約翰‧甘迺迪為了紀念賈桂琳生產而親自買的禮物,所以意義更是重大。

美國女性們模仿賈桂琳穿戴的所有東西，她的風格儼然成為了一種公式。

因為她熱愛巴黎的高級訂製服，所以這個時期的賈桂琳風格與香奈兒、紀梵希、巴黎世家等風格相似。

簡約的設計

香奈兒　紀梵希

直線的線條　　簡單的色彩

巴黎世家

等於是吸收歐洲的潮流，再以美國的方式詮釋後傳播給美國民眾的潮流推手！

這應該叫做法國高級訂製服的美國版吧??

另外，託美國大量生產系統的福，能夠以適當的價格買到高級的服裝，也算是美國的一大強項。

這就是傳播賈姬風的功臣。

賈姬迷人而時髦的風格，在原本只追隨法國時尚的美國上流社會裡，成為了美國時尚的範本。

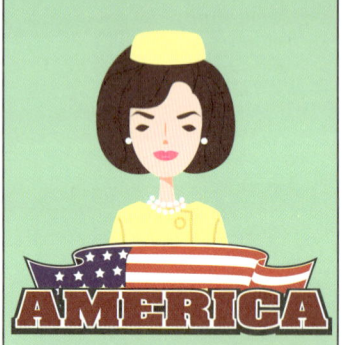

AMERICA

身為第一夫人的特殊頭銜，讓她不只受到美國人的喜愛，更在全世界受到愛戴。

全世界都注意我

幫助散播美國時尚到全球！

世界各國高層人士也喜歡賈姬勝過甘迺迪總統。

來，我們要拍照囉～請尼基塔・赫魯雪夫總理和甘迺迪總統握手。

喔？我想先跟賈桂琳握手耶。

天啊

當她穿著美麗的晚禮服出現在晚宴等正式場合，當然也是讚美不絕於耳。

好美～

116　時尚經典的誕生

當她參加巴基斯坦、印度等官方海外行程,也總是比總統還受歡迎。 我說你們！我在這裡！ 賈姬！ 賈桂琳！ 賈姬！	到訪法國時,她以流利的法語和對法國文化、歷史的淵博知識,感動了法國人民的心。	《TIME》雜誌也曾用諷刺的手法表現賈桂琳比總統還要受歡迎的現象。 賈桂琳・甘迺迪到訪法國,還有一個男人與她同行。
這一點連甘迺迪總統都承認。 沒錯,我就是跟賈桂琳・甘迺迪一起去法國的那個男人。 我還滿享受的。 是真的 我說真的啦	但是在1963年11月22日,隨著一聲槍響,悲劇找上了甘迺迪總統夫婦。 正在德克薩斯州的達拉斯遊行時	甘迺迪總統遭到暗殺。 啊啊啊！！
這是非常可怕的事情。甘迺迪總統被送到鄰近的醫院就醫,最終還是回天乏術。	在一轉眼之間,賈桂琳成了寡婦,她把自己的結婚戒指拔下來,套到了甘迺迪的手指上。	當時的副總統林登・詹森宣布上任,直到甘迺迪總統的棺木抵達華盛頓D.C時,她一直穿著沾了血的衣服。 我要暗殺者看到他們對約翰做了什麼卑鄙的事。

意外發生時,她身上穿的是香奈兒的Sugar-pink Boucle Suit。染了血的粉紅色夾克成為美國現代史上令人印象最深刻的一套衣服。

之後舉行的喪禮,甘迺迪家族的穿著果然也成為大家的焦點,而他們的服裝都是交由紀梵希設計。

GIVENCHY

為了丈夫的國葬,她連一點小細節都不馬虎,葬禮行進時她負責領頭前進,葬禮結束後一年她一直穿著喪服。

當時美國國民被她的樣子深深感動。

她帶給了美國人一項他們沒有的東西。

那就是王族般的莊嚴。

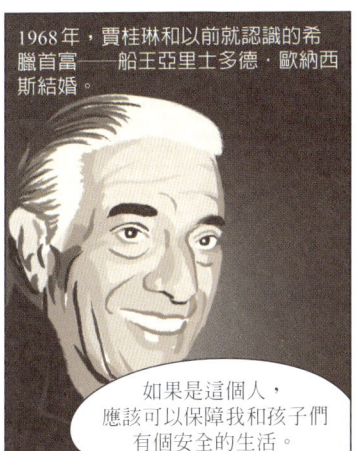

這個時期的賈桂琳仍然受到媒體的關注，但她再也不是第一夫人了，所以不希望曝光。

如果那些暗殺者們的目標是殺掉甘迺迪家族的人……那下一次就輪到我的孩子們了。我想離開這個國家……

雖然她搬到了紐約，想和孩子們過平凡的生活……

但媒體和大眾的關注仍糾纏著他們不放

1968年，賈桂琳和以前就認識的希臘首富──船王亞里士多德·歐納西斯結婚。

如果是這個人，應該可以保障我和孩子們有個安全的生活。

這時候是賈桂琳時尚的第二期──蠍子島時期。在她從賈桂琳·甘迺迪變成賈桂琳·甘迺迪·歐納西斯的時候，她終於擺脫第一夫人的約束，在風格上出現了很大的轉變。

地中海生活風格

比卡美洛時期還要戲劇化、還要無拘無束！

「賈姬歐（Jackie O）」的綽號就是這時候出現的，「歐」代表歐納西斯的「O」。

蠍子島時期（1968～1975）
因為和歐納西斯結婚後，在希臘蠍子島生活而命名。據說歐納西斯買下這座島送給賈桂琳當結婚禮物。

賈姬風的變化從蠍子島的婚禮就開始了。

鑲有蕾絲的米色膝上婚紗

這是義大利設計師范倫鐵諾的作品，在賈姬穿過之後被複製了29次。

與億萬富翁結婚後，經濟生活也變得更充裕，她又開始熱愛歐洲設計師的衣服。

買個不停，幾乎可以說是「購物狂」！

范倫鐵諾、紀梵希、YSL聖羅蘭、Courrèges、浪凡……

包起來！我全包了！

賈桂琳這個時期的衣服雖然也很簡單和現代，卻稍微比以前誇張和奢侈。

一言以蔽之，就是誇張版的極簡主義！

蠍子島時期的賈桂琳風格

黑色高領上衣搭配白色牛仔褲，這就是賈桂琳蠍子島時期的招牌穿搭，平底的皮革涼鞋讓人看到了在第一夫人時期看不到的自由奔放。另外，她當時常常揹Gucci的水餃包，因此之後這個包包也被叫做「賈姬包」。

隨著1960年代中期瑪莉官在全球吹起一股迷你裙的熱潮，賈桂琳的裙子也跟著變短了。

MARY QUANT

我是懂流行的女人！

她嘗試比過去還活潑的顏色和穿搭方式。

甚至還穿牛仔褲、夾腳拖鞋出現在大家面前！

俗稱人字拖

她也很愛穿YSL聖羅蘭當時引起轟動的西裝褲。

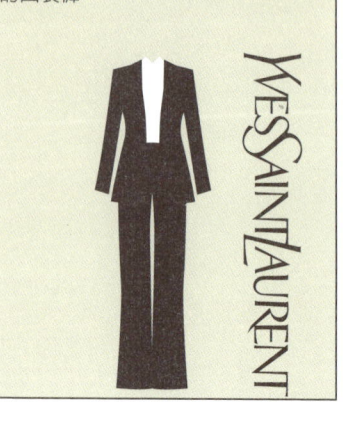

YVES SAINT LAURENT

以奢侈和從容為基礎的優雅「賈姬歐風」，代表著 Jet-set 族（搭乘豪華噴射機周遊全世界的最上流階層）風格，這樣的穿搭有兩個最重要的單品。

> 一開始雖然是用來躲狗仔的

> 不知不覺造成風行！

第一，綁在頭上的愛馬仕絲巾

第二，大墨鏡

當然，她的血拼癖又惹來了輿論的大力撻伐。

> 嗚⋯⋯用自己的錢買衣服到底怎麼了⋯⋯

諷刺的是，她的時尚風格和偷拍照卻總是大眾關注的焦點。

> 大流行！

> 邊罵邊模仿！

> 看吧！結果大家還不是都學我！

她的 Jet-set 族風格在大眾之間急速散播，對 1960～1970 年代的時尚有很大的影響。

> 特別是迷你裙和褲子的普及！

但是幸福的地中海生活也維持不久，悲劇又再次找上了她。

亞里士多德·歐納西斯唯一的兒子亞歷山大在 1973 年因為飛機失事而死亡。

> 2 年後歐納西斯也因為健康惡化而去世。

> 到底我上輩子是造了什麼孽，老公都死了！

經歷配偶再次離開的她，有了新的抱負。

> 好！現在孩子也都長大了，我要過我自己的人生！

> 我要找工作！

賈桂琳學生時期修習文學、喜愛創作文章，她回到紐約後踏入了出版界。

> 從 Viking Press 的主編，

> 到 Doubleday 的副主編！

> 自信的職場女強人！

主編時期的賈桂琳

這是賈桂琳時尚風格的最後一個時期──主編時期。她擺脫過去Jet-set族的奢華風,轉變為適合職場女性的休閒風,以實穿、好活動、都會感為特色。她常穿絲質的上衣和褲子,以沉穩色系的海軍藍或褐色為主,偏好霍斯頓和卡羅琳娜‧海萊拉等美國設計師的服裝。

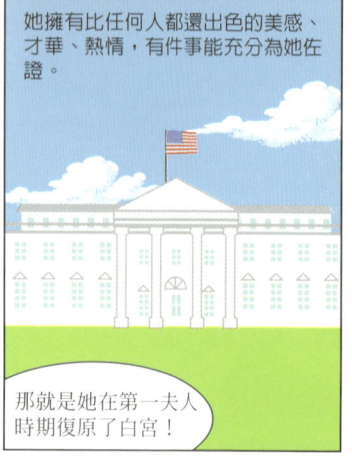

她擁有比任何人都還出色的美感、才華、熱情,有件事能充分為她佐證。

那就是她在第一夫人時期復原了白宮!

以前,總統任期結束後,離開白宮時可以隨意帶走白宮裡的東西。

我要帶這盞燈走～

我要這張椅子!

我喜歡這個櫃子!

因此白宮總是只有前任總統留下來的東西!

一點也沒有歷史美感!

空蕩　冷清～
寂寞　荒涼

122　時尚經典的誕生

第一個改變這種習慣的就是賈桂琳，她一一打電話給卸任的總統家人，希望他們能捐出白宮的物品。

請共襄盛舉把白宮變成美國歷史的重要遺產～

快把拿走的東西交出來！

透過文書出版品和媒體的宣傳，她募集到2百萬美元，並花了很多工夫把白宮復原得像博物館一樣。

具有象徵意義的家具和物品

只留下能夠展示美國歷史和文化、藝術的頂級物品～

透過這樣的努力，白宮終於成為所有人都愛不釋手的美國遺產。

美國終於也有歷史性的建築物了！

法國有凡爾賽宮，美國有白宮～

白宮被裝飾得優美又有品味，蛻變成可以接待各國政治人物和各領域人士，一起開派對的空間。

政治人物
科學家
藝術家
音樂家

呵！我可是社交界出身～這種派對是小意思！

她優秀的待客能力，也在美國政壇留下正面的影響。

我們都是因為賈桂琳才喜歡美國。

另外，她也致力於阻止拆除華盛頓D.C的拉法耶特廣場、紐約中央火車站。

舊建築是國家的資產，在一個國家的歷史上扮演很重要的角色。因為老舊就隨便拆除是一件傻事！

賈桂琳在1994年因為癌症而辭世，她活躍的表現不侷限於時尚領域，更擴及政治、歷史、文化，是一位幹練的女性。

1960s Woman
美國最出色的女性代表了1960年代

First Lady
至今仍是最受歡迎的第一夫人！

American Icon
美國幹練女性的經典！

Fashion
創造賈姬風格的公式！

賈桂琳既是代表「第一夫人風格」的人物，也是20世紀「變化中的美國現代女性」的象徵，自信地在時尚史中留下了自己的名字。

123

參加1961年國賓晚宴時，由奧萊格·卡西尼所設計的服裝

1962年到訪印度時穿的服裝

賈桂琳‧甘迺迪‧歐納西斯

文獻

- Chang Seongeun、Jung Hyejeong（2005）,*A Study on Jacqueline Kennedy's Clothing as a Fashion Leader - in the White House Years(1961-1963)*, The Korean Society of Costume.
- Lee Haejin（2007）,*(A) Study on Jacqueline Kennedy's Fashion Revealed in Modern Fashion : Emphasis the Collection of 2000 to 2006*, 安城韓京大學產業研究所
- Jung Hyejeong（2007）,*Study on Jacqueline Kennedy's clothing as a first lady*, The society of Korean Traditional Costume, 10（1）
- Tina Santi Flaherty(2005), *What jackie taught us: lessons from the remarkable life of jacqueline kennedy onassis*, Penguin.
- Sarah Bradford(2001), *America's queen: the life of jacqueline kennedy onassis*, Penguin.
- Michael Beschloss(2011), *Jacqueline kennedy: historic conversations on life with john f. kennedy*, Hyperion.
- Kathleen Craughwell-Varda(1999), *Looking for jackie: american fashion icons*, Hearst Books.
- Rick Klein, *Jacqueline Kennedy's Audio Tapes Describe*'Our Happiest Years', ABC NEWS, 2011. 9. 12
- Ziana J, *Jackie Kennedy Fashion and Style*, Ezinearticles.com.
- Sarah Joynt, *Jacqueline Kenney, Style Ion*, The Fashion Spot, 2010. 7. 14
- Michele Leight, *Jacqueline Kennedy: The White House Years*, The City Review.
- Shannon Firth. *Happy Birthday, Jacqueline Kennedy Onassis, Lady*, findingdulcinea.com. 2010. 7. 28
- Michelle Tauber, *Jackie's Style: A New Exhibit Throws Open Most Fashionable First Lady*, <People>, 2001. 5. 7
- Mimi Hall, Jackie Kennedy Onassis: America's quintessential grace, <USA TODAY>, 2010. 9. 26
- Fred Glueckstein, *Jacqueline Kennedy Onassis: Equestrienne.*
- Vincent P. Bzdek, *Jacqueline Kennedy book,*'Historic Conversations,'*with strong views, political candor*, <The Washington Post>
- Robert D. McFadden, *Death of a First Lady; Jacqueline Cancer at 64*. <The New York Times>, 1994. 5. 2

電視

- Jackie Kennedy: Queen of Camelot, History Channel.

網站

- jfklibrary.org
- firstladies.org
- whitehouse.gov
- millercenter.org
- famous-women-and-beauty.com
- biography.com
- u-s-history.com
- arlingtoncemetery.net

Brigitte Bardot

6

Brigitte Bardot
碧姬・芭杜
1934~

神創造了女人；
惡魔創造了碧姬・芭杜。

對韓國人來說，碧姬・芭杜這個名字可能會招來反感。

XX日報
碧姬・芭杜批評韓國
「韓國吃狗肉
震驚全世界！」

OO報
碧姬・芭杜憤怒：
「吃狗肉不叫文化，
而是野蠻。」

因為她是大力抨擊韓國吃狗肉的法國女演員。

怎麼可以吃狗？小狗這麼可愛！

對嘛！汪汪

但是，我們先不論動物保護運動，只以時尚史的角度來看，她確實是繼瑪麗蓮・夢露之後，1960年代的性感象徵。

怎麼了？不信？
你以為你們會年輕一輩子嗎？

雖然看她現在的樣子可能很難想像，但她在年輕時的確是以蛇蠍美女的形象，擄獲了一大票男人的心。

看清楚了，我以前是這個樣子。

特別的是，她被評為戰後法國第一個自由風格的女性。

我是自由靈魂的象徵～

為什麼？你們馬上就會知道了～

碧姬・芭杜出道的契機是在母親友人的介紹下，從14歲開始走時尚秀。

1949年

她從這個時期開始做模特兒的工作，也因為她很有效果，所以15歲就登上了《ELLE》雜誌的封面。

當時她以BB的綽號活動。

就跟奧黛麗・赫本、葛莉絲・凱莉一樣，她從7歲開始學芭蕾。

她在13歲到16歲時還上過俄羅斯舞蹈家博里斯・尼亞瑟夫（Boris Kniaseff）的課。

芭蕾讓她擁有完美勻稱的體態和身材。

她特別以人人都稱羨的優雅步法聞名！

就像帝王一樣美麗而且霸氣十足～

128 時尚經典的誕生

她的演員生涯是在1952年（18歲）開始快速發展。
從她與一個男人熱戀後開始！
羅傑．瓦迪姆
劇作家兼導演的羅傑．瓦迪姆一在雜誌上看到碧姬的照片，就對她一見鍾情。
碧姬和羅傑很快就墜入了情網。
他很早就看出碧姬有成為明星的潛力，並鼓勵她成為演員。
妳可以成爲很棒的女演員。相信我就對了！我會好好捧妳的！
去上演戲課和參加面試吧！
電影演員？嗯……這個嘛……
之後，因為碧姬的父母不喜歡瓦迪姆，所以他們在結婚之前面臨了許多難關。
那亂糟糟的頭髮……。
工作也讓人不是很放心。說是劇作家……但好像也不有名……
呵呵
即使堅決反對，但碧姬和瓦迪姆還是一點也沒有要分手的跡象，所以碧姬的爸爸甚至拿槍威脅瓦迪姆！
少跟我說廢話！妳敢再碰我女兒一次，我就開槍射你!!
我想跟你女兒結婚～嗚嗚
這對當時的碧姬來說是個極大的試煉，導致她嘗試自殺。
啊啊!!
她這是在幹什麼!!
我把頭放進烤箱裡死一死算了!!
你們這兩個傢伙，要結就結吧。
這丫頭眞夠狠……
結婚後，瓦迪姆開始試著把碧姬打造成電影明星。
哈尼，我們得先跟有影響力的經紀公司簽約，我會幫妳爭取角色。
多虧老公的熱忱，碧姬從1952年到1956年總共演出了7部電影，透過重要角色和小角色，她漸漸累積了女演員的地位。
BRIGITTE BARDOT
JEAN-LUC GODARD
LE MÉPRIS
JACK PALANCE
Brigitte BARDOT
Voulez-vous danser avec moi?
Femme et le Pantin

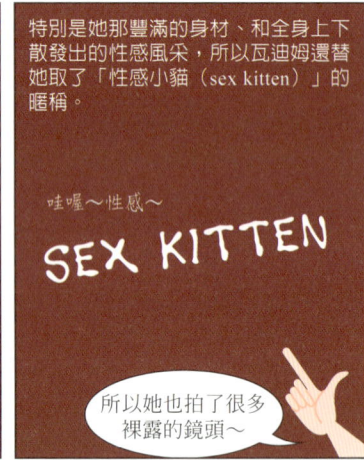

第一個營造碧姬形象的人也是瓦迪姆。 要穿這件嗎？ 別穿那件，穿這件。	從穿著打扮到說話的方式、特有的表情，通通都是他培養出來的。 嘴唇要這樣子，妳嘟嘴看看，一定很性感。 這樣嗎？ 她那朱唇微啟的特有表情，淘氣又迷人！	但不管怎麼說，碧姬風格中最重要的還是髮型！ 原本的髮色是褐色 把頭髮染成金髮吧！
染成金髮之後，碧姬‧芭杜變身成典型的歐美性感美女。 跟瑪麗蓮‧夢露一樣，她在電影裡不是演天真無邪的傻妞，就是演妖姬。	特別是她那豐滿的身材、和全身上下散發出的性感風朵，所以瓦迪姆還替她取了「性感小貓（sex kitten）」的暱稱。 哇喔～性感～ SEX KITTEN 所以她也拍了很多裸露的鏡頭～	以時尚這一方面來說，她第一次受到矚目是在1953年4月的坎城影展。 FESTIVAL DE CANNES
當時坎城的海邊擠滿了明星，還有要來拍明星的攝影師、狗仔。 喀嚓	當時碧姬‧芭杜的知名度還不高，所以在全球頂尖的演員之間，她並沒有受到太大注意。 這時候還沒染金髮 大明星 請看這邊～ 我要拍囉～ 也幫我拍個照嘛……	這個時候，碧姬‧芭杜想出了一個能讓大家注意她的行動！ 都不拍我嗎？既然如此……

她解開了身上外套的腰帶！

而且裡面穿的是比基尼！

好像原本就等待著一樣，她對所有轉向自己的攝影機擺出了姿勢，展示著自己出色的曲線。這件事比她拍的任何電影都還令人印象深刻。現在也有許多女演員為了在紅毯上受到注意而大膽裸露，有趣的是，原來50多年前就有這種現象了。

她的照片很快地就因為媒體而傳開，引起了大眾的興趣；而且從此以後，比基尼成了女性們必備的單品……

比基尼！！！

立刻變成大眾化且自然的夏季必備單品！

比基尼開始在女性之間造成一股熱潮。

碧姬‧芭杜的海灘時尚

比基尼雖然以前就存在了,卻常常被認為是演員或明星的專利品,而不是人人都能穿的東西,多虧碧姬‧芭杜完美消化了比基尼,人們才對比基尼有了新的看法。因此,碧姬‧芭杜被認為是比基尼時尚的代表以及讓比基尼大眾化的人物。

除了比基尼，海灘風也是碧姬·芭杜的招牌。她的頭上通常會用色彩繽紛的熱帶花朵做裝飾，而且她熱愛夏威夷風的海灘洋裝、飾品、短褲、草帽；靠芭蕾鍛鍊出來的完美身形、曬得恰到好處的健康膚色、飄逸而且蓬鬆的耀眼金髮，散發出了一股令人震懾的魅力。

透過1956年的電影《上帝創造女人（And god created woman）》，碧姬的演員生涯攀上了巔峰。

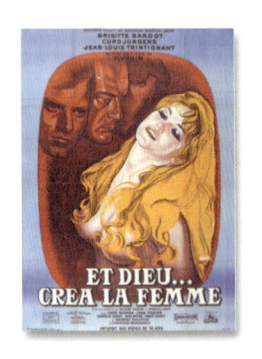

這是碧姬老公執導的電影，她飾演的是風情萬種的18歲孤兒茱麗葉。

茱麗葉，和我結婚吧。

弟弟

哥哥

內容敘述茱麗葉與單戀男人的弟弟結婚，之後發展出的故事

茱麗葉這個角色個性活潑而且特別，獲得了許多男性觀眾的青睞。

脫光光做日光浴！

光腳散步。

或是裸體享受日光浴！

她在電影裡的腳掌一直都是髒兮兮的。

雖然劇情有點老套，卻沒造成任何影響。

碧姬‧芭杜大膽的演技！

前衛的性吸引力！

受到男性觀眾們的熱烈反應！

審查機關當然不可能就這樣坐視不管。

哎呀～這樣是不行的～太多刺激的場面了！特別是碧姬從床上起來時脫光光走在房裡的那段戲，一定要剪掉。

咦？

你在說什麼？碧姬那場戲穿著長裙耶！是你自己想像的吧？

什麼?!我明明就看到了，你還在胡說！現在是把我當成變態嗎？

從這一點就能知道碧姬有多厲害。因為她非常的性感，所以就算沒有寬衣解帶，人們腦裡卻想像她已經脫掉衣服了。

天啊……我可能真的是變態……

《上帝創造女人》剛開始上映的時候，法國的輿論就開始急著誹謗。

碧姬那種膚淺的演技會讓法國的形象變得很廉價！

雖然這部片看似就要在電影圈中被埋沒了……

134 時尚經典的誕生

隨著電影散播到全球,情況不一樣了。

創下在好萊塢觀影人數超越美國電影的第一部法國電影!

即使美國天主教教會要求禁止讓這部片上映,它還是非常賣座!

把《十誡》這類票房常勝軍的大片比了下去

她開始成為全世界鎂光燈的焦點,揭開了全盛期華麗的序幕。

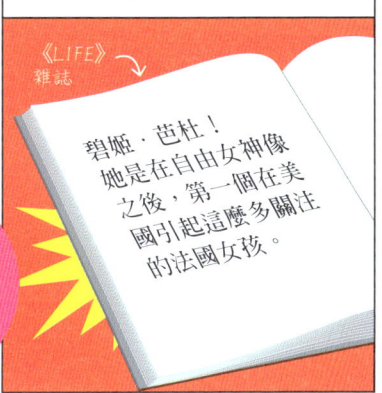

《LIFE》雜誌

碧姬・芭杜!她是在自由女神像之後,第一個在美國引起這麼多關注的法國女孩。

碧姬・芭杜對身為一個歐洲人——特別是法國人,感到非常自豪。

我是榮耀的法國人!

碧姬對自己的電影被配成各種版本的語言,有一些條件。

一定要清楚表示我是歐洲人,電影才能發行。

她其實在好萊塢造成了很大的威脅。

HOLLYWOOD

以歐洲演員的身分受到注意,力壓好萊塢的美國女演員!

有趣的是,有別於瑪琳・黛德麗,碧姬即使受到美國人的愛戴,也絲毫沒有要回報的意思。

我得為他們做什麼?是他們自己愛看的啊!

什麼!

甚至是1965年在拍好萊塢電影《親愛的碧姬(Dear Brigitte)》時⋯⋯

亨利・柯斯特導演

因為是好萊塢電影,所以得在美國拍。

她甚至拒絕到美國拍片。

什麼?!

叫我去美國我就去?叫他們過來巴黎拍吧!

135

大明星時期的碧姬‧芭杜，她的風格除了性感之外，其實還有很顯著的一點。 自由奔放！ EASY！ 時尚！	碧姬之所以會散發出自由奔放的感覺，第一個原因就在於她的髮型。 我很珍貴～ 她的髮型已經不只是隨興，甚至讓人感覺蓬亂。	以前的髮型以梳理得非常完美為主流。 不能有一絲頭髮翹出來。 完美梳好頭！絕對不能看起來很凌亂！

但是她最愛的髮型是？

搔頭　凌亂

就像剛睡醒的一頭亂髮！

我不是剛睡醒啊……

她不喜歡梳得很乾淨的髮型，所以她懂得怎麼樣梳理才能讓頭髮看起來既凌亂又有型。

136　時尚經典的誕生

蜂窩髮型（Beehive Hairstyle）

現在被稱為蜂窩髮型的這種復古髮型，是由碧姬·芭杜帶動流行的。這種髮型是把頭髮像高麗菜一樣捲成圓形，綁在頭頂，在 1960 年代造成大流行，也可以再加上寬髮帶、蝴蝶結或花朵裝飾，增添少女的感覺。

碧姬·芭杜妝容

說到碧姬·芭杜風格就不能漏掉她獨特的妝容——利用黑色的眼線和濃濃的眼影，創造出貓眼般的「Bedroom eyes（意指性感的眼神）」，由於強調的是眼妝，所以底妝和嘴唇則採用自然的裸色。

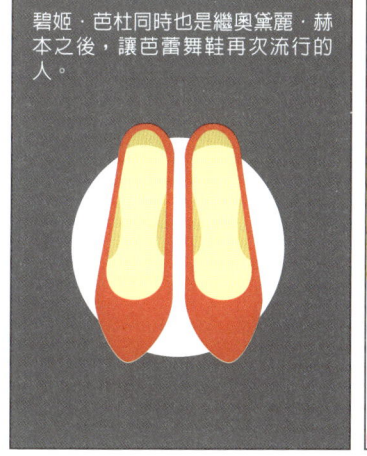

碧姬·芭杜同時也是繼奧黛麗·赫本之後，讓芭蕾舞鞋再次流行的人。

這一切是從她請知名的芭蕾舞鞋設計師 Rose Repetto 做鞋子開始。

> 請幫我做《上帝創造女人》裡要穿的鞋子。

> 要做成像芭蕾舞鞋一樣精緻又好穿，而且平日也很好搭的鞋子！

大多數的性感女星都偏好高跟鞋，但她卻出了名的不愛穿高跟鞋。

> 碧姬甚至會赤腳走來走去！

啦啦啦啦～
哩哩哩哩～

我不是瘋女人

> 就說了嘛！
> 我是自由的靈魂呀！

repetto
PARIS

碧姬‧芭杜的平底鞋 Repetto

Repetto 是法國的鞋子品牌，源起於 1947 年 Rose Repetto 的兒子 Roland Petit（芭蕾舞者兼知名編舞家）請媽媽幫忙做芭蕾舞鞋。一開始，Rose Repetto 只替舞蹈家做舞鞋，包括莫里斯‧貝嘉‧魯道夫‧紐瑞耶夫等知名的舞蹈家都穿過 Repetto 的鞋子；直到 1956 年受到碧姬‧芭杜的委託，Rose Repetto 才把芭蕾舞鞋改良成一般人平常也能穿的鞋子。

以碧姬‧芭杜的名字取名的 BB 鞋又被稱為灰姑娘鞋（Cendrillon，法語代表「仙杜瑞拉」），簡單輕盈又優雅的風格至今仍被讚譽為「世界上最美的平底鞋」。

Repetto 現今深受名人喜愛，正處於第二高峰期，經典單品除了 BB 鞋之外，還有 Zizi、Michael 等各種鞋款（Zizi 是 Rose Repetto 為媳婦 Zizi Jeanmaire 設計的鞋子），除此之外，Repetto 仍繼續製作芭蕾用品，延續著專業的芭蕾舞鞋歷史。

在 1950 年代很難找到像碧姬這樣，服裝、鞋子、妝容、髮型都隨心所欲的女人。

一方面自由奔放，一方面卻又看起來很時尚！

法式風尚！

從前面提到的時尚風格來看，不難發現當時的女性們偏好 Total Look（意指注重服裝、髮型、高跟鞋、帽子等整體形象的風格），而碧姬的風格對女性來說則是暢快的解放感和自由。

天啊，淑女怎麼能那樣！

看她那亂糟糟的頭髮。

BB 無須特別努力，就輕而易舉地成為了「法式風尚」的先驅。

嚕啦啦～

嚕啦啦～

138 時尚經典的誕生

碧姬・芭杜持續演出電影，成為了法國代表性的女演員。

碧姬・芭杜　Brigitte Bardot
Brigitte Bardot　碧姬
碧姬・芭杜　BRIGITTE BARDOT
碧姬・芭杜　Brigitte B
Bardot　碧姬・芭杜
Brigitte Bardot
igitte
碧姬・芭杜

甚至有個說法是：1960年代法國人聊天的主題有40%都圍繞著碧姬・芭杜。

但是，她的愛情開始出現變化了……

她與發掘自己魅力的老公瓦迪姆關係漸行漸遠……

從拍電影《上帝創造女人》開始，他們兩人的關係就開始出現問題。

碧姬與演對手戲的尚・路易・坦帝尼昂譜出了一段不倫之戀……

一開始碧姬只是想讓老公忌妒，但問題是……

大逆轉！

瓦迪姆一點也不吃醋！

其實，瓦迪姆一直都認為自己和碧姬的婚姻遲早會結束。

我總是給碧姬自由，讓她知道該如何成為真正的自己。而從那之後，我們的關係就漸漸走下坡。

最後瓦迪姆和碧姬・芭杜在1957年離婚了。

之後他們成為好友，繼續一起工作。

除了愛情的問題之外，由於這個時期的碧姬人氣達到高峰，也開始被媒體和狗仔過度關心。

雖然她以前很想成為攝影機捕捉的焦點，現在卻因為他們而備感壓力和折磨。

媒體開始監督她的一舉一動，使得原本自由奔放的她失去了自由。

必須成天關在家裡，根本沒辦法正常生活。

需要休息的碧姬，1958年5月在法國南部海邊的小村莊聖特羅佩開始了隱居的生活。

靜悄悄

139

但是媒體很快就找到了她，於是原本要去休息的碧姬，結果反而成了促進聖特羅佩觀光產業的角色。	媒體的關心也變成持續阻礙她新戀情的絆腳石。	她的緋聞總是會登上報紙的頭版，不管去哪都有狗仔追著他們跑。
這裡就是碧姬·芭杜隱居的地方！ 哦嘰喳喳　哇喔喔　來拍照吧	新男友歌手沙夏·迪斯特	喀嚓 喀嚓 是碧姬·芭杜！ 那好像是她的新男友！
1958年參加威尼斯電影節的時候，她也遭到了媒體過度的關心和問題攻勢。	新男友最後因為承受不住而離開了芭杜。	她愛的男人必須隨時待在她的身邊，滿足她想做的事情，而且還要忍受被她的光芒掩蓋。
喀嚓 喀嚓 兩位有打算結婚嗎？ 什麼時候要結婚？	再見⋯⋯ 對知名度不高的他來說，與碧姬談戀愛雖然是能一舉成名的捷徑⋯⋯	
芭杜之後還是不斷地尋覓姻緣。 拍攝喜劇電影《寶貝從軍記（Babette s'en va-t-en guerre）》時，她開始了一段新的戀情。 22歲的年輕演員雅克·夏里爾	但這一次的情況不太一樣，因為碧姬懷孕了。 這是你的小孩！　哇～真棒！ 碧姬懷孕後兩人都很開心，打算1959年悄悄地在巴黎的教會舉行婚禮。	但是祕密婚禮的消息卻因為有人走漏風聲，而被媒體知道了⋯⋯ 喀嚓 喀嚓 你們要去哪裡蜜月旅行？ 等一下！　新婚住處在哪裡呢？！

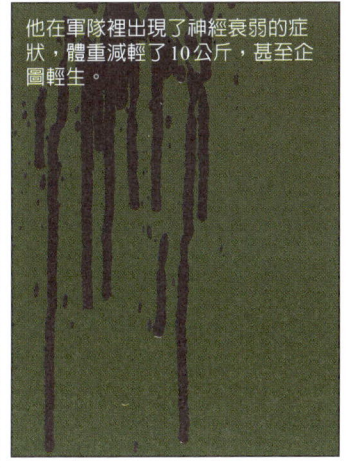

禍不單行的是，夏里爾因為盲腸炎住進醫院，而且都還沒出院就收到了兵單！

哎呀！我死定了。

什麼？這時候還要叫我去當兵？

他在軍隊裡出現了神經衰弱的症狀，體重減輕了10公斤，甚至企圖輕生。

最後他離開軍隊，在碧姬位於巴黎的公寓一起生活。

記者和狗仔每天都大陣仗守著他們！

媒體對我做的事情很不人道。我沒辦法去散步和外出，生病不能去看醫生，甚至連去生個小孩也沒辦法。不管我人在哪裡，總是被媒體包圍。

1960年，芭杜的兒子尼可拉斯出生，而她在六週後開始拍攝電影《真相（La Verita）》。

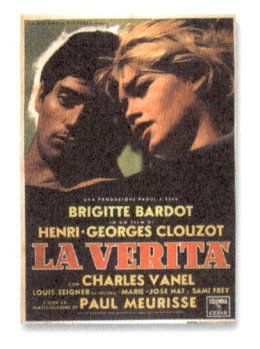

接著，芭杜面臨了新的壓力，那就是老公夏里爾的善妒和固執！

聽說對方很年輕？

叫做薩米·弗雷是嗎？

唸唸唸唸唸唸

懷疑

施壓

跟他拍感情戲很高興嗎?!

而且她每次拍攝都會和粗暴的克魯佐導演起爭執。

你這神經病！

據說她真的賞過導演耳光。

啪啪！

此外，媒體還寫了她和導演有外遇的不實報導。

大家為什麼都不肯放過我!!

碧姬·芭杜與拍攝中的電影導演不倫戀!!

在拍片現場，她總是需要靠威士忌和鎮定劑讓自己冷靜下來。

哎呀我真命苦……

141

電影一拍完,她又躲了起來。 這一次她躲到了不為人知的海邊,住在偏僻小村莊的別墅裡⋯⋯ 她和朋友梅賽德斯一起隱居。	但是跟水蛭一樣的狗仔們卻⋯⋯ 又找出了她的下落,迅速包圍了她。	偏偏那一天是碧姬的26歲生日,她原本正打算在餐廳吃午餐,度過平凡的一天⋯⋯ 咯嚓! 嘻嘻嘻
就在那一天晚上。 碧姬出門散步後沒有回家⋯⋯ 隔天她被發現倒在庭院裡。	她服用了過量鎮靜劑,並且割腕自殺。 她得了嚴重的憂鬱症,要是再晚一點送來應該就沒救了。 ⋯⋯	這個時候,待在身邊照顧她的人是往日的初戀兼靈魂伴侶——羅傑·瓦迪姆。 碧姬·芭杜和夏里爾在1962年離婚。
因為這樣震撼的事件,媒體開始考量到碧姬的隱私,不再過度關注她。 我們太過分了嗎? 對啊⋯⋯好像跟太緊了。	⋯⋯那是不可能的! 妳以為我們會反省嗎?!	她還是繼續承受著名氣帶來的可怕壓力。 攝影師　記者　狗仔 因為他們,連電影都沒辦法好好拍! 鬧哄哄 1965年在墨西哥拍《江湖女間諜(Viva Maria!)》時,

荒誕的謠言折磨著她。

碧姬・芭杜！
和《江湖女間諜》的演員
珍妮・摩露不和!!

其實她從來沒有夢想過要成為演員，都是周圍的人在鼓吹她。她向來只有性感的外貌受到稱讚，所以對演技和自己本身並不感到自豪。

路易・馬盧
導演

但是，其實她真的是很棒的演員，只是媒體從來沒有寫過她的演技有多優秀，因為他們只在意她的外貌和緋聞。

從這部作品之後，碧姬對電影圈感到幻滅，於是開始拒演。

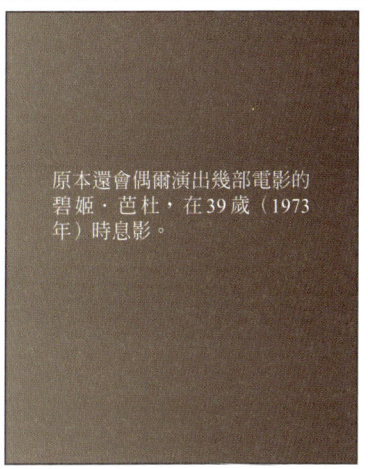

電影圈是個荒謬的世界。我想過真正屬於自己的生活，而不是成為某人心目中的碧姬・芭杜。

工作忙碌的時候還好，但是稍微停下腳步思考時，就會因為周遭替我塑造出來的形象而感到恐懼……

原本還會偶爾演出幾部電影的碧姬・芭杜，在39歲（1973年）時息影。

碧姬也許渴望息影後能過跟其他人一樣的平凡生活，但那只是她的希望罷了。

她每天都會收到
大量的信件。

碧姬再也找不回她心心念念的自由。

甚至有人偷偷潛入她家院子！

1950年代的
瘋狂粉絲！

為了紓解壓力，芭杜總是在自己與男人的關係之間尋找宣洩的出口。

與年輕演員們
鬧緋聞！

但這麼做卻只會讓她再次成為媒體的獵物。

143

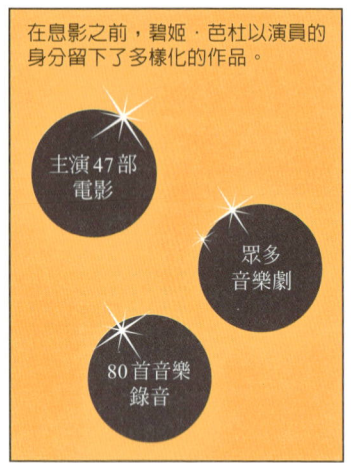

在息影之前,碧姬·芭杜以演員的身分留下了多樣化的作品。

- 主演47部電影
- 眾多音樂劇
- 80首音樂錄音

基於對動物的喜愛,碧姬息影後進入了新的領域,成為動物保護運動家,而她積極的行動在全球都非常出名。

請不要吃我!

反對韓國吃狗肉。

批評加拿大獵海豹。

請不要殺我!

中國虐待熊,並且為了滿足性慾而殺害世上稀有的老虎和犀牛。

也寫過抗議信給丹麥女王。

她曾經親自寫信給中華人民共和國前主席江澤民,

這是非常可怕的景象,(獵鯨)是丹麥和法羅群島的恥辱。這不是狩獵,而是大量虐殺。這種落後的傳統在當今的世界不應被正當化。

為了保護動物,她甚至也批評了自己引以為傲的祖國法國。

鬥牛怎麼可以登錄成為法國的文化遺產!像鬥牛這麼可怕的事情竟然是文化遺產!

雖然碧姬激烈的行動也引起爭論,但過去是電影明星、時尚經典人物,現在是動物保護運動家的她,無庸置疑是法國20世紀的文化指標。

1969年,碧姬·芭杜成為法國的國家象徵「瑪麗安胸像」的官方模特。

2009年,為了紀念她75歲生日,在倫敦舉辦了以碧姬影響力和物品為主題的官方展覽。

JAMES HYMAN GALLERY

BRIGITTE BARDOT
AND THE ORIGINAL PAPARAZZI

特別的是,這場展覽還帶有著紀念狗仔誕生50週年,展示知名記者們舊照片的意味。

碧姬極度厭惡媒體的關注,第一場展覽偏偏是跟狗仔有關的展覽。

PAPARAZZI

諷刺~

她的風格絕不輸現在的性感明星。

碧姬在2007年《EMPIRE》雜誌「100位最性感的電影明星」中也榜上有名!

許多明星以她的風格為範本,成功闖出了名氣。

說克勞蒂亞·雪佛是1990年代的「小碧姬·芭杜」也不誇張!

卡爾·拉格斐

144　時尚經典的誕生

舉凡艾美·懷恩豪斯、潔西卡·辛普森，還有最近的雪莉、柯爾、拉娜·德芮等名人，她們都曾經嘗試碧姬·芭杜的蜂窩頭。

許多廣告和時尚畫報也都重新演繹了碧姬·芭杜的經典面貌，2009年的GUESS、2012年H&M的廣告都能看到1960年代的碧姬；香奈兒設計師兼攝影師的卡爾·拉格斐也和模特兒吉瑪·沃德一起拍了完美重現碧姬·芭杜的畫報。

活躍於螢光幕上的碧姬·芭杜，就像一隻嫵媚又未被馴服的野貓。

歐洲人自由奔放的性感

好萊塢的星味

兩者兼具的女演員！

以《上帝創造女人》的場景為主題拍攝。

香奈兒設計師 卡爾·拉格斐

能代表1950、1960年代性感小貓的金髮女星只有瑪麗蓮·夢露（MM）和碧姬·芭杜（BB）。

我跟瑪麗蓮·夢露一樣，也曾經是安迪·沃荷作品的主題。

如果形容瑪麗蓮·夢露是美國金髮美女的始祖，那麼碧姬·芭杜就是把法式魅力吹進好萊塢的主力。

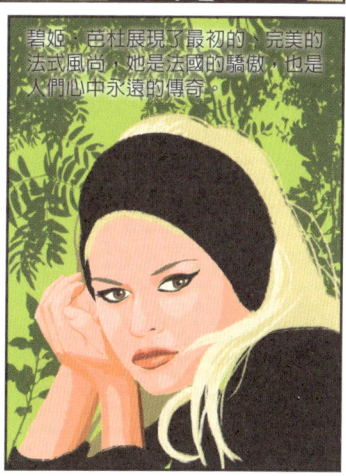

碧姬·芭杜展現了最初的、完美的法式風尚，她是法國的驕傲，也是人們心中永遠的傳奇。

145

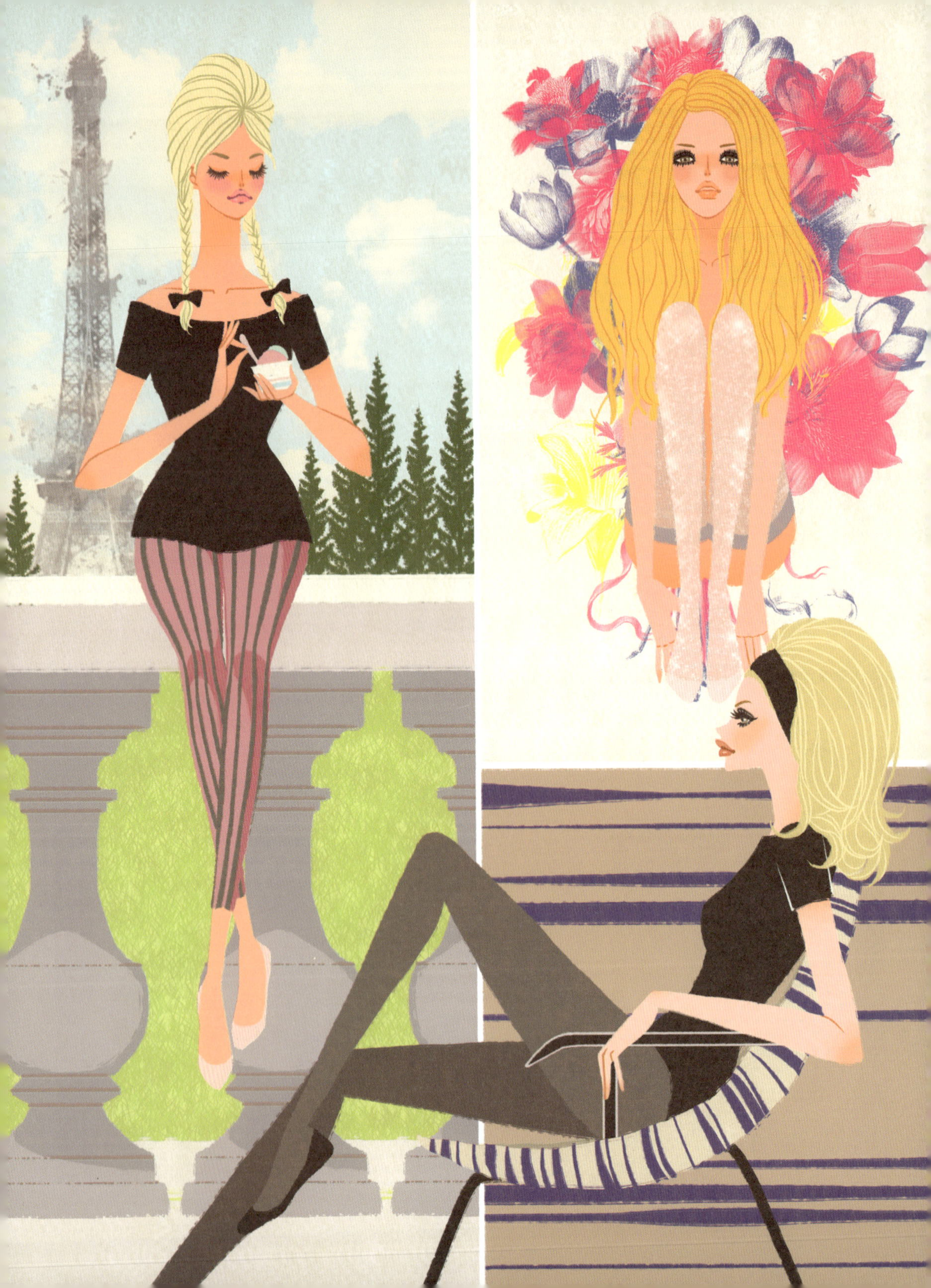

碧姬·芭杜

- Julia Neel, *Style File-Brigitte Bardot*, <Vogue> UK, 2011. 5. 18
- Laura Terry, *Old Style Glamour: Brigitte Bardot*, Female First, 2008. 11 .20
- Anni Hall, *The secrets to Brigitte Bardot 's iconic style*, <Vogue> Australia, 2011.8.17
- Agnes Poirier, *Happy birthday, Brigitte Bardot*, <The Guardian>, 2009. 9. 22
- *Bardot fined for racist remarks*, BBC NEWS. 2000. 6. 16
- *Bardot 'saves' Bucharest's dogs*, BBC NEWS, 2001. 3. 2
- *Bardot revived as download star*, BBC NEWS, 2006. 10. 17
- *Bardot fined over racial hatred*, BBC NEWS. 2008. 6. 3
- *Gunter Sachs*, <The Telegraph>, 2011. 5. 9
- John Follain, *Brigitte Bardot*, Times Online, 2006. 4. 9
- Andy Martin, *Andy Martin: Brigitte Bardot*, Photoicon.com

網站

- andmagazine.com
- huppages.com
- newwavefilm.com
- thebiographychannel.co.uk.
- Imdb.com
- tcm.com

TWIGGY

7

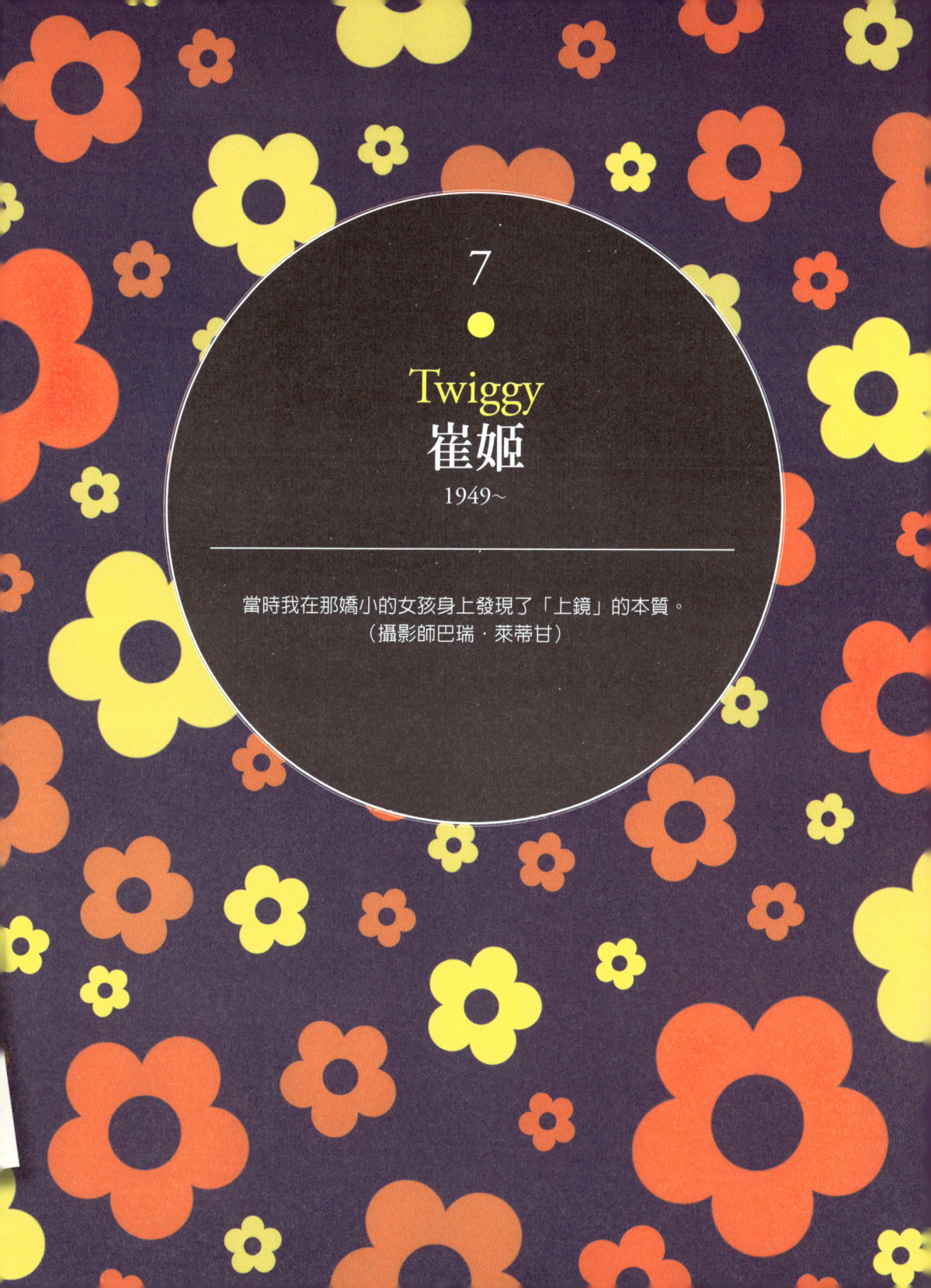

Twiggy
崔姬
1949~

當時我在那嬌小的女孩身上發現了「上鏡」的本質。
（攝影師巴瑞・萊蒂甘）

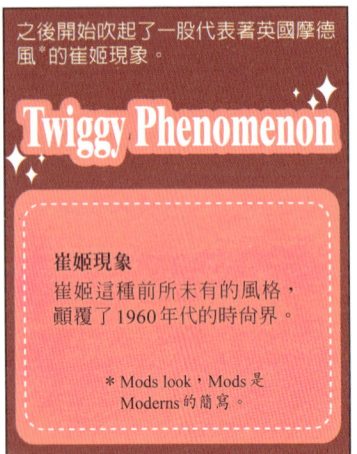

我只是一個有長睫毛和纖細雙腿，消瘦的16歲女孩。

但是，人們突然說我的外貌很酷。我不知道他們怎麼了。

好酷！
超讚！
什麼？怎麼回事？

1960年代的時尚界，因為一個嬌小纖細又滿臉雀斑的少女而吹起一股暴風。

來了～來了～我來了！
咻咻咻咻咻！
哇！
噢！

之後開始吹起了一股代表著英國摩德風*的崔姬現象。

Twiggy Phenomenon

崔姬現象
崔姬這種前所未有的風格，顛覆了1960年代的時尚界。

* Mods look，Mods 是 Moderns 的簡寫。

1960年代，不論是音樂、舞蹈、時尚等領域，都盛行著年輕人大膽且創新的文化。

Youth Revolution!!

約翰‧甘迺迪當選美國史上最年輕的總統，他的妻子賈桂琳也十分受歡迎。

嬰兒潮時期出生的一代年輕又有挑戰精神，當他們遇到經濟繁榮的盛況，便成為了消費的主力。

I LOVE SHOPPING!

他們也很關心政治和社會，發起了無政府主義運動、反戰運動等抗議運動。

peace

嬉皮文化就是在1960年代變成一種重要的文化現象。

人們對搖滾音樂感到狂熱，鮑布‧迪倫、吉米‧亨德里克斯、披頭四成為年輕人們的偶像。

ROCK'N'ROLL

150　時尚經典的誕生

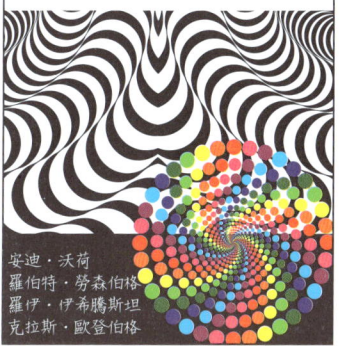

在美術領域，為了推翻現有的藝術而開始流行普普藝術與歐普藝術，並且出現了強烈的色彩、抽象和幾何的圖案。 安迪·沃荷 羅伯特·勞森伯格 羅伊·伊希騰斯坦 克拉斯·歐登伯格	當時英國時尚界流行的潮流是，以設計師瑪莉官（Mary Quant）為代表的摩德風。 《時尚的誕生》的讀者應該對這個名字很熟悉！她就是迷你裙之母——瑪莉官！	崔姬比任何人都完美消化了這種風格，對摩德風的流行造成相當大的影響。
好，那麼現在就讓我們跟著她一起進入倫敦的「搖擺六十年代（Swinging Sixties，以倫敦為中心，全新的時尚和文化風行的時期）」吧！ LONDON 1960s	崔姬在1949年出生，本名是寧絲利·漢拜，1966年1月開始從事模特兒的工作。 請妳幫我拍示範新的短髮髮型的美照～ 髮型設計師 雷納德·路易斯	設計師雷納德因為需要幾張髮型試拍照，於是替崔姬的頭髮做了造型。 染髮～ 剪髮～
我那時候在髮廊待了高達7小時，才讓原本難看的褐髮消失無蹤，變成這頭好看的髮型。	變身後的她，接受攝影師巴瑞·萊蒂甘（Barry Lategan）的拍攝。 呵呵，我這輩子第一次站到鏡頭前面。 害羞 害羞	當時我從她身上發現了「上鏡」的本質，而且那髮型也非常適合她。

她擁有身為模特兒該有的勻稱臉型。當時她畫了濃濃的下睫毛，那是我第一次看到這樣的妝，感覺很新鮮。	這些照片被掛在雷納德的美髮店當作廣告。	不久後，《Daily Express》時尚記者戴德蕾・麥雪莉偶然發現了這些照片。 哇！這個人是誰？新的模特兒嗎？長得很不一樣耶！
嘿！這個模特兒是誰？我能見她嗎？	**DAILY EXPRESS** **The Face of 1966** The Cockney Kid with a face to launch a thousand shapes … and she's only 16!	麥雪莉被崔姬那有別於其他模特兒的獨特形象吸引，馬上就把她的照片拍下來登上報紙，這篇報導用「一張能代表1966年的臉」來形容崔姬。 展現千種面孔的倫敦少女！她只有16歲！ 《Daily Express》1966年2月23日
很快地，以英國為中心的崔姬現象就這樣產生了。 **TWIGGY**	登上雜誌後，崔姬開始以比其他任何時尚經典都還快的速度發展。 火速　火速　火速	《Daily Express》的報導過後才一個月…… 崔姬的照片就登上了可說是時尚雜誌龍頭的《VOGUE》！

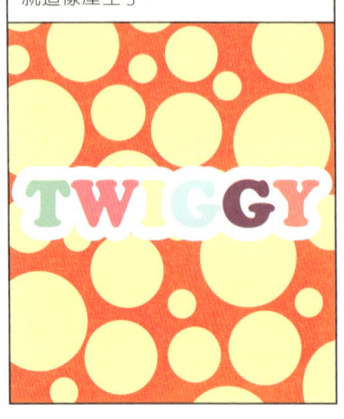

152　時尚經典的誕生

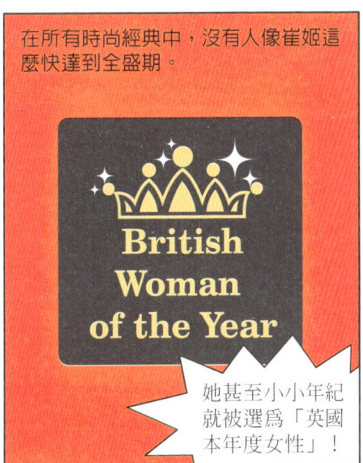

而且不只是英國版的《VOGUE》，而是在全世界各國的《VOGUE》刊出了13張照片！

崔姬發展的速度非常驚人，出道不過才一年的時間，她就得到了世界級的稱號——全球第一位超級名模。

當時她才17歲！

在所有時尚經典中，沒有人像崔姬這麼快達到全盛期。

British Woman of the Year

她甚至小小年紀就被選為「英國本年度女性」！

崔姬之所以能在短時間內走紅，當時社會的氛圍也算出了一份力——受到反文化運動的影響，與原本相異的非主流風格開始大行其道。

原本視瑪麗蓮・夢露和碧姬・芭杜這類性感女星為偶像，

轉變成崇拜非主流的滑稽臉孔（Cult Classic Funny Face）。

滑稽的臉蛋
像流浪孩童的乾癟身材
還沒長大的野丫頭
空洞的表情
弱不禁風

什麼？好新鮮的感覺！

153

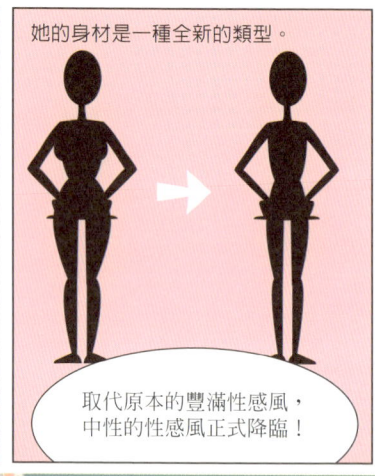

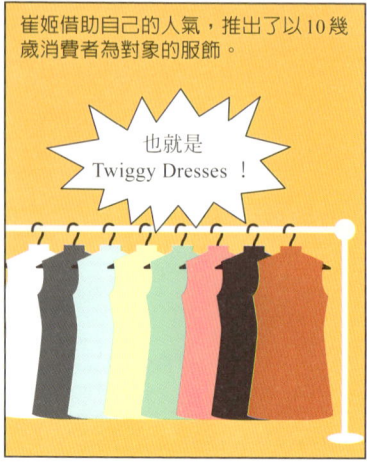

雖然崔姬是模特兒，但身高168公分的她卻只有40公斤，身材可說是非常纖瘦。

你是樹枝？還是我是樹枝啊？

崔姬（Twiggy）這個名字也是她的男友兼經紀人尼吉爾．戴維斯看到她的細腿而取名的。

欸，妳的腳好像樹枝（Twigs），妳乾脆就取這個當藝名好了！

怎麼感覺像是隨便取的啊⋯⋯

呵呵呵

她的身材是一種全新的類型。

取代原本的豐滿性感風，中性的性感風正式降臨！

這位擁有新面孔的少女，讓許多攝影師和設計師沉醉在她的新鮮感裡，推崇她為時尚指標。

大眼睛和長睫毛

樹枝般纖細的身材配上迷你裙

既像小精靈，又像小男孩的鮑伯頭

1966年，只要算得上是時尚雜誌的雜誌，都爭相登載她的照片。

VOGUE
seventeen
TATLER

崔姬借助自己的人氣，推出了以10幾歲消費者為對象的服飾。

也就是 Twiggy Dresses！

到底出道不過才一年的她，做了什麼？

我可是時尚界最有名的紙片人！

呵

154 時尚經典的誕生

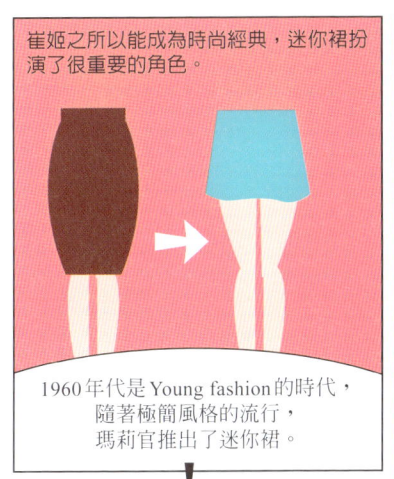

崔姬之所以能成為時尚經典，迷你裙扮演了很重要的角色。

1960年代是Young fashion的時代，隨著極簡風格的流行，瑪莉官推出了迷你裙。

崔姬在這股迷你裙熱潮中扮演了核心的時尚推手角色。

相輔相成！

我？我是模特兒！我來穿吧！

一舉兩得！

妳開心我也開心雙贏！

我？我是設計師！我的衣服跟妳的形象很搭，妳來穿我的衣服吧！

這兩個人的合作帶來了一加一大於二的效果，引起了一股轟動！

瑪莉官的設計＋崔姬當模特兒
崔姬穿上迷你裙後拍的照片，帶來了輕快且充滿活力的新鮮衝擊！

MARY QUANT

1960年代從英國散播到全球的切爾西風格（Chelsea look，摩德風），從瑪莉官的設計出發，而讓所有女性都想穿上迷女裙的人則是10多歲的模特兒崔姬。沒有她們兩個，就沒辦法談論1960年代的時尚。

1960年代，以崔姬和瑪莉官為代表的風格是A字裙、直筒的迷你裙和直筒洋裝（Shift Dress）。

搭配色彩繽紛的歐普藝術（幾何造型、色彩、錯視的抽象美術）飾品。

腳上穿的是各種顏色和款式的襪子，配上瑪莉珍鞋、樂福鞋或雨靴。

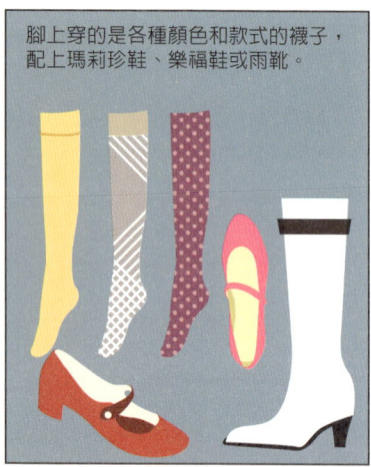

156 時尚經典的誕生

直筒洋裝（Shift Dress）

這是一種沒有腰線和縫線，剪裁很簡單的洋裝；受到極簡風格的影響，所以不強調附加飾品和身體的曲線，從上到下一直線的俐落線條，蔚為流行。

有一群人舉雙手歡迎這股崔姬熱潮。
呵呵呵呵
搖搖晃晃
喀答喀答
驚！是喪屍？
乾癟少女們！
大胸部的女人都給我讓開！我們的時代來了！
摩德風適合纖細的體型，對身材不豐滿的女孩們來說是一個很值得開心的消息！
感激不已
超開心
無法在以碧姬．芭杜這種豐腴身材為美的時代裡揚眉吐氣的女孩們，現在簡直如魚得水。
終於輪到我了啊！
雖然胸部像洗衣板，卻很時髦！
這就是STYLE～！
多虧這樣的流行趨勢，於是崔姬的纖細身材變成了理想身材的標準。
體重40公斤
絕對不能有大胸部
身高168公分
不能有大屁股
要有一雙竹竿腿
雜誌和各種媒體都開始推崇纖細的身材。
再也不需要因為身材纖細、沒看頭而悲傷，現在就是妳的時代！
像崔姬一樣瘦的技巧
面對這樣的現象，當然也出現了反對的聲浪。
那種不健康的身體怎麼可以被表揚說是理想的身材！
就是嘛！
她一定有厭食症！
沒錯！怎麼可能有那種身材！
自卑感爆發
爲了要看起來夠瘦，她肯定在背後用了各種手段！
猜疑
忌妒
但這一切都只是誤解，崔姬的纖細身材是天生的，而不是因為厭食症或過度減肥。
我一直都這麼瘦啊！這是先天遺傳的。
無辜
無辜

我是先天就吃不胖的體質，我平常不知道食量有多大呢！

天啊，這樣更討人厭！

除了纖細身材、服裝之外，崔姬風格還有其他不可或缺的要素，那就是髮型和彩妝。

而且，崔姬的眼妝是她依照自己的形象而發想的。

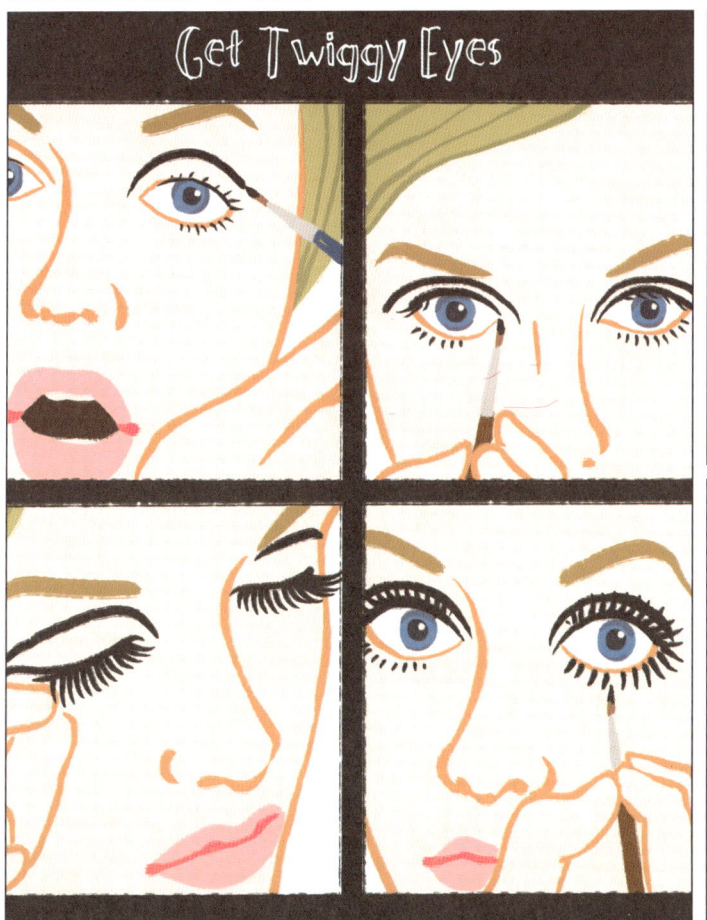

眼睛下面畫上黑色的睫毛，做出像娃娃眼睛一般的下睫毛。

我就是娃娃妝的創始者！

Get Twiggy Eyes

用濃濃的眼影強調雙眼皮的線條，畫上粗眼線，接著兩邊眼睛各戴上三副假睫毛。

睫毛就是我的自尊心

無瑕的清澈瞳孔

讓大眼睛變得更大

抖抖抖

崔姬彩妝的重點在於：強調眼妝的同時，唇妝必須是蒼白的，所以要用裸色調的淺粉紅或杏色唇彩！

159

另外，被稱為「崔姬頭」的髮型也有兩種不同風情。

精靈系鮑伯頭（Pixie bob）

可以像娃娃一樣可愛

1+1是小可愛～

中性

也可以像調皮的小男孩！

崔姬全盛時期的髮型來自維達・沙宣重新改良 1920 年代流行的鮑伯頭，而且非常適合她。

1920 年代鮑伯頭

1960 年代鮑伯頭

隨著崔姬登上《VOGUE》雜誌封面，維達・沙宣的名氣也跟著水漲船高。

VIDAL SASSOON

在英國引起大流行的崔姬，開始躍上國際。

1967 年 3 月到紐約宣傳！

當時《THE NEW YORKER》、《LIFE》、《Newsweek》都有崔姬現象的大篇幅報導。

將近有 100 頁都是崔姬的版面！

THE NEW YORKER

Newsweek

160　時尚經典的誕生

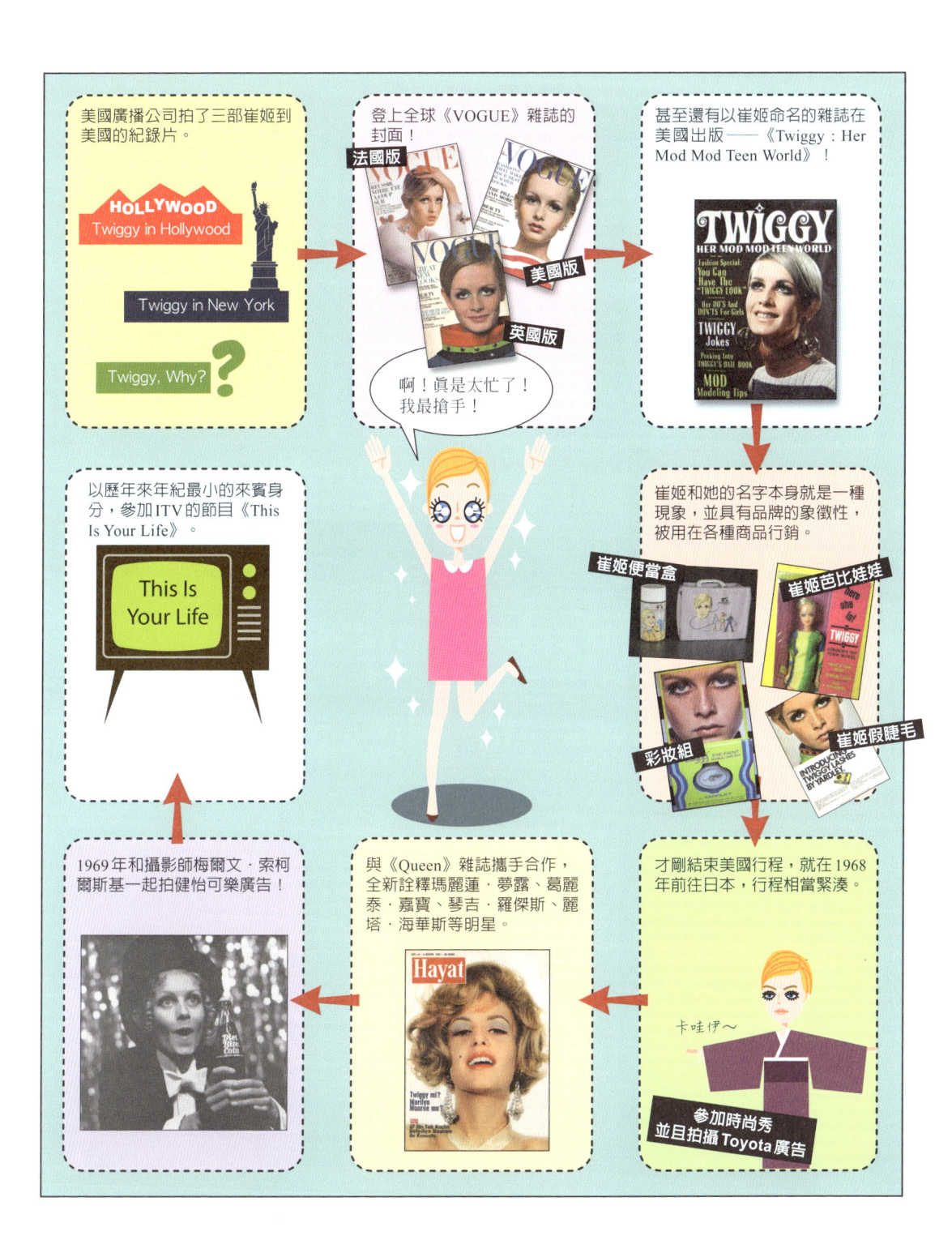

- 美國廣播公司拍了三部崔姬到美國的紀錄片。
  - Twiggy in Hollywood
  - Twiggy in New York
  - Twiggy, Why?

- 登上全球《VOGUE》雜誌的封面！
  - 法國版
  - 美國版
  - 英國版

  啊！真是太忙了！我最搶手！

- 甚至還有以崔姬命名的雜誌在美國出版——《Twiggy: Her Mod Mod Teen World》！

- 以歷年來年紀最小的來賓身分，參加ITV的節目《This Is Your Life》。

- 崔姬和她的名字本身就是一種現象，並具有品牌的象徵性，被用在各種商品行銷。
  - 崔姬便當盒
  - 崔姬芭比娃娃
  - 彩妝組
  - 崔姬假睫毛

- 1969年和攝影師梅爾文·索柯爾斯基一起拍健怡可樂廣告！

- 與《Queen》雜誌攜手合作，全新詮釋瑪麗蓮·夢露、葛麗泰、嘉寶、琴吉·羅傑斯、麗塔·海華斯等明星。

- 才剛結束美國行程，就在1968年前往日本，行程相當緊湊。

  卡哇伊～

  參加時尚秀並且拍攝Toyota廣告

她是當代青少女的偶像，不管是服裝、髮型或是彩妝，只要是她用過的，都會造成流行。

眾多崔姬的複製人

說地球上沒人不認識崔姬，一點也不誇張。

1960年代的時尚圍繞著我打轉。

崔姬的照片甚至被放到時光膠囊裡送到宇宙。

掰掰～

1960年代的文化指標！

但是這麼紅的崔姬，為什麼一到1970年代就不再當模特兒了呢？

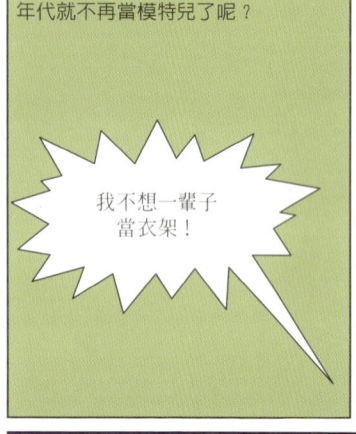

我不想一輩子當衣架！

結束4年短暫卻充實的模特兒生活後，她開始接觸電影、電視、音樂劇，成為演員和歌手。

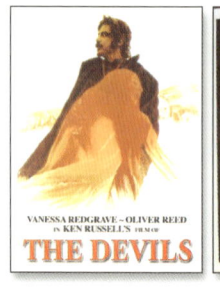

1971年擔任《惡魔（The Devils）》的配角，是她的第一部電影作品。

1972年她飾演電影《男朋友（The Boyfriend）》主角波莉·布朗，這是她第一次挑大樑演出。

靠著《男朋友》一片，崔姬勇奪1972年金球獎最佳女主角獎。

在音樂表現上，於1976年占據英國金榜（UK Chart）第33名，並且被選為Silver disc。

接著在2000年代，崔姬重返時尚界。

我回來啦！

162 時尚經典的誕生

如果妳是《超級名模生死鬥》的粉絲，那妳可能在節目中看過崔姬。

AMERICA'S NEXT top model

2005年擔任模特兒選秀節目的評審

崔姬拍攝了英國馬莎百貨公司的廣告，得到「幫助了馬莎百貨公司復活」的好評。

MARKS & SPENCER

2009年夏天，寶僑化妝品OLAY也推出了她的廣告。

2010年，崔姬透過美國電視購物台HSN，推出了自己的作品「Twiggy London」。即使已經超過60歲了，她仍繼續傳遞時尚給一起度過1960～1970年代的中年女性們。

$69.90
twiggy london polka dot shift dress

$59.90
twiggy london union jack long-sleeve t-shirt dress

twiggy LONDON

崔姬剛出來時，人們只把她當成曇花一現的明星。

哎呀，應該紅幾個禮拜就會消失了吧。

那種乾癟女孩有什麼好看……

呵呵呵

但是她掀起的流行風潮比人們預期中還要強烈，甚至改變了時尚的版圖。她是代表1960年代文化和精神的指標，即使經過了50年，現在仍有一定的影響力。

崔姬的摩德風除了有「穿著的趣味」，還兼顧「視覺趣味」，替古板的時尚注入了年輕活力的氣息。有著小鹿般大眼睛和可愛感的平凡英國少女，以激瘦的超級名模之姿改變了時尚界的標準。

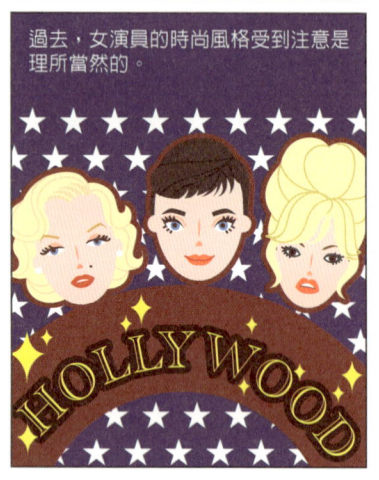

過去，女演員的時尚風格受到注意是理所當然的。

HOLLYWOOD

但是，崔姬卻是第一個得到「時尚指標」稱號的模特兒。

時尚界現在開始由模特兒接管

噢！ 冷靜～

如果時尚指標的定義是「在時尚史上展現出不同於以往或他人的形象和風格」……

性感～ 清純！ 優雅～

她們都是那一派風格中無人能替代的象徵！

那麼，崔姬就是最名副其實的時尚指標了——因為她以嶄新、獨特的風格改變了一個世代。

164 時尚經典的誕生

Hi I'm twiggy

1960S STYLE

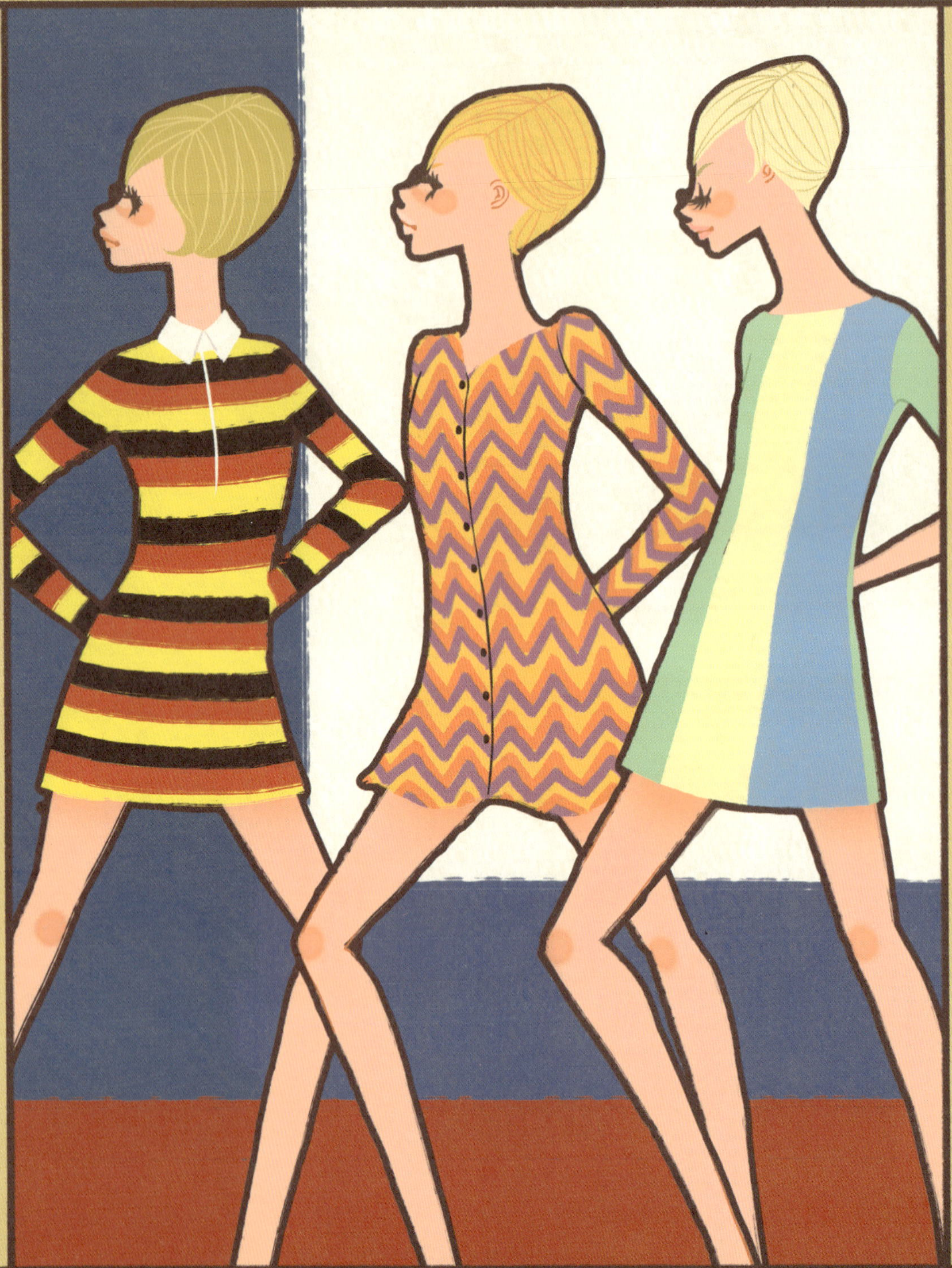

崔姬

- Kum Gisuk 等人（2002），《現代時尚100年》，教文社.
- Lee Inja 等人（2002），《現代社會與時尚》，建國大學出版部.
- Kim Huiseon（2009），*Analysis of Beauty and Fashion trends in the 1960's -Focusing on the Fashion Model "Twiggy"-*，Journal of the Korean Society for Trichologists，6（1）.
- Lee Yuri（2001），*A Study on the History of the Image Transition of Fashion Models in 20th Century and its Social Backgrounds*，首爾同德女子大學設計學院.
- Jung Hyeonsuk（1995），*The Effect of Social Atmosphere on Fashion Model Image - Twiggy & Kate Moss-*，Journal of the Korean Society of Clothing and Textiles，19（1）.
- Sung Gwangsuk（2004），*A Study of Fashion Model Image According to Fashion Trend since 1960*，Journal of the Korean Society of Fashion & Beauty，2（1）.
- Jung Hyojin，〈從模特兒看時代〉，Donga.com，2009.9. 22
- (2003), Late 60s fashion style, P.I.E. Books.
- Yvonne Roberts, *Twiggy's wrinkles*, <The Guardian>, 2005
- Jess Cartner-Morley, *Twiggy at 60: 'It's amazing I didn't go stark raving bonkers'* <The Guardian>, 2009. 9. 19
- 60s Style Icon Twiggy, dailyfashionandstyle.com, 2009,
- Mei Sawyet, *Twiggy Fashion 1960s*, womens-fashion.lovetoknow.com
- Jane Gordon, *Exclusive Twiggy interview: 'Being a grown-up woman doesn't mean you can't look beautiful, individual and different*, <Daily Mail> Online. 2008. 9 .3
- Richard Barber, *Now it's time for MY swinging sixties! How the very first supermodel Twiggy a new lease of life*, <Daily Mail> Online. 2008. 10 .3
- *The Face of '66'*, BBC NEWS', 2005. 7. 29
- *Pin Thin, Leggy Twiggy Is Tops*, <Milwaukee Journal>, 1966. 11. 24
- *Twiggy & Leonard of London~HairDo Magazine 1967*, modsixties.5forum.net, 2008. 11. 10
- Philip H. Dougherty, *Advertising: Twiggy? It's Only a Beginning*, <New York Times>, 1967. 9. 3
- Claire Brayford, *Twiggy: I know what women want. Daily Express*, 2012. 4. 12
- *Twiggy look and false eyelashes*, BBC.
- *Twiggy's beauty secrets: Eyes and lips*, <Daily Mail> Online, 2008. 9. 20

影片

- Andrew Pulver, Alex Healey, *My best shot: Twiggy by Barry Lategan*, Theguardian.com, 2009. 11. 25

網站

- twiggylawson.co.uk
- princessdawn.net
- Style.com
- thebiographychannel.co.uk.

Jane Birkin

8

Jane Birkin
珍・柏金
1946~

當我在找衣服穿的時候，最後總是會穿舊衣，
像是爸爸的褲子，或是男友的T恤。
當我穿上舊衣，感覺很幸福。

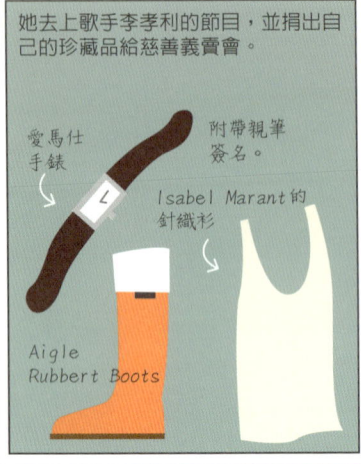

格 1
2012年4月韓國有線電視頻道On Style。

「一直以來當有人問我的榜樣是誰,其實我都沒辦法回答~」

「但現在開始她就是我的榜樣了!」

←李孝利

感動

格 2
她去上歌手李孝利的節目,並捐出自己的珍藏品給慈善義賣會。

愛馬仕手錶 → 附帶親筆簽名。

Isabel Marant的針織衫

Aigle Rubbert Boots

格 3
她在66歲進行生涯最後一場世界巡迴,其中一站是韓國。

格 4
奧黛麗・赫本與葛莉絲・凱莉兩人的風格相似,卻又有不同的地方,所以常常會被拿來比較,碧姬・芭杜也跟她們一樣,常常跟某個女人一起被提起。

「姐姐妳也老了不少嘛!」

「反射!」

「管好妳自己吧!」

格 5
那個女人就是徹底展現了「法式風尚」的珍・柏金。

格 6
珍・柏金是歌手也是演員,同時還是一個時尚指標,完美詮釋出自由的法式風尚。

「什麼?自由不是在說我嗎?」

←碧姬・芭杜

格 7
英國出身的她,為什麼會變成法國最有名的女性之一呢?現在一起來看看她的故事吧!

JANE BIRKIN
Free Spirited French Chic

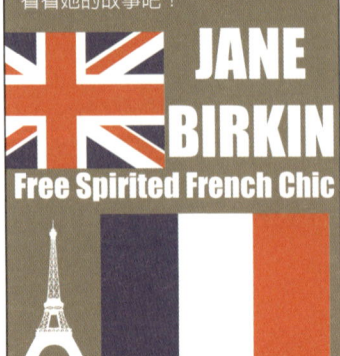

格 8
柏金在17歲踏上演員之路,漸漸在搖擺倫敦(Swinging London)嶄露頭角。

1967年演出的電影《春光乍洩(Blow Up)》,甚至得到坎城影展金棕櫚獎。

格 9
對演戲、模特兒和音樂很有天賦的柏金,決定到巴黎工作。

「可是妳不會法語啊!」

「哎呀!」

「都忘了這回事!」

170 時尚經典的誕生

但是那有什麼關係?

Quel est ton nom?

What?!

演員試鏡場

快人快語的柏金一股腦地闖入了法國電影圈!

面對她獨特的魅力,語言的問題算得了什麼?柏金還是成功拿到了《口號(Slogan)》(1968年)一片的女主角。

與柏金一起合作的男主角是賽日・甘斯布。

法國天才作曲家兼歌手、演員。

他們一起合唱這部電影的歌曲,種下了緣分。

1969年發表的《我再也不愛你了(Je t'aime...moi non plus)》是讓珍・柏金走紅的歌曲。

這首歌原本是甘斯布為當時的女友碧姬・芭杜而寫的,而且也已經錄好音了。

但是碧姬當時已經是有夫之婦,害怕不倫的事實會曝光,於是要求不要發表這首歌。

什麼?這麼快就和她錄歌?

馬上就跟珍・柏金合唱!

這首歌在當時引起相當大的爭論,為什麼呢?

讓人聯想到性行為的微妙歌詞

雖然是用嘶啞而纖細的嗓音演唱,卻讓人感到莫名煽情。

驚!

我的媽啊!這什麼歌?

因此,這首歌在歐洲幾個國家被列為禁止在廣播節目播放的歌。

義大利

西班牙

英國

但是這樣的消息反而讓歌曲變得更有名!

專輯在整個歐洲火爆大賣!

英國金榜第一名!

珍・柏金以冉冉而升的新人之姿,在整個歐洲開始受到矚目!

171

另一方面，珍·柏金和賽日·甘斯布發展為戀人關係。

甘斯布是法國歌壇出了名的花花公子，因此珍·柏金成為他女友的消息也就更受到大眾的關注。

什麼？珍·柏金和甘斯布在交往？

珍·柏金和甘斯布交往時，其實和作曲家約翰·巴瑞已經有婚姻關係，而且還育有一女，所以更加引起爭論。

但是我們第一眼就知道自己是對方的靈魂伴侶了。

開什麼玩笑！外遇的有夫之婦！

其實在與柏金交往之前，甘斯布有個深愛的女人，她就是……

但是碧姬·芭杜深怕會因為外遇的醜聞而失去大明星的位置。

這是為妳寫的曲子，妳現在這樣叫我怎麼辦？

我不管啦！我不想因為你而從巔峰墜落！

甘斯布遭遇失戀之苦後，遇見了新的戀人珍·柏金。

我們離婚吧。

我有新女友了～

有夫之婦 碧姬·芭杜

柏金和丈夫離婚後馬上就跟賽日·甘斯布舉行婚禮。

而且賽日·甘斯布足足比珍·柏金大了18歲！

在法國鬧得沸沸揚揚的這一對情侶，常常透過媒體曬恩愛。

當時法國最有名的一對夫妻！

法國國民情侶！

但是這麼相愛的兩人，結婚10多年後也離婚了。

問題在於甘斯布和女人的關係，以及酒精成癮……

所以俗話說負心者人恆負之……

172 時尚經典的誕生

什麼是法式風尚？

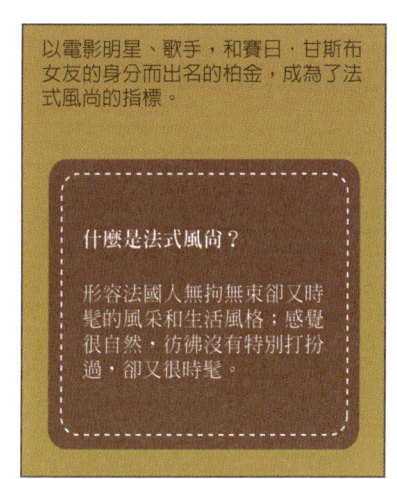

以電影明星、歌手，和賽日‧甘斯布女友的身分而出名的柏金，成為了法式風尚的指標。

什麼是法式風尚？

形容法國人無拘無束卻又時髦的風采和生活風格；感覺很自然，彷彿沒有特別打扮過，卻又很時髦。

等等！「法式風尚」這個詞好像在前面也出現過？

從前面提到的時尚風格來看，不難發現當時的女性們偏好 Total Look（意指注重服裝、髮型、高跟鞋、帽子等整體形象的風格），而珍柏金的風格對女性來說則是種愉快的解放感和自由。

大膽、淑女怎麼能兼得？
看她馬亂糟糟的頭髮

明明沒特別努力，就變而易舉地成為了「法式風尚」的先驅

嘖嘖嘖～
嘖嘖嘖～

就是在碧姬‧芭杜篇！

碧姬‧芭杜不就是法式風尚的代表，被稱為法國最自由的女性嗎？

幹嘛一直叫我

有趣的是，兩個法式風尚的最佳代表，竟然都曾是同一個男人的戀人。

珍‧柏金也跟碧姬‧芭杜一樣，展現了毫不造作的風格。

她的個性從容不迫，而且全身散發出一股完全不在乎別人目光和想法的冷漠感。

厲害的男人當然都跟厲害的女人們在一起啊。

啊

一頭像是剛睡醒的亂髮

波希米亞嬉皮的感覺！
隨時都很放鬆～

I don't care eh eh eh eh eh~

感覺她明明穿的不是華麗或昂貴的衣服，也不是特別注重打扮，只是隨便從衣服裡選一件穿……

今天穿這件吧

但是看起來卻很酷很時髦！

她非常無拘無束，所以出門時也常常不穿內衣。

173

她也常常像碧姬．芭杜一樣，光著腳丫走在路上！
泰然
悠哉
呼～這新鮮的空氣～
甚至還若無其事地穿睡衣在巴黎走動……
計程車～
天啊！她穿的是睡衣耶！
法國人被這個英國女演員自由自在的態度深深吸引。
超酷的！
好帥!!
她的穿衣哲學有一個特點。
穿衣服不是爲了向別人炫耀。
不穿戴太貴或太奢侈的單品。
她特別喜歡簡單的高領衣和迷你裙。
很常可以見到她穿針織材質的黑色迷你洋裝。
她會穿好不容易才遮住屁股的短裙，讓大家感到詫異。
可是說也奇怪，如果是其他人穿上超迷你的短裙，應該會被指指點點說太煽情，但珍．柏金穿起來卻看起來很酷、很時髦。
明明就是穿一樣的衣服，爲什麼她看起來那麼時髦……
我不像妳們硬是要追求看起來很性感啊！
我完全沒有這種想法～
這是因為她並不是以散發性感魅力為目的；而是不假修飾地呈現出自己自然的面貌，才能達到這樣的效果。
大家都說就算是再煽情的衣服，只要被我一穿，看起來就很高級、很新潮！
這都是因為我厲害啊

珍・柏金的迷你裙

珍・柏金跟崔姬一樣都是迷你裙的代表，但崔姬的是色彩繽紛、款式多元的迷你洋裝，代表了青春活力的摩德風；珍・柏金則是以黑色等沉穩的色系、幾乎沒有花紋的樸素短裙，呈現法式風尚。

珍・柏金的迷你裙中，令人印象最深刻的就是1969年9月她和賽日・甘斯布參加電影《口號》官方試映會時穿的洋裝。當時拍攝的照片，被認為是她這輩子最有名的照片之一。

這件黑色迷你洋裝遠看雖然沒什麼特色。

啊，是甘斯布和珍・柏金情侶檔！

但是近看之後才會發現，這是一件完全透膚的洋裝！而且裸露的程度很驚人！

就只穿一件內褲?!

理直氣壯

咦？

柏金在這件透視洋裝裡只穿了一件內褲！即使是現在看這件衣服都覺得非常震撼，更何況是40年前……

但是她不愧是柏金！穿起來感覺一點也不隨便！

「裸露」在柏金身上，就會變成「自由奔放」！

自然不做作的天真與性感，這兩者之間的矛盾就是讓她充滿魅力的其中一個要點。

176 時尚經典的誕生

除了迷你裙之外，她另一個招牌的風格就是妹妹頭。

甚至還被取了「I don't care髮型」這樣有趣的名字。

我在1960～1970年代都一直留這個髮型。

當時有很多女性為了追隨這種風格，而費了很大工夫。

已經弄頭髮弄了40分鐘

但不知道為什麼，感覺珍·柏金不用特別花心思，就能輕鬆擁有這種風格。

當時法國女性們最煩惱的就是——該留碧姬·芭杜的凌亂金髮，還是柏金的褐色妹妹頭！

VS

珍‧柏金的藤籃

藤籃也是珍‧柏金的招牌單品之一，不管是穿迷你裙、牛仔褲或毛皮大衣、西裝，她都會提著編織的藤籃。藤籃很符合她無拘無束的形象，讓她充滿了嬉皮的感覺。

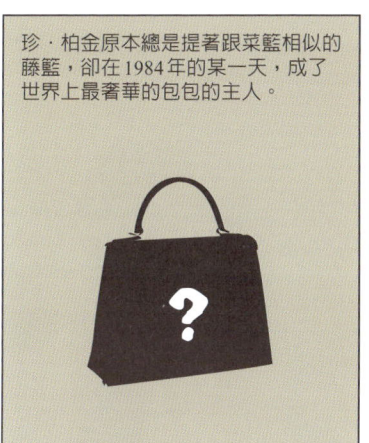

珍·柏金原本總是提著跟菜籃相似的藤籃,卻在1984年的某一天,成了世界上最奢華的包包的主人。

這個包包是在偶然的機會下誕生的。當時珍·柏金搭上了從倫敦飛往巴黎的飛機。

就像命中注定一樣,愛馬仕的CEO杜馬斯坐在她的旁邊。

一樣拿著藤籃

手札放哪去啦……

當時她的包包裡塞滿了各種東西。

呃啊啊啊啊啊!

東西這麼多的話,另外用袋子整理不就好了嗎?!

瞄

那愛馬仕就幫我做一個有袋子的大包包啊!

杜馬斯這才意識到愛馬仕沒有附袋子的大尺寸實用包包,於是決定替珍·柏金做一款。

這是多虧柏金才能設計出來的包包,就取她的名字吧。

這就是現今的夢幻包款——柏金包!

於是,愛馬仕有兩款以時尚經典的名字命名的包包。

以葛莉絲·凱莉命名的凱莉包

以珍·柏金命名的柏金包

在偶然機緣下誕生的柏金包，成為經典的包款，現在如果想要拿到自己喜歡的設計，可是得排入候補名單等一年以上。

請參考《時尚的誕生》愛馬仕篇！

但是有趣的一點是：柏金自從2006年之後就不太拿柏金包了。

上年紀之後腰不好，包包有點重。

哈哈

↑ 上了年紀的 珍・柏金

而且，雖然柏金包取自珍・柏金的名字，但目前擁有最多柏金包的名人卻不是她。

呵！是我！維多利亞・貝克漢

在她捐贈的柏金包之中，有一個包包非常特別，那就是她為了2011年日本大地震的被害者，而捐給英國紅十字會的包。那是珍・柏金多年來愛用的包包，而且她還親手加了會帶來好運的珠子和貼紙。

愛馬仕每年推出新的柏金包時，都會送一個給柏金當禮物，所以照理說她應該有很多柏金包。

但是柏金很酷，因為她每次拿到新的柏金包，就會把舊的柏金包捐給慈善活動！

今年也會給我嗎？

那我要把以前的捐出去～

我向來都會裝飾我的包包，因為我不喜歡和別人一樣。這個包包不是新的，所以更特別，它是蘊含了我人生故事的包包。

180　時尚經典的誕生

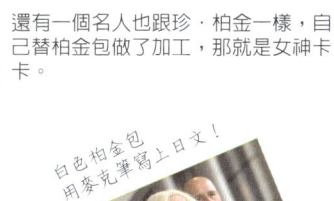

還有一個名人也跟珍‧柏金一樣，自己替柏金包做了加工，那就是女神卡卡。

白色柏金包用麥克筆寫上日文！

大膽作風！

珍‧柏金的風格具有指標性，現在仍深受喜愛。

法式風尚不論是什麼時代都一樣酷！

她的風格與現今最有型的風格類似，所以讓人很難相信那其實是數十年前的風格。

直髮妹妹頭現在還是很流行！

黑色高領短洋裝也一樣是跨越時代的單品。

現在還是有許多名人下意識地模仿她的風格。

在時尚這個領域，帶給我最多靈感的人是珍‧柏金。

凱特‧摩絲

珍‧柏金既是時尚指標，也是法國流行音樂的傳奇人物。她從2011年開始，展開為期2年的世界巡迴。

雖然已經60歲了，她的音色還是一樣迷人，打扮還是一樣有型～

JANE BIRKIN SINGS SERGE GAINSBOURG via Japan

珍‧柏金在2013年3月到韓國表演，這也說不定將是她最後一次在韓國演出。

珍‧柏金的兩個女兒——夏綠蒂‧甘斯布、露‧朵蓉也像媽媽，是以法式風尚而出名的It girl！特別是柏金和甘斯布所生的女兒夏綠蒂，她目前活躍於電影、音樂圈，成為許多設計師的繆思，與媽媽踏上了同一條路。

柏金迷人的風格來自於不假修飾的造型，以及自由奔放的態度，相信往後也會持續受到女性們的喜愛。

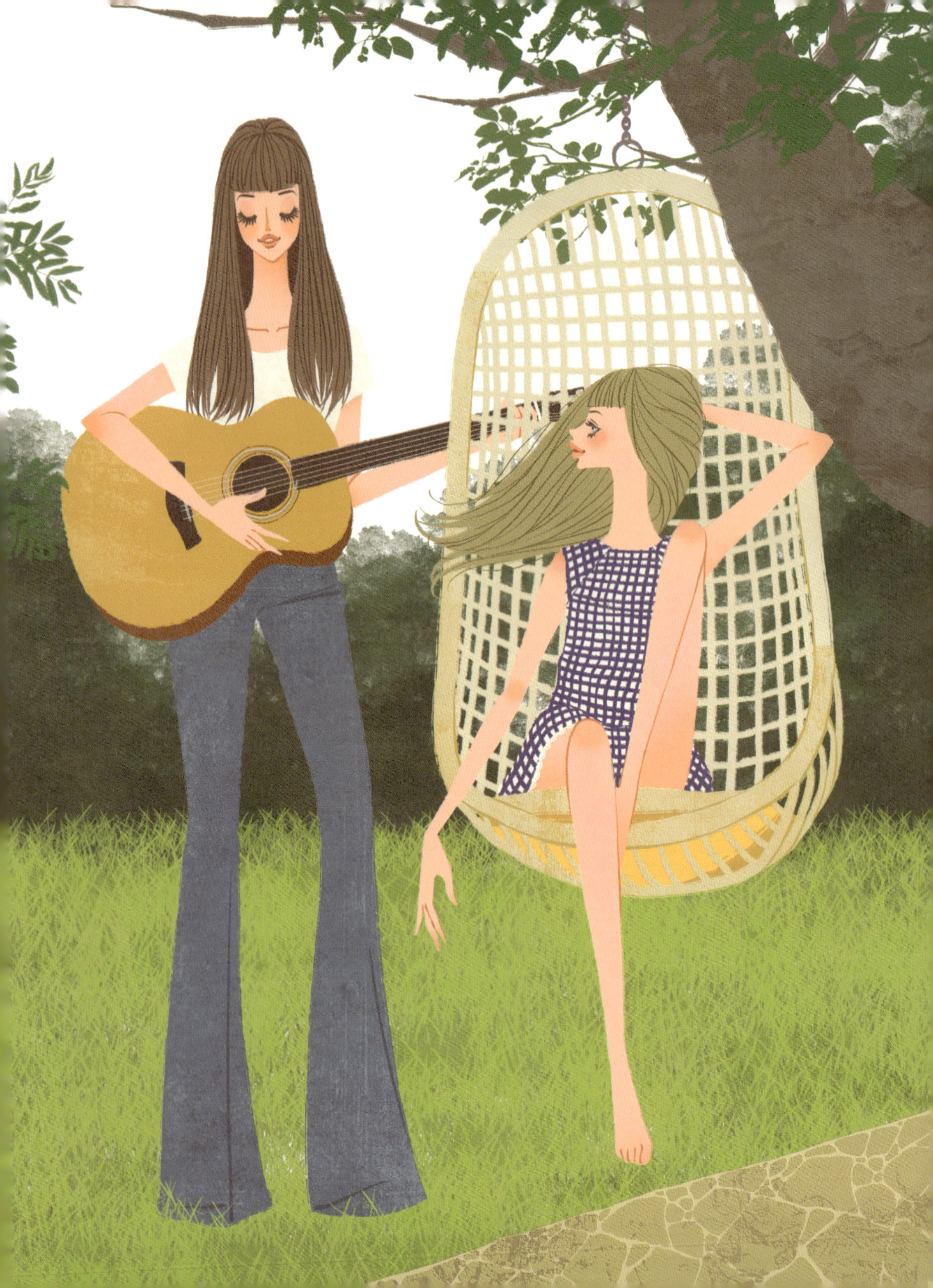

珍・柏金

文獻

- Caroline Ferry, *Jane Birkin on Customising Her Hermes Bag With Stickers*, <GRAZIA>, 2012. 2. 2
- Tracey Lomrantz Lester, *Old School Icon: Jane Birkin*, <Glamour>, 2008. 9. 30
- Dolly Jones, *The Birkin Rules*, <Vogue> UK, 2006. 9. 5
- Gwenda Brophy, *Time and place: Jane Birkin*, <The Sunday Times>, 2009. 2. 15
- Tim Auld, *Jane Birkin: marching to her own tune*, <The Telegraph>, 2009. 2. 13
- Lisa Robinson, *The Secret World of Serge Gainsbourg*, <Vanity Fair>, 2007. 11. 1
- Andrew Mckie, *Death is not the end*, <The Wall Street Journal>, 2011. 2. 25
- Helen Barlow, *A bit twited*, <The Sydney Morning Herald>, 2007. 6. 9
- Tim Adams, A charmed life, <The Guardian>, 2007. 10. 28

網站

- queensofvintage.com.
- rfimusic.com
- Imdb.com.

Deborah Harry

9

Deborah Harry
黛博拉・哈瑞
1945~

即使海浪再高,我也會繼續走下去。
因為我不是那種輕言放棄的女孩。
(節錄自Blondie(金髮美女合唱團)〈The Tide Is High〉歌詞)

1970年代，紐約。

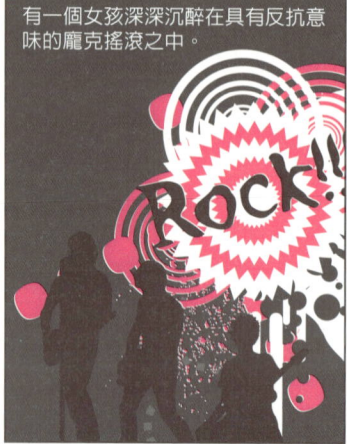

有一個女孩深深沉醉在具有反抗意味的龐克搖滾之中。

接著，她很快地就讓人們為她的致命魅力而著迷。

那女孩就是美國龐克搖滾界的珍珠——黛博拉‧哈瑞。

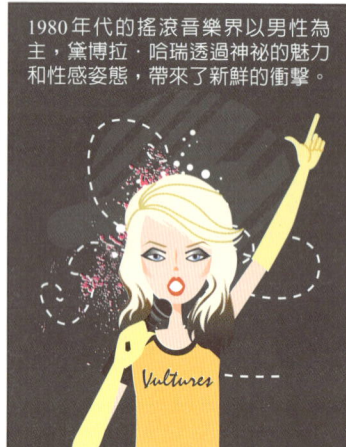

1980年代的搖滾音樂界以男性為主，黛博拉‧哈瑞透過神祕的魅力和性感姿態，帶來了新鮮的衝擊。

她身為龐克搖滾和新浪潮樂團「Blondie」的主唱，是引領了美國流行音樂的神話。

黛博拉1945年在邁阿密出生，1960年代後半開始到紐約賺錢，只要稱得上是工作的工作，她都做過。

1968年，她以民謠搖滾團體The wind in the willows的主唱身分，踏進了音樂界。

BBC廣播辦公室祕書

max's kansas city

酒吧服務生

花花公子俱樂部服務生兔女郎

DUNKIN' DONUTS打工

請慢慢享用

186 時尚經典的誕生

最後在 1976 年，她與吉他手克里斯·斯坦一起組成了 Blondie。

Blondie 幾乎可以與黛博拉畫上等號，而如果要提 Blondie，那就不能漏掉當時酒吧的故事。

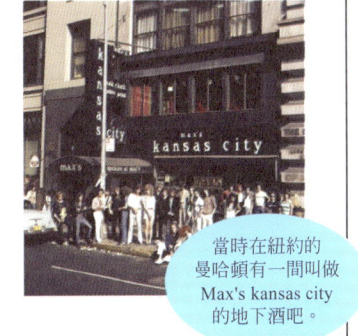

1974 年她和艾達·詹帝萊、亞曼達·瓊斯、克里斯·斯坦組成 The Stilettos，

之後和克里斯·斯坦、斯努基一起組成 Angel & The Snake。

黛博拉當時的男友是克里斯·斯坦，他都叫染金髮的黛博拉「Blondie」。

當時在紐約的曼哈頓有一間叫做 Max's kansas city 的地下酒吧。

那些很會玩的型男們，包括知名音樂人、作家、藝術家、政治人物，這裡等於是他們的基地。

當時還有另一間很有名的酒吧叫做 CBGB（Country, Blue Glass, and Blues）。

以黛博拉·哈瑞為主唱的 Blondie 樂團，在這兩家店都有固定的演出行程。

被認為是 1970 年代龐克音樂的起源地，

是新浪潮、龐克搖滾愛好者的基地。

Blondie 在 1976 年發行了第一張同名專輯，直到 1980 年代初期，隨著他們有許多歌曲都在音樂排行榜上留下了好成績，他們也漸漸成為流行音樂界的指標。

1976 年第一張專輯《Blondie》

1977 年第 2 張專輯《Plastic Letters》

1978 年第 3 張專輯《Parallel Lines》

1979 年第 4 張專輯《Eat to the Beat》

1980 年第 5 張專輯《Autoamerican》

1982 年第 6 張專輯《The Hunter》

187

此時大眾眼中看到的除了Blondie的音樂，還有黛博拉·哈瑞充滿魅力的風格。

性感的外表

在搖滾樂手之間特別顯著的時尚

獨特的嗓音

雖然現在誰都知道「龐克風」，但在1970年代初期，其實龐克風的定義還不存在。

有別於原本穿著高級精品服裝的世代，穿著廉價、新潮服飾的年輕人，被稱為反時尚、街頭時尚。

龐克時尚真正被歸類為一種風格，始於1970年代中期龐克的故鄉倫敦。

詳細的內容請參考《時尚的誕生》

龐克時尚之所以能在全世界流行，薇薇安·魏斯伍德和麥爾坎·麥克拉倫扮演了很重要的角色。

當時紐約流行的樂團是Ramones、New York Dolls、Richard hell。

這些樂團都只有男團員，所以當然也是以男性時尚為主。

搖滾樂手的生命就是長髮。

THE VOIDOIDS

這個時候，黛博拉·哈瑞就成了女性龐克風流行的始祖。

就讓我為女搖滾樂手的時尚風格開創新局面吧！

如果說龐克時尚的代表設計師是薇薇安·魏斯伍德，那麼，代表龐克時尚的明星是誰？

PUNK!

就是我！黛博拉·哈瑞！龐克風的經典！

她的風格混合了搖滾樂與龐克的大膽、女性的性感，跟一般粗獷的男性搖滾樂手不一樣，被認為是開創「搖滾女性（Rock Chick）風」的先驅。

皮衣

BAD

搖滾樂手風的寬鬆襯衫

花色大膽的迷你洋裝

緊身牛仔褲或華麗的內搭褲

鉚釘裝飾的皮帶

迷彩風格

無袖T恤

破絲襪

188 時尚經典的誕生

1970年代黛博拉·哈瑞的龐克風

搖滾女性風（Rock Chick）
搖滾女性風指的是「喜愛強烈搖滾音樂的女性」，或是「女搖滾樂手」；她們不走女性化、端莊的路線，而是走爽快、強悍的路線，她們常塗上黑色指甲油、戴好幾條手鍊，尖銳的飾品、鉚釘皮帶、破褲、印有搖滾樂團圖樣的T恤也是她們常見的單品。

搖滾時尚風（Rock Chic）
搖滾時尚風延續了搖滾女性風，是一種從容、自由，卻又帶著反抗感的獨特風格。基本上，搖滾時尚風多是黑白色系，並搭配皮革材質和鉚釘裝飾。巴爾曼（Balmain）是搖滾時尚風的代表品牌，凱特·摩絲、艾潔妮絲·迪恩、泰勒·曼森等明星也都很愛搖滾時尚風。

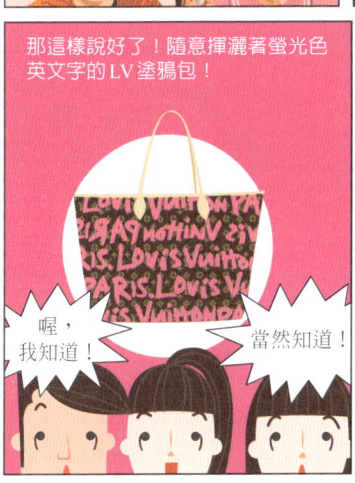

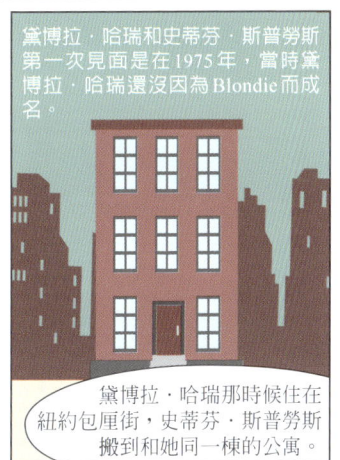

就像奧黛麗‧赫本和崔姬都有設計師作為她們穿搭風格的良師。 奧黛麗‧赫本和紀梵希 崔姬和瑪莉官	黛博拉‧哈瑞也一樣,而她的良師就是設計師史蒂芬‧斯普勞斯(Stephen Sprouse)。	不太注意時尚或藝術的人,對這個名字可能會感到很陌生。 妳知道他是誰嗎? 我不知道耶 交頭接耳 ??
那這樣說好了!隨意揮灑著螢光色英文字的LV塗鴉包! 喔,我知道!　　當然知道!	這個包包的靈感來自斯普勞斯的作品,是由馬克‧賈伯和斯普勞斯合作,於2001年推出的包包。 跟我一起做一款會大流行的作品吧! 史蒂芬‧斯普勞斯 馬克‧賈伯　OK!	黛博拉‧哈瑞和史蒂芬‧斯普勞斯第一次見面是在1975年,當時黛博拉‧哈瑞還沒因為Blondie而成名。 黛博拉‧哈瑞那時候住在紐約包厘街,史蒂芬‧斯普勞斯搬到和她同一棟的公寓。
當時還很窮的他們,住的是廚房和浴室共用的便宜公寓。 呵呵,這個充滿藝術氣質的男人是誰啊? 哇喔!氣場真強	不知不覺地,他們變成了好朋友。 黛博拉常常餵斯普勞斯的貓吃東西。	不久後,他開始在服裝概念和風格上給予她建議。 這冷漠中帶著高傲感覺的形象!我有靈感了!

斯普勞斯不只影響了黛博拉的穿搭，甚至對 Blondie 的 MV 也有影響。

當時斯普勞斯沉浸在對自己 1960 年代紐約苦日子的懷念，以及新興的新浪潮音樂裡。

多虧他精準地預測了接下來的潮流，黛博拉・哈瑞才能成為 1980 年代時尚的先驅。

新浪潮
1970 年代後半，受龐克和電子音樂等各類音樂的影響，因此催生了新的搖滾音樂類型「新浪潮音樂」，其特徵是抨擊現有制度、無拘無束。

黛博拉 1970 年代後半到 1980 年代初期的風格
黛博拉這個時期的服裝特色是螢光黃、螢光粉紅、螢光橘等各種 Day-glo 色彩（像是螢光色或霓虹般鮮明強烈的色彩），以及簡單卻獨特的剪裁。

192 時尚經典的誕生

Heart of Glass 洋裝

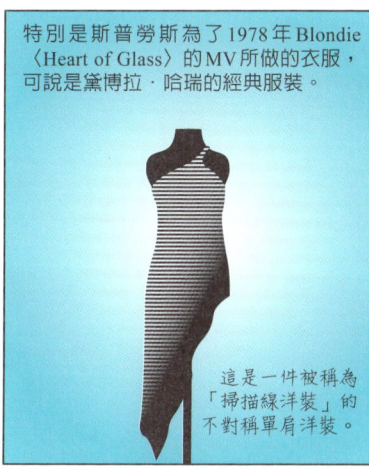

在2007年凱特‧摩絲與Topshop推出的秋日聯名系列中，也曾模仿史蒂芬‧斯普勞斯製作的這件衣服。

特別是斯普勞斯為了1978年Blondie〈Heart of Glass〉的MV所做的衣服，可說是黛博拉‧哈瑞的經典服裝。

這是一件被稱為「掃描線洋裝」的不對稱單肩洋裝。

這件洋裝的特徵在於它的布料。因為它是由斯普勞斯把電視畫面拍下來，再印在布料上。

喔，電視畫面上的那個掃描線（Scanline）一定可以變成很美的花紋。

斯普勞斯把印好的布料再加上其他布料，做出了新的歐普藝術效果。

上面加一層雪紡紗

這是由三層布料重疊而創造出來的歐普藝術！

印好的布料

下面疊一層

除此之外，MV對黛博拉‧哈瑞風格的傳播，也扮演了很重要的角色。

當時的音樂界剛開始流行MV。

在MV引起的這場革命裡，黛博拉‧哈瑞在電視畫面中的樣子吸引了觀眾的視線。

透過電視，觀眾持續接觸到黛博拉‧哈瑞的MV，所以MV就變成了推廣她風格的助力。

不是只有你們演員、模特兒可以引領流行！現在歌手也可以當潮流的推手了！

膝上靴 over knee boots
皮衣加上過膝的皮靴是黛博拉‧哈瑞的招牌單品。

在她的風格之中，絕不能漏掉的就是她那與團名非常搭的金髮。

跟瑪麗蓮·夢露一樣，原本是褐髮。

雖然她留過短髮和中長髮，但一樣都是金髮！

而且，因為她的金髮很有存在感，所以他們的團名也常常被誤以為是她的名字。

大家好！我是黛博拉·哈瑞！

咦？她不是叫Blondie嗎？

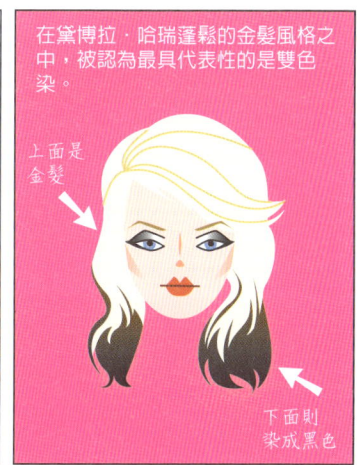

在黛博拉·哈瑞蓬鬆的金髮風格之中，被認為最具代表性的是雙色染。

上面是金髮

下面則染成黑色

女神卡卡和黛博拉·哈瑞訪談時，曾經提起她那顯眼的雙色染帶來了什麼樣的影響。

妳知道妳以前的雙色染對女性們有多大的影響嗎？

《Harper's Bazaar（哈潑時尚）》訪談

而且我也學妳把下面的頭髮染成黑色過。

妳真棒

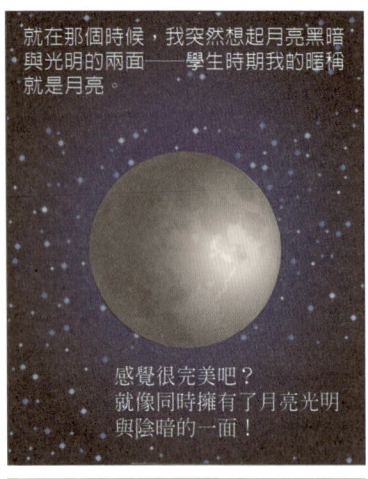

有趣的是，黛博拉·哈瑞不是一開始就想要染成兩種顏色。

一開始我是打算全部染成黑色！

她自己染完下面的頭髮之後，才發現沒辦法染到後面。

噢！怎麼辦？

就在那個時候，我突然想起月亮黑暗與光明的兩面──學生時期我的暱稱就是月亮。

感覺很完美吧？就像同時擁有了月亮光明與陰暗的一面！

大膽的雙色染配上她凸出的顴骨、濃濃的煙燻妝，讓她的臉看起來非常戲劇化。能消化這種強烈風格的魅力與自信，將她塑造成了完美的龐克女神。

她的眼神以看似空洞卻能把人看透而出名。

看著我的眼睛你會感覺到幸福

嗡嗡嗡

嗡嗡嗡

當她正面凝視鏡頭，觀眾就會被捲入她那令人窒息的魅力裡。

那女人的眼神好像穿透了我的身體。

我第一次看到這麼不可議的眼神……

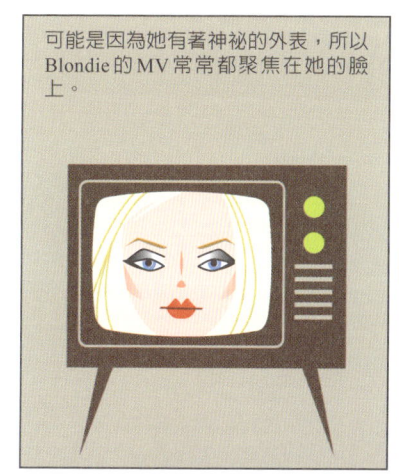

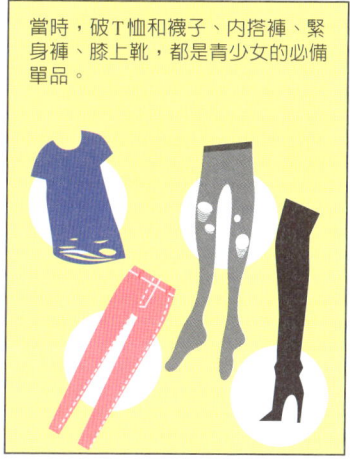

可能是因為她有著神祕的外表，所以Blondie的MV常常都聚焦在她的臉上。	就算她穿很露的衣服，攝影機的焦點還是在…… **臉！！！** 彷彿是要特寫毛孔～	她有一種微妙的性感，是當時男性搖滾樂手所沒有的，所以原本不喜歡龐克風的人也愛上了龐克。 Rock!!!! 太多了……　天呀！好酷！
陶瓷般白皙的皮膚、紅唇、閃耀的金髮和朦朧的眼神，黛博拉·哈瑞的風格不只龐克，更帶有性感風情，所以在她當紅的時期，還得到了一個稱號…… 正是龐克界的瑪麗蓮·夢露！		當時，破T恤和襪子、內搭褲、緊身褲、膝上靴，都是青少女的必備單品。
許多少女爭相效仿黛博拉·哈瑞的龐克風格。	就算她現在已經快70歲了，她還是一樣時髦！ 一日為Rocker，終生為Rocker！　沒錯！ 金泰源*	與黛博拉·哈瑞同輩的明星之中，還有多少人能像她一樣還保有著年輕而大膽的風格呢？ 哎呀呀還活得真青春

＊金泰源是韓國的搖滾樂團「復活」的成員。

2009年，黛博拉‧哈瑞到紐約參加由LV主辦的史蒂芬‧斯普勞斯追思活動，她一樣身穿皮衣和色彩繽紛的上衣。

派對之後的追思表演，黛博拉‧哈瑞穿著黑色和紫色條紋的龐克服裝，帶來了一場精彩的表演。

同一年，她和Terry Toy主辦了「The Stephen Sprouse Book」派對，她身穿斯普勞斯的衣服現身，引起了注意。

身為1980年代流行音樂界的性感象徵，她為了常保青春，可說是非常努力。

我不要變老！

把我的青春還我！

她甚至坦言自己從35歲開始就注射羊的胚胎幹細胞，因此造成話題。

咩咩咩咩～

總之，她仍被視為1980年代的指標，也是搖滾時尚的始祖。

1999年 VH1's 100 Greatest Women of Rock& Roll 第12名

2002年 VH1's 100 sexiest Artists of all time 第18名

2011年 The Cosmopolitan Ultimate Women of the Year Awards

Blondie的金曲至今一樣受到喜愛，〈One Way or Another〉在電影《Coyote Ugly》裡被重新翻唱，韓國電影《醜女大翻身》也翻唱了他們的歌曲，所以他們也以原唱歌手的身分受到了關注。

Maria～ Ave maria～

黛博拉·哈瑞的龐克風強力席捲了1970年代後半與1980年代初期，到現在仍帶給許多設計師靈感。

路易斯·格雷設計師從1980年代的龐克樂團得到靈感，2012秋冬推出了色彩繽紛的服飾。

巴爾曼2008年的秋冬系列使用了動物圖紋、亮片、水晶；2011年春夏的系列則是用皮衣、破T恤、絲襪來詮釋龐克風。

她在龐克風的歷史上是最具指標性的女人，她自信大方的態度、大膽的風格在在為紐約龐克風下了定義。

PUNK! ROCK'N'ROLL!

妳也想嘗試黛博拉·哈瑞的風格嗎？

那就穿上妳最喜歡的舊T恤，然後輕輕披上皮衣，

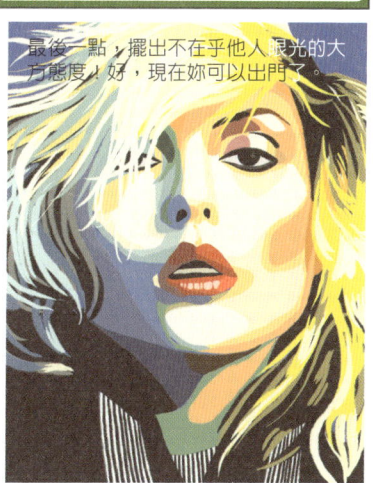

接著畫上煙燻妝和紅唇吧！

最後一點，擺出不在乎他人眼光的大方態度！好，現在妳可以出門了。

Balmain Rock Chic

2008 FW

2008 FW

2011 SS

2011 SS

黛博拉·哈瑞

文獻

- *Ultimate Icon Debbie Harry's style through the years*, cosmopolitan.co.uk, 2011. 11.3
- *Downtown style of icon Debbie Harry*, <Daily Express>, 2011. 11. 7
- Emma Grainger, *My style icon: Debbie Harry*, Manchester Fashion Network.
- Emily Borrett, *Style icon spotlight: Debbie Harry*, shinystyle.tv, 2011. 4. 8
- Nancy Black, *Debbie Harry, Style Icon*, The Fashion Spot, 2009. 5. 21
- Tim Adams, *Harry's game*, <The Guardian>, 2007. 7. 22
- Warren Beckett, *Blondie: Panic of Girls*, bitchbuzz.com.
- Korina Ropez, *On the Road Again: Blondie*, <USA TODAY>, 2011. 9. 15

網站

- deborah-harry.com
- blondie.net
- Imdb.com
- alumni.centenarycollege.edu
- maxskansascity.com
- rockhall.com
- rip-her-to-shreds.com

Diana Spencer

10

Diana Spencer
黛安娜・斯賓塞
1961~1997

我至今仍忘不了黛安娜站在二樓陽台的樣子。
她是完美的王妃，即使頭上沒有戴著王冠。
（《Harper's Bazaar》前主編莉茲・帝貝瑞）

受到全球人愛戴的女性——黛安娜．斯賓塞。

The Queen of Hearts

The Queen of Style

Lady D

The People's Princess

她是英國人心中永遠的王妃,也是人們心中因悲劇性的意外而不幸離世的王妃。

從1981年她和王子結婚到離婚、去世,她的一生艱難曲折,就算拍成電影也毫不遜色。

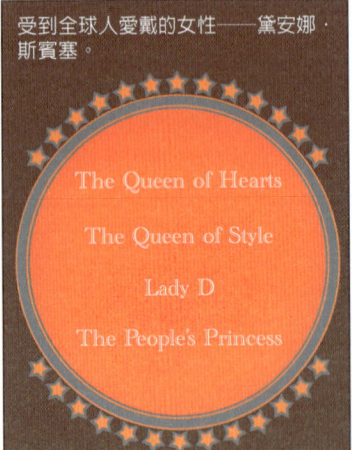

她出生於長久以來與英國王室關係密切的貴族世家,是斯賓塞伯爵家的三女兒。

黛安娜居住的帕克莊園也是歸伊莉莎白二世女王所有的土地。

王妃時期的黛安娜雖然受到了全球的矚目,但小時候她卻受到所有人的忽視。

我想要兒子耶……

她的父母因為生的是女兒而不開心,

因此黛安娜的幼年時期很沒有自信。

小小年紀的黛安娜,7歲就經歷了父母離婚,而且因為姊姊們很優秀,所以黛安娜對內向又不特別突出的自己感到很自卑。

我在學校又得了第一名～

雖然她成長於富裕的環境,卻因為無法獲得家人足夠的愛,所以把愛都放在玩具或其他人身上。

小兔兔!雖然媽媽離開了我,但我絕對不會離開妳的!我愛妳!

緊抱

受到這些影響,於是黛安娜培養出了獨特的體貼、溫暖性格。

今天要做什麼善事呢～心情真好～

她年輕時當過幼稚園老師照顧小孩。

黛安娜之所以能短暫獲得鬧過眾多緋聞的花花公子查爾斯王子的注意,也是因為她有一顆溫暖的心。

哇喔喔～受到王子的注意?

祕訣是什麼?

妳～?

但是要注意了,是「短暫」受到注意。

204 時尚經典的誕生

1980年查爾斯王子因為親戚的死亡而沉浸在悲傷之中，當時舉行了安慰他的聚會，有許多貴族前來參加。

這個時候，比誰都還真誠地安慰著他的女人就是黛安娜。

> 不要太傷心，每個人都會死的……

拍拍

所謂的愛情靠的不就是時機點嗎？對當時需要安慰的查爾斯王子來說，黛安娜的溫暖一下子就獲得了他的好感。

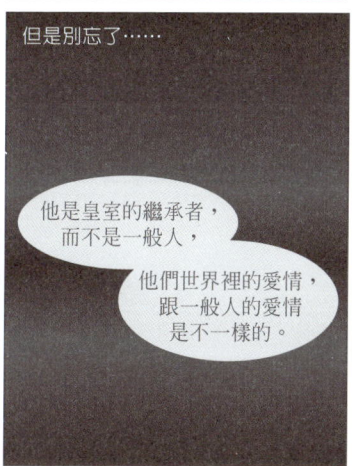

溫和　柔和　暖暖　善良

> 這是我第一次遇到這麼有愛心的女孩。

但是別忘了……

> 他是皇室的繼承者，而不是一般人，
> 他們世界裡的愛情，跟一般人的愛情是不一樣的。

查爾斯王子有著根深柢固的王室思想，所以他的愛情當然也不是100%真誠。

> 我將會成為這個國家的國王。
> 所以，我需要一個擁有完美條件的王妃。

當時，要成為英國的王妃，有一些必備的條件。

- 必須是處女 ✓
- 必須出身王族或貴族 ✓
- 必須是聖公會信徒 ✓
- 能夠生王子的健康身體 ✓
- 為了下一代的外貌，漂亮當然更好？ ✓

能夠完美符合這些條件的人，就是天真無邪的黛安娜。

> 很好！就是黛安娜‧斯賓塞了！
> 這女人很適合！如果跟她結婚，看起來一定會很美滿！

一切都很順利，查爾斯王子開始和黛安娜約會，正值20歲花樣年華的黛安娜，在不知道往後將會面臨什麼事情的狀況下，抱著一顆純真的心愛著他。

1981年2月，查爾斯王子向黛安娜求婚，替她戴上了價值3萬英鎊的戒指（以現在來看約是9萬5千英鎊，折合台幣約465萬元）。

這只戒指的中央是藍寶石，周圍環繞了14顆鑽石，是由皇冠珠寶商（Crown Jewellers）傑拉德（Garrard）所設計的。

1981年7月29日,在全球的矚目下,展開了一場世紀婚禮。20歲的黛安娜嫁給了大他12歲的王子,成為英國的王妃。

總是受到忽視的黛安娜,突然集世界的焦點於一身。

現在是發生了什麼事?

呆……

有趣的是,傳統上英國王室會根據1966年的聖公會公禱書,讓新娘宣誓順從。

我愛你,
珍惜你,
並順從你。

但是向來個性溫和的黛安娜,不知道當時為什麼會有那樣的勇氣,竟然表示自己不肯說對女性不利的誓詞。

婚禮時我不會宣誓「順從」。

宣誓順從就等於到1926年為止都不認可女性的地位一樣,是過去對結婚的男女抱著不同標準的舊觀念。

英國大主教理事會

最近,成了英國王室媳婦的凱特‧密道頓,也效仿已經過世的婆婆黛安娜。

我將深愛並珍惜你。

將誓詞修改,不宣誓順從

另外,王妃的禮服當然也是熱門的話題。

由大衛‧伊曼紐爾和伊莉莎白‧伊曼紐爾設計

兩人是夫妻

這件夢幻的禮服有大大的公主袖,就像是童話故事書裡會出現的公主風浪漫禮服。

206 時尚經典的誕生

用象牙色真絲塔夫塔綢做成的蓬蓬裙

價值約1500萬元的蕾絲

這是一件手工縫上亮片和一萬顆珍珠的婚紗。

這個時候，堪稱是黛安娜王妃婚紗最大的特徵——25英尺（約8公尺）長的拖尾，徹底震懾了大眾。

這場婚禮最精彩的重頭戲是黛安娜從馬車現身的時候。

輕盈

拖尾 Train
「拖行衣角」的意思，代表把禮服後面做成長條在地上拖行。新娘走路時優雅地拖行婚紗尾部，對婚紗有加分的效果。

但是這長長的拖尾，同時也引來了殘酷的批評。

什麼嘛！那些歪七扭八的皺褶！

為了把大大的禮服塞進小小的馬車裡，導致婚紗在抵達婚禮會場時已經起了皺褶。

皺巴巴　皺巴巴

應該用不會皺的布料做啊！

不然就設計不會皺的衣服嘛～

207

面對這樣的批評,設計師大衛‧伊曼紐爾在電視訪談中曾經表達過不滿。

是馬車太小了!那麼小的馬車裡除了那麼大件的禮服,還有她爸爸在,怎麼可能不皺?

這是無法避免的。不是我的錯!

不論如何,當她穿著公主風的婚紗搭上馬車,和王子結婚的時刻……

對全世界的少女來說,就像是童話故事書裡王子和公主結婚的現代版。

哇～王子和公主結婚後會永遠幸福美滿的～

黛安娜的婚紗

雖然拖尾受到批評，但黛安娜的婚禮還是充分激起了女人們的幻想，而她的婚紗也形成了一股流行。

> 我結婚時也要穿黛安娜那種禮服～

> 噗

> 唉唷，以為這樣自己就會變公主了嗎？

當時許多新娘都穿上了仿黛安娜風格的婚紗。

Wedding Shop

> 請給我跟黛安娜一樣的婚紗！
> 是我先來的！
> 我也要!!
> 吵鬧
> 吵鬧
> 我也要一件!!

不過，對於偏好簡約風格的現代女性來說，黛安娜1981年的婚紗可能多少看起來有點老土。

> 蓬蓬袖！
> 裝飾也太誇張了。
> 太公主了吧？
> 好俗!!

但是，在現今的簡約風格出現之前，黛安娜她那有著大袖子的「meringue婚紗」，可是引領了婚紗界10年的潮流，而且跟1980年代初期的新浪漫主義也非常合拍。

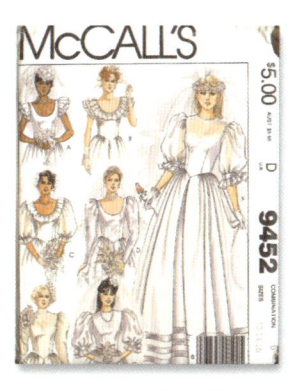

正如前面所提到的，1970年代流行的是強烈且具挑戰意味的龐克、自由奔放的嬉皮、簡單的極簡主義。

黛博拉・哈瑞
珍・柏金

為了反抗這些風格，被稱為「新浪漫主義」的新文藝復興風格便以倫敦為中心開始發展。

209

1980年代的另一股潮流
新浪漫主義（New Romanticism）
新浪漫主義從1979年的英國開始，是1980年代初期盛行的文化運動，建立在華麗又大膽的時尚、以及新浪潮音樂的基礎上。

新浪漫主義的風格從過去歷史上盛行的元素之中尋找靈感，以彷彿中世紀文藝復興時代的貴族服裝——荷葉邊的浪漫上衣、柔軟的絲絨外套為代表。

幾乎同一個時期還流行龐克時尚，如果說追求龐克流行的人隨興穿上破T恤和便宜的衣服是一種隨心所欲的喜好；那麼追求新浪漫主義的人就像是陷入自我陶醉，追求的是奢華並且精心打扮自己的風格。

新浪漫主義風格的代表設計師有薇薇安‧魏斯伍德，她的「Pirate（海盜）」系列重新詮釋了海盜的服裝，展現了典型的新浪漫風格。

黛安娜的婚紗綴滿荷葉邊、蕾絲、刺繡，可說是時尚史上將新浪漫主義發揮到極致的例子。

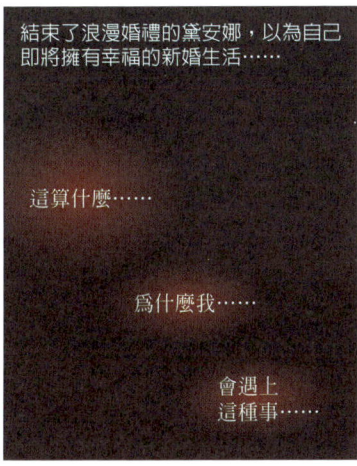

結束了浪漫婚禮的黛安娜，以為自己即將擁有幸福的新婚生活…… 這算什麼…… 為什麼我…… 會遇上這種事……	在他們的婚禮上，悲劇的徵兆已經出現，只是黛安娜並沒有察覺到。 「你願意永遠愛新娘嗎？」 「我會愛她。不管那代表著什麼。」 ???	不管那代表著什麼？ 「愛就是愛啊，什麼叫做『不管那代表著什麼』？」 不管那代表著什麼？ 不管那代表著什麼？ 不管那代表著什麼？
大逆轉！悲劇的序幕──其實查爾斯有一個非常深愛的初戀女友。 卡蜜拉·帕克·鮑爾斯	既然查爾斯這麼愛卡蜜拉，那為什麼不和她結婚，反而要跟無辜的黛安娜結婚呢？ 「卡蜜拉是平民出身，跟她結婚的話我無法登上王位。」 「我不想為了愛情放棄王位……」	魚與熊掌都想兼得的查爾斯，一方面想成為國王，另一方面也不願放棄愛情。
而就在這個時候，擁有完美條件的黛安娜·斯賓塞出現了。 **能讓查爾斯成為國王的女人！** 可以自信地把擁有溫暖形象的她，擺到英國國民面前！	查爾斯王子做了自私的選擇，到頭來，黛安娜對他來說…… 不是命定的愛情 也不是熾熱的愛情 她只不過是能讓他登上王位的眾多條件之一	而且黛安娜就像個初出茅廬、什麼都不懂的女孩，就算是虛情假意也能騙過她。 「那女的太弱了，就算發現我們的關係，她應該也沒聰明到可以拆散我們。呵呵。」

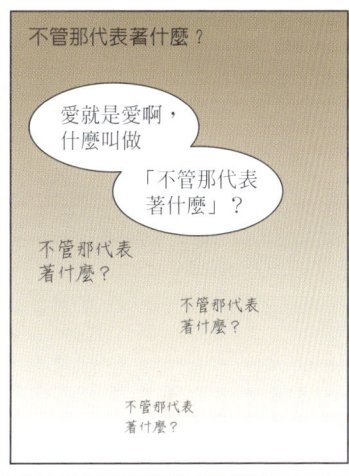

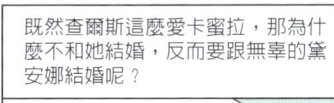

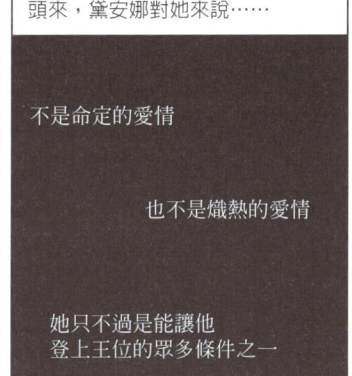

查爾斯和黛安娜訂婚後，並沒有斷絕和卡蜜拉的關係。
我的世界只有妳。來，這是紀念我們愛情的情侶手環。
甚至是蜜月旅行的時候，他也還戴著卡蜜拉送的袖扣。
查爾斯，你愛我嗎？
當然啊，不管那代表著什麼。
最後，當黛安娜結婚後發現這一切的時候，已經太遲了。
因爲她已經登上了英國王妃的崇高位置。
從沒談過像樣的戀愛就結了婚的黛安娜，甚至不懂怎麼去處理忌妒的感覺。
有苦只能往肚子裡吞……
雖然她曾經把事實告訴過伊莉莎白二世女王，請求她的幫忙，但婆婆並沒有站在媳婦這邊。
哎呀……他眞的管不動。我能有什麼辦法啊。
可惡的婆婆！
而且，因為黛安娜是身分地位最高的王族，所以被要求必須戴上一層面具。
我們的婚姻生活很棒。
對……多虧有很愛我的老公，我很幸福。
老公外遇、王室對她不聞不問，再加上媒體的過度關注，對黛安娜來說，她每天就像活在地獄裡。
最讓人難受的是老公的漠視……
我眞的好痛苦！你看看我好嗎！
她每天以淚洗面
因為壓力而飽受暴食症和厭食症的折磨
試圖自殺好幾次
這個時候，只有兩個兒子能成為她活下去的動力。
威廉和哈利

黛安娜在父母離異的家庭中長大，希望給予兩個兒子最多的愛。

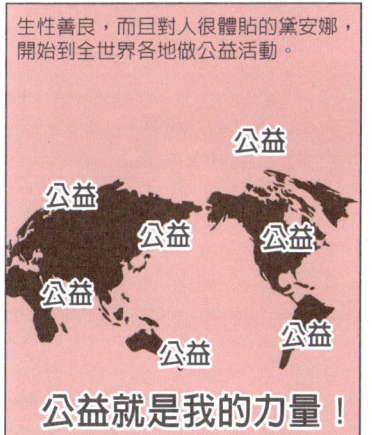

於是，黛安娜下定了決心！

好！我再也不苦苦追求老公的愛了！

我會以英國王妃的身分活下去，不論別人說什麼，我都是這個國家的王妃！

那是她的獨立性、自尊心第一次被喚醒。她領悟到自己處於什麼地位，並且與自己的才能做結合。

我有什麼才能？

我有一顆真誠助人的心！對！我來做慈善活動吧！

生性善良，而且對人很體貼的黛安娜，開始到全世界各地做公益活動。

公益 公益 公益 公益 公益 公益 公益

公益就是我的力量！

她參加活動時的真心真意不只感動了英國人，更感動了全世界。於是，黛安娜變成了英國國民最愛的王室一員，等於是痛快地對忽視自己的王室報了仇。

哇啊啊～黛安娜！
她是我們的王妃！
她是英國的母親黛安娜！
英國之光！
黛妃！

這個時候，黛安娜還在人們的心中留下了深刻的一點，那就是她的「風格」。

Diana Style

其實，有別於其他時尚指標，黛安娜一開始的打扮非常俗氣。雖然她天生就有溫暖的胸襟，卻缺少了與生俱來的時尚品味。

她只是按照名門子弟和Sloane（住在倫敦有錢人區的年輕女性）的身分穿衣，所以多少有點保守和乏味。

有荷葉邊的上衣 →

← 花花裙

土氣的套裝 →

213

當他們發布訂婚消息時，黛安娜俗氣的風格也曾遭到恥笑。
這個女人就是王子結婚的對象??
news
查爾斯王子發布訂婚消息！
時尚炸彈！
看不下去的英國王室……
真的是讓人很頭大耶！
這難度太高了～怎麼會這麼沒有時尚感～
這是王室的恥辱！
於是讓黛安娜接受個人指導，培養她的時尚品味。
妳跟這位老師從頭開始學吧！
《VOGUE》的副主編
好～好～我知道了～
俗話說沒有醜女人，只有懶女人。總是飽受嘲弄的黛安娜變得不一樣了！自從她拋開因為老公不倫戀和被王室漠視的悲慘人生，變身成主動積極的女人後，她也開始在時尚這方面大放異彩。
黛安娜成爲潮流推手與時尚指標的時代終於到來了
天眞而且對什麼都感到羞澀的英國少女
蛻變成自信滿滿的優雅女性！
身為王妃，她的風格也展現了英國王室的威嚴。
英式
貴族風
傳統
黛安娜走的是墊肩風格（Tailored big shoulder look），這種風格被認為是1980年代商務女性們的象徵，特徵是在肩膀上加墊肩，強調肩膀的寬度和角度。
對身材結實的黛安娜來說，墊肩風格非常適合她。
肩膀越凸就越散發高傲感的都會女子

1989

1991

1993

1987

黛安娜王妃的墊肩風

她常穿強調肩膀的V領夾克、及膝的鉛筆裙,並配上同色系的鞋子、帽子、包包。在正式活動或晚宴等特別的場合,她會穿一樣是強調肩膀和袖子等細節的晚禮服、雞尾酒會禮服。黛安娜不管穿什麼都會成為話題,而她那淑女風範的新浪漫風格也引領了1980年代的潮流。

她所到之處總是引起狗仔的追逐，八卦報紙天天都刊登她的照片。

《VOGUE》等時尚雜誌也拿黛安娜的風格來當題材，於是她優雅的風格很快地就成為了新的時尚範本。

女人不只模仿黛安娜的服裝，甚至當她換髮型，她們也會跟著去髮廊變髮。

黛安娜是出了名的帽子狂熱者，不管去哪裡、穿什麼衣服，她都會戴帽子。也多虧了她讓帽子的需求增加，帽子業才得以復甦。

216 時尚經典的誕生

黛安娜以王妃的身分參加許多慈善活動，再加上走在時尚的尖端，人氣也跟著水漲船高。

這出乎意料的情況令王室感到慌張，忽視黛安娜王妃的查爾斯王子也因此感到不開心。

> 王妃比身為王子的我還受歡迎啊～！
> 國民都只喜歡她。

正如《時尚的誕生》裡提過Gucci家的老套戲碼，英國王室也發生了電視劇裡會出現的幼稚情節。

> 讓她去不了慈善活動！阻絕她所有對外活動！
> 她應該靜靜地襯托我們家查爾斯，幹什麼到處跑!?

他們甚至奪走黛安娜已經計畫好的所有慈善活動。

> !!!
> 妳下禮拜要去公益活動吧？妳應該累了，好好在家休息～我代替妳去吧～

公益活動清單

再不採取行動，黛安娜就會被王室卑鄙伎倆給算計了。

中燒　怒火

> 太不像話了⋯⋯不能這樣。我好不容易才找到能做的事⋯⋯好不容易才有了能變得幸福的希望⋯⋯

但，她再也不是以前的黛安娜了。王室太小看她了。

> 覺得我很可笑是吧？

怒火

王妃反擊了！她對全天下的人公開自己憂鬱的王室生活。

DIANA
Her True Story

1992年5月出版《黛安娜傳》

她僱用了名作家安德魯・莫頓，揭發王室一切不為人知的故事。就這樣，所有祕密都被公諸於世了。

> 震撼！在英國王室的沉穩形象背後
> 七嘴八舌
> 嘰嘰喳喳
> 竟然有這種灑狗血的故事！

不只是這樣，她甚至上英國國營電視台BBC接受訪談，透露出自己的憤怒！

BBC

> 我和查爾斯的婚姻一開始就不只有我們兩個人，這是一段三個人的婚姻！
> 還有卡蜜拉！
> 這些該受天譴的傢伙！

一直以來，當黛安娜要求離婚，伊莉莎白女王都以維護王室面子的理由拒絕，但事到如今，她也只能投降了。
好，妳愛怎樣就怎樣！馬上就蓋章離婚吧！
1996年8月28日，在舉世喧騰之中開始的婚姻，也在喧騰之中畫下了句點。
黛安娜雖然失去了王妃殿下的頭銜，卻得到了夢寐以求的自由。
我自由了～
但是不論如何，她都是哈利王子和威廉王子的母親，所以白金漢宮賜予她威爾斯王妃*（Diana, Princess of Wales）的頭銜和王族的待遇。
就算妳已經離婚了，但妳如果不謹言慎行，連現在的頭銜都會被剝奪的。
*威爾斯王妃比愛丁堡公爵菲利普的歷史還悠久。
公公愛丁堡公爵
Duke of Edinburgh
她已經不是會乖乖接受警告的天真少女。
呵，菲利普，我的頭銜可是比你的頭銜還久喔。
!!!
小毛頭！
回歸自我的黛安娜．斯賓塞，過著快樂的每一天。
這就是幸福的人生！彷彿置身天堂！
她隨心所欲地周遊世界並做公益。
幫助愛滋病患者
幫助癌症、心臟病研究
參與國際活動「反人員殺傷地雷」
她的風格也變得比王妃時期還要自由。
VALENTINO
VERSACE
Christian Lacroix
emanuel ungaro
John Galliano
開始依照自己的喜好，挑選設計師服飾穿
散發中性魅力的俐落短髮，加上大膽的裸露、華麗的洋裝，黛安娜盡情地表現自己。
一樣優雅的外貌
充滿簡約和成熟的味道

黛安娜離婚後的風格

黛妃包 Lady Dior

就像愛馬仕有以葛莉絲.凱莉、珍.柏金命名的凱莉包、柏金包，迪奧也有以黛安娜命名的經典包款。1995年迪奧所屬的LVMH集團，送了一個迪奧包給到法國訪問的黛安娜，包包受到黛安娜的喜愛，於是她又買了好幾個。之後，1996年迪奧為這款包包取了新的名字，也就是現在的「黛妃包」。

黛安娜離婚之後遇見埃及的電影製片多迪‧法耶茲，開始了一段新的戀情。

英國最頂級的百貨公司哈洛德百貨公司老闆的長子

黛安娜重獲自由後，愛情也即將修成正果，因為1997年法耶茲打算在巴黎向她求婚。

一到家我就要帥氣地跟她求婚。

他今晚如果跟我求婚，我會羞澀地答應。

但是這一刻始終沒有到來。他們兩人搭乘的賓士車為了躲避狗仔追逐的機車⋯⋯

嘰嘰嘰嘰嘰!!!!
碰!!!!

法耶茲當場死亡，黛安娜則失去了意識。但是在一旁看著他們的狗仔，最先做的事竟然不是搶救。

這一定是超夯的新聞！
快拍！快拍！
喀嚓

就像狗仔們毀了碧姬‧芭杜的生活一樣，他們也破壞了黛安娜王妃的人生。

喀嚓

黛安娜在閃光燈的洗禮之中，以36歲的年紀去世。

黛安娜突如其來的死亡，帶給了英國國民們巨大的衝擊。

她才正要開始幸福的生活⋯⋯
她永遠都是我們的王妃。
哭泣

因為國民的深深哀悼，英國王室便以王室葬禮的規格舉行了黛安娜的葬禮。

打破離婚後離開王室的女性不能舉行王室葬禮的習俗

直到她離世為止，她都是30～40歲女性的時尚領袖。

許多品牌都模仿她的風格

1982年被選為最差著裝人士（Worst dresser）的黛安娜，10年後成為了全球的時尚指標。

誰會料到當時那個俗氣的我，會變得這麼出色呢？

220　時尚經典的誕生

她常常被拿來和賈桂琳做比較。

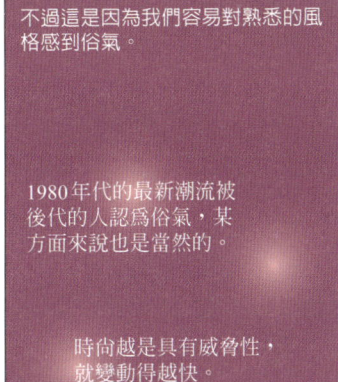

代表美國第一夫人的賈姬‧甘迺迪，她展現的是美國進步並且講究實用的一面。

代表英國王妃的黛安娜，展現的則是王室特有的威嚴、傳統。

那她們兩個恢復單身後呢？

脫離政治後，她們兩個一樣都自由自在地做自己，受到許多人的關注和喜愛！

其實，黛安娜的風格對現在的我們來說可能不夠獨特、太過平凡。

唉唷，這什麼衣服啊～好土喔～

不過這是因為我們容易對熟悉的風格感到俗氣。

1980年代的最新潮流被後代的人認為俗氣，某方面來說也是當然的。

時尚越是具有威脅性，就變動得越快。

最近《The Sunday Times》甚至刊出批評黛安娜時尚的報導。

THE SUNDAY TIMES

黛安娜絕對不是時尚指標，她跟電視主播、一般人沒兩樣，只是照著規矩穿，然後再理所當然地加上帽子罷了。

確實，黛安娜不是走在潮流尖端，也不是創造出劃時代時尚的女人。

要不要染兩個顏色？

不……不用了。

但是她懂得穿戴她喜愛的、適合自己的東西，有著讓人想模仿她的魅力。

就這樣，黛安娜風如今理所當然地占據了漫長時尚史的其中一頁。

1994年參加晚宴的禮服
這一天查爾斯王子公開自己外遇的事實，企圖博取大眾的同情，然而成效卻不如預期，所以這件晚禮服又被稱為復仇禮服。

1989年到香港訪問時所穿的禮服

黛安娜‧斯賓塞

文獻

- Andrew Morton（1997），《我，真實的黛安娜（Diana, Her true story）》，社會評論出版社.
- Kim Jeongmi，〈英國王妃黛安娜‧斯賓塞〉，Navercast，2009. 8. 20
- Andrew Morton(2009), Diana: her true story in her own words, Pocket Books.
- Jonathan Dimbleby(1994), Prince of wales: a biography, William Morrow & Co.
- Sofia Ambrosia, *Fashion icon Diana Princess of Wales*, Examiner.com, 2011. 6. 29
- *Style Icon Princess Diana*, Daily Fashion and Style, 2009. 10. 10
- *Duchess Kate vs. Princess Diana: Royal Style Showdown*, Celebuzz.com, 2011. 4. 30
- Brittney R. Villalva, *Kate Middleton Following Footsteps of Fashion Icon Princess Diana*, <The Christian Post>, 2011. 12. 21
- Hayley Phelan, *Princess Diana's Dresses to Be Displayed at Kensington Palace in New Exhibit*, Fashionista.com.
- *The Life of Diana, Princess of Wales 1961-1997*, bbc.co.uk.
- Robert Glass, *Descendant of 4 Kings charms her Prince*, <Daily Times>, 1981. 7. 24
- *Princess Diana: The Earl's daughter, born to life of privilege*, CNNfyi.com.
- *The Life of Diana, Princess of Wales*, bbc.co.uk.
- Eugene Robinson, *From Sheltered Life to Palace Life, To a Life of Her Own*, <Washington Post>, 1997. 9. 1
- *1981: Charles and Diana marry*, bbc.co.uk.
- Belinda White and AFP reporters, 'Princess Diana's dresses raise over? 800,000 at auction', <The Telegraph>, 2013. 3. 13

網站

- royal.gov.uk
- liketotally80s.com
- fashion-era.com
- princess-diana.co.uk
- retrowow.co.uk
- biography.com.
- britishroyals.info
- princess-diana.com
- imdb.com.
- bbc.co.uk.
- mag.newsweek.com
- people.com
- imdb.com.

MADONNA

11

Madonna
瑪丹娜
1958~

人生是一場秀,而愛情就是這場秀的高潮。

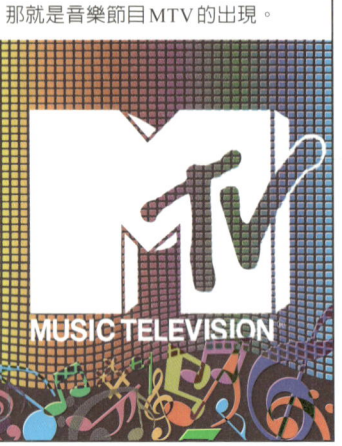

1980年代展開了一場改變大眾文化版圖的革命。

那就是音樂節目MTV的出現。

隨著1981年第一個音樂頻道MTV誕生，開啓了華麗的流行音樂時代。

24小時播出MV和表演！在當時是很重大的革新！

從此之後，歌手們不只要注重音樂，還要經營形象，所以MV就變成了塑造形象的重要媒介。

現在開始音樂光用聽的是不夠的！

打破「聽音樂」的固有觀念，電視上歌手們光鮮亮麗的模樣深深吸引了觀眾。

還要用看的！

這樣的改變對時尚的走向造成了很大的影響。

Radio Star？
No!No!

Video Star！
Yes!Yes!

大家開始注意歌手們在MV中的模樣和造型！

如果說至今的時尚潮流都是由演員所主宰，那1980年代就是由流行音樂歌手所領導的世代。

麥可·傑克森
凡賽斯風

喬治男孩
中性風

男生

喬治·邁克爾
皮衣

這個時候，跟MTV台一起走紅的明星就是流行音樂界的女皇——瑪丹娜。

MTV的夥伴就是我！

226　時尚經典的誕生

如果要談論瑪丹娜的風格就得提到她的音樂，如果要提到她的音樂，就得從她的人生開始講起。

我的人生？那可是非常坎坷的故事啊……

1963年，她的母親在30歲時因乳癌而去世，當時的瑪丹娜只有五歲。

本名就叫瑪丹娜

媽媽病得很重……就算沒有媽媽，妳也可以堅強地長大吧？

這個時候的我雖然還很小，卻覺得媽媽比我更像小孩。我好像比媽媽還堅強，因為當時的我還不懂什麼是死亡。

嗚嗚嗚

在媽媽葬禮的那一天，她躺在棺材裡，我原本以為她只是在睡覺。但是她的嘴巴看起來有點奇怪，所以我很快就發現媽媽的嘴唇被線縫了起來……

那時候我才知道什麼是永遠地失去某個人。那瞬間非常可怕！直到現在，我還是忘不掉媽媽那安詳卻怪異的最後一面……

媽媽去世對瑪丹娜來說是非常巨大的衝擊，身為8個孩子中的大女兒，她的情感狀態在孩童時期非常混亂。

死亡　混亂　自責　憤怒

包括保母和管家，瑪丹娜反抗任何扮演她母親角色的人。

妳沒辦法替代我媽媽的位置！滾開！

她害怕爸爸會離開自己，所以更加渴望父愛。

這個時期的瑪丹娜得了戀父情結*。

*過度愛慕爸爸的病態心理現象。

當爸爸和保母再婚，而且還生了孩子……

對爸爸產生莫名的憤怒！

熊熊燃燒的叛逆心態！

227

出乎意料地，瑪丹娜在學生時期是個資優生。 全科都拿A　IQ140 以2%的成績畢業 還參加啦啦隊	雖然成績表現優異，她特殊的舉動卻使得自己的聲名狼藉。 在教室走廊翻跟斗和倒立 休息時間倒吊在單槓上 才藝表演時穿著肉色的比基尼出現，最後還抱走了獎。 上課時撩起裙子讓男學生看她的內褲 喂！趕快把獎給她，打發她走！
她以芭蕾得到全額獎學金，進入了密西根大學就讀，可見她對舞蹈和歌曲很有天分。	她在1977年休學，20歲時前往紐約。 New York!! 我去紐約一定會成功的！我要當一個優秀的舞者！	當時的瑪丹娜可說是身無分文。 這是我這輩子第一次搭飛機，決定去紐約是我這輩子最勇敢的一件事。 口袋裡的35美元、夢想和勇氣，就是我的一切了。
只有才華和熱情的窮光蛋瑪丹娜，為了要活下去，她當過裸體模特兒，拍過情色電影，甚至還翻過垃圾桶。 哇！是披薩！賺到了！ 噴噴 TRASH	她一邊在甜甜圈店打工，一邊在艾文艾利・馬莎・葛蘭姆的現代舞團工作。 DUNKIN' DONUTS 趕快來買甜甜圈！我要去跳舞了！	某天晚上，她在回家的路上被幾個男人拿刀威脅，遭到了性侵……

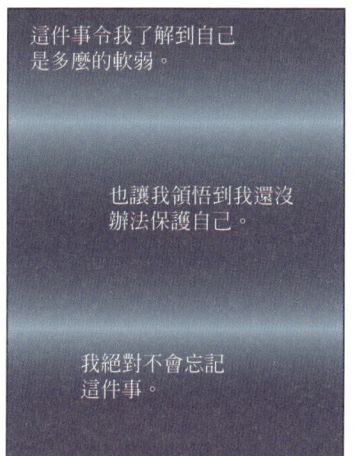

這件事令我了解到自己是多麼的軟弱。

也讓我領悟到我還沒辦法保護自己。

我絕對不會忘記這件事。

充滿不安和混亂的幼童時期，受到男性壓迫而明白了世界的黑暗，這些悲慘的經驗，之後對她的人格養成、音樂風格、打扮都有很大的影響。

在瑪丹娜人格養成還不成熟的時候就經歷了母親的死亡，這在她的心裡留下了強烈的衝擊。

我認為對於瑪丹娜的音樂、生活和一切來說，性侵的衝擊比母親的死亡影響還大。

← 精神科醫生奇茲‧艾布羅

瑪丹娜傳記作者路西歐‧芙里恩

原本夢想成為舞者的瑪丹娜之所以會選擇走上歌手的路，起源於她和音樂人丹‧吉爾洛伊的邂逅。

要不要學吉他啊？

隨著她和吉爾洛伊發展為戀人的關係，她也開始學吉他。

???

那時腦裡好像有什麼一閃而過。我感覺到能讓我變成明星的不是舞蹈，而是音樂。

瑪丹娜開始學吉他和鼓，並且創作歌曲

↓

參加搖滾樂團「The Breakfast Club」和「Emmy」，在酒吧表演

↓

音樂和舞蹈的實力開始受到矚目！

1982年，瑪丹娜被DJ馬克‧卡明斯挖角，以〈Everybody〉這首歌曲獲得人氣，並在1983年7月推出首張專輯《Madonna》，終於站到了世人的面前。

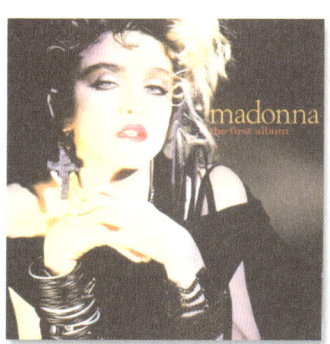

專輯中收錄的〈Lucky Star（幸運之星）〉和〈Holiday（假日）〉造成轟動

瑪丹娜初期的音樂是主攻10多歲聽眾的舞曲，而這張專輯之所以能造成流行，如前面所提到的，MTV扮演了很重要的角色。

為了人氣，她積極利用MTV和MV。

她是MTV第一個超級巨星！

MUSIC TELEVISION

229

MV對瑪丹娜來說是非常棒的宣傳工具。
因為針對的是血氣方剛的10多歲聽眾，所以她以叛逆且挑逗的形象登場，瞬間抓住了大眾的目光。

雖然跟現在的MV比起來是小巫見大巫，但在當時卻是非常大膽的設定！

MV的反應甚至比歌曲本身還好。

出道初期，她透過MV強烈地反映出了自己對性的哲學。

支配男性的女性！

擺脫受壓迫的女性身分

批判以男人為中心的社會

在瑪丹娜所有的MV裡，「煽情」是非常重要的一個因素，她大部分都是以叛逆的女性形象出現，然後用性感而挑逗的模樣誘惑男人。

Lucky Star（幸運之星）
用撩人的眼神盯著螢幕，彷彿要吞噬攝影機一樣，一邊跳著性感的舞蹈。

Borderline（愛的極限）
劈腿年紀比較大的多金男和同齡的男友。

Burning Up（燃燒）
一個人躺在高速公路上跳舞，然後偷走路過的男人的車。

瑪丹娜的形象對當時10多歲的青少年造成了許多影響。

哇啊啊啊啊啊啊啊啊

當時她的時尚是露骨的煽情、膚淺、廉價，總歸一句就是屬於「媚俗」時尚。

媚俗 Kitsch
意指劣質的藝術品、偽造品、不成熟的作品、（為了迎合大眾口味的）低級藝術、通俗的事物等。

媚俗時尚
特徵是刻意追求低俗的風格。為了達到不高尚的感覺、打破合乎常理的組合和均衡的美感，故意不採用現代的簡約風格。主要使用塑膠或橡膠飾品、網紗、蕾絲、色彩豐富的單品。

230 時尚經典的誕生

<Lucky Star>

<Borderline>

瑪丹娜初期MV的服裝
瑪丹娜是1980年代凌亂時尚風（messy chic look）的先驅之一，她的上半身會穿好幾層衣服，下半身穿短褲或裙子配內搭褲，也算是現在內搭褲穿搭的源頭。

<Burning Up>

瑪丹娜的媚俗時尚

觀察瑪丹娜1980年代的風格，可以發現她主要配戴的是讓人目不暇給，帶有挑逗、低俗感的繽紛飾品，而且多到令人感覺累贅。這就是媚俗時尚刻意排除簡約的感覺，進而營造出來的一種型態。

雖然這種風格甚至被稱為「色情垃圾（flash trash）」，但年輕人還是盲目地效仿，成為一種流行。

當時她配戴的橡膠手鍊和項鍊造成風行，在時尚史上可說是舉足輕重！

當時瑪丹娜這種街上太妹的叛逆風格和性感姿態……

一看就是玩咖

嚼嚼嚼

欸，你有錢嗎？

對時尚還不了解或沒有想法的青少年照單全收。

喔！原來那就是時尚！

盲目追隨瑪丹娜風格的年輕女孩以等比級數的速度增加，形成了「Madonna Wannabe」的現象。

Madonna Wannabe

我想變得跟瑪丹娜一樣!!

232 時尚經典的誕生

瑪丹娜1984年的第二張專輯《Like a Virgin（宛如處女）》也繼續延續頹廢的媚俗時尚。

以義大利威尼斯為背景，搭配上似乎要衝出畫面的魅惑眼神和絕佳的舞技！

瑪丹娜憑著這張專輯橫掃全世界的排行榜，在國際上打出名號。

首次登上美國告示牌排行榜第一名

全球賣破2千萬張

主打歌〈Like a Virgin〉蟬聯告示牌冠軍6週！

主打歌〈Like a Virgin〉被認為有鼓勵婚前性行為的意思，因而遭到批評。

那種歌要禁播才行！

妖～孽！

喔！主呀！

基督教團體

〈Like a Virgin〉的服裝

坐在貢多拉船上的瑪丹娜，穿著鮮豔的藍色內搭褲、黑色短裙、兩側腰部鏤空的上衣，並配戴鉚釘皮帶和多條項鍊、手鍊等飾品。對1980年代的美國青少女來說，她的風格就等同於校服。
〈Like a Virgin〉這首歌雖然像在談論真愛，但若以另一個角度解讀，又像在嘲諷處女情結。

Like a virgin

瑪丹娜1980年代的妝容和髮型
她以濃眉、帶有亮粉的深色眼影、紅唇展現性感的形象,而她凌亂的捲髮也在當時掀起了風潮。

不只是MV,她在舞台上表演時也因為前衛的作風而引發爭論。

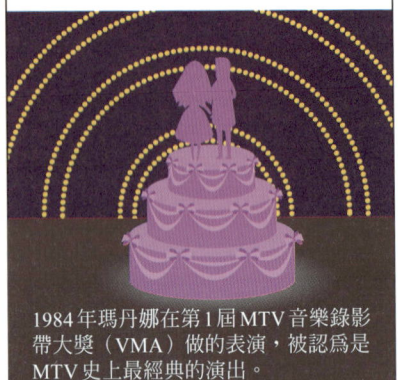

1984年瑪丹娜在第1屆MTV音樂錄影帶大獎(VMA)做的表演,被認爲是MTV史上最經典的演出。

Like a virgin~

演唱〈Like a Virgin〉時,她穿著婚紗從舞台上的大蛋糕裡登場!

雖然舞台布置也很驚人,但最大膽的是她的皮帶!

男孩玩物 Boy Toy
除了指性感的年輕人和年紀大的人發生關係,另一個意思則是指「被男人把玩的物品」。她在婚紗上繫了這條皮帶,等於是挑戰時下的貞潔觀念。

現在想起來還真勇敢,那應該算是我當時最厚臉皮的一次表演吧?

現在的瑪丹娜

234 時尚經典的誕生

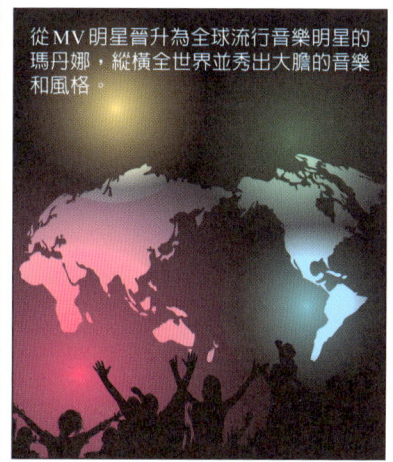

從 MV 明星晉升為全球流行音樂明星的瑪丹娜，縱橫全世界並秀出大膽的音樂和風格。

隨著 1985 年 4 月第一次的 The Virgin Tour（處女巡迴）演唱會開始，瑪丹娜成為了大眾文化的指標。

瑪丹娜引領著一群效仿她一切的少女粉絲，在時尚界有著巨大的威力。

從她的演唱會現場就能證明這一點。因為她的紀念T恤和紀念品的收入創下了流行音樂史上最高的紀錄。

紀念T恤販賣速度之快，每6秒就賣掉一件！

賣得比滾石合唱團和杜蘭杜蘭還多～

當時售價20美元的T恤，在經過將近30年的現在，還在ebay以高價販售。

$200.00

VINTAGE MADONNA
THE VIRGIN TOUR '85
LONG SLEEEVED SHIRT
1985 1980'S XL ORIGINAL

價格是200～250美元，高達原價的十倍！

瑪丹娜引發的效應非常大，是流行音樂明星的時尚代表，引領著1980年代年輕階層的潮流。

《TIME》、《People》、《Newsweek》、《Rolling Stone》到處都是瑪丹娜、瑪丹娜、瑪丹娜……

The Virgin Tour 的服裝

藉由被亮片點綴得閃閃發亮的上衣、緊身短裙、蕾絲材質的內搭褲和手套、金屬十字架項鍊和手鍊等各種飾品，搭配出誇張的裝扮。

藉由穿著透膚上衣露出黑色內衣來強調性感的感覺，並用短版上衣露腰。

236 時尚經典的誕生

**1987年 Who's That Girl World Tour
（那女孩是誰世界巡迴演唱會）的服裝**

在1987年的世界巡迴演唱會上，瑪丹娜同樣盡情釋放了媚俗風格和性感姿態。
她的滾邊裙上面有花朵、水果等繽紛的裝飾品，臉上戴著手掌形狀的滑稽眼鏡；
另外，她還穿上了強調胸部的黑色馬甲，散發出獨特的嫵媚風采。

瑪丹娜第一張專輯到第三張專輯都是叛逆、性感的形象，從1989年第四張專輯《Like a Prayer（宛如禱者）》開始，她開始對社會拋出訊息。

《Like a Prayer》專輯包含了青少年們經歷過的痛苦、與父母的衝突，到貞潔、墮胎、種族歧視等社會倫理的主題。

她在第三張專輯《True Blue（真實的憂鬱）》〈Papa Don't Preach（爸爸別說教）〉裡鼓勵青少女未婚媽媽，並反對墮胎。

我是怎麼把你養大的……

這支MV描述的是有了男友孩子的少女與得知女兒懷孕的父親，兩人之間衝突與和好的情節。

第四張專輯因為表現方式與明目張膽地反對基督教，引起爭論。

在專輯歌曲〈Like a Prayer（宛如禱者）〉的MV中，她以順從的信徒形象出現，並演出了煽情畫面。

穿著輕薄的襯裙，在燃燒的十字架前面跳舞。

親吻由黑人扮演的耶穌等大膽畫面。

而且MV中還有瑪丹娜手上出現聖痕的畫面，令宗教界和社會一片譁然。

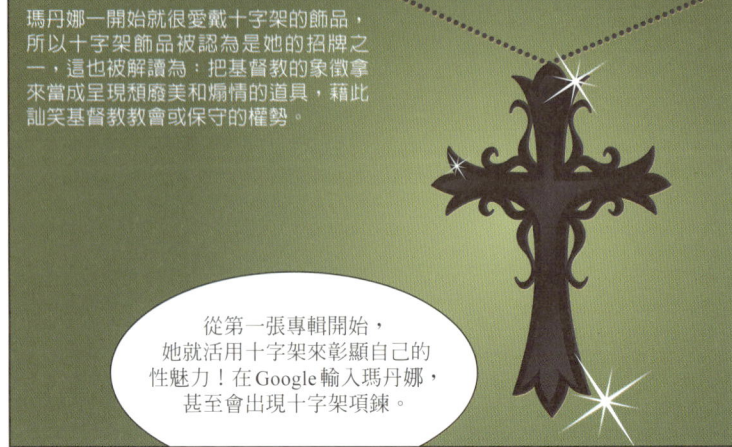

瑪丹娜一開始就很愛戴十字架的飾品，所以十字架飾品被認為是她的招牌之一，這也被解讀為：把基督教的象徵拿來當成呈現頹廢美和煽情的道具，藉此訕笑基督教教會或保守的權勢。

從第一張專輯開始，她就活用十字架來彰顯自己的性魅力！在Google輸入瑪丹娜，甚至會出現十字架項鍊。

繼負面使用十字架飾品之後，瑪丹娜的MV裡充滿基督教的象徵，當然引起了基督教的強烈反彈。	由於梵蒂岡教皇以詆毀宗教象徵的理由施加壓力，導致MV被禁播。	當她一代言百事可樂就發生拒買運動，所以廣告才播兩次就撤掉了。
對瑪丹娜來說，所謂的宗教就是她想征服的保守象徵。 她想要打破傳統上被迫接受的壓抑。	「在神聖的教會怎麼能做這種羞恥的行為！」 所以甚至有人說反瑪丹娜的一號人物就是羅馬教皇。	「可惡！錢飛了！」 百事可樂損失了簽約金500萬美元，瑪丹娜的知名度卻更加提升！

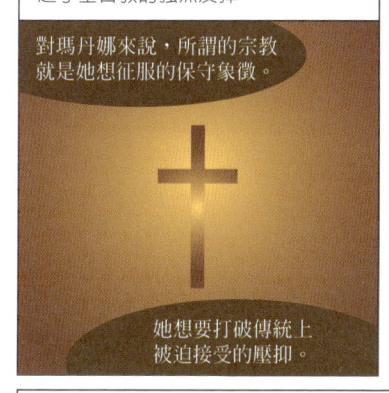

到了1990年代，瑪丹娜繼續扮演性解放的象徵人物，持續嘗試摧毀被視為禁忌的「性」的枷鎖。

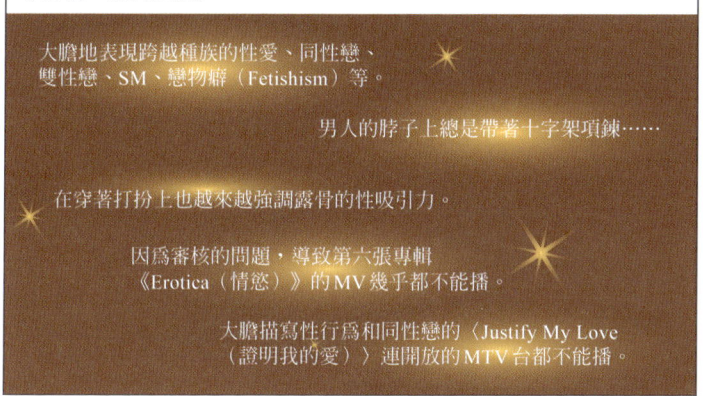

大膽地表現跨越種族的性愛、同性戀、雙性戀、SM、戀物癖（Fetishism）等。

男人的脖子上總是帶著十字架項鍊……

在穿著打扮上也越來越強調露骨的性吸引力。

因為審核的問題，導致第六張專輯《Erotica（情慾）》的MV幾乎都不能播。

大膽描寫性行為和同性戀的〈Justify My Love（證明我的愛）〉連開放的MTV台都不能播。

在1990年4月，瑪丹娜展開了被讚許為最棒的巡演——第二次世界巡迴Blond Ambition（金髮雄心）。

「我盡情地挑釁人們！這場巡演的目的就是打破所有無用的禁忌！」	被稱為藝術秀的巡迴演唱會越來越極端，她所展現的性魅力幾近猥褻。 以打破性、社會、宗教禁忌為目標的演唱會	所以羅馬教皇甚至規勸基督教團體及大眾不要參加她的演唱會。 「想上天堂嗎？」「卑鄙的傢伙……」「那就不要去她的演唱會!!」

239

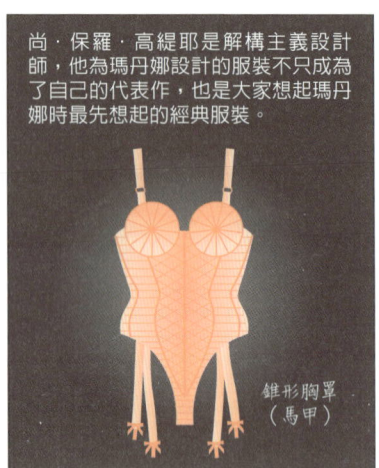

對於把自己視為眼中釘的宗教領導人們,瑪丹娜怎麼說?

只要扯到性,教會總是皺起眉頭。

但是他們卻把生產當作例外,不是很可笑嗎?

要發生性關係才會生產啊!

先撇開這些爭論,我們來看看讓瑪丹娜演唱會發光發熱的人吧!他就是尚・保羅・高緹耶。

尚・保羅・高緹耶是解構主義設計師,他為瑪丹娜設計的服裝不只成為了自己的代表作,也是大家想起瑪丹娜時最先想起的經典服裝。

錐形胸罩
(馬甲)

錐形胸罩 Cone Bra
在金髮雄心世界巡迴演唱會上,瑪丹娜穿著用圓錐形內衣強調胸部的前衛服裝出場,在人們心中留下深刻印象,是她的招牌服裝。

緊身胸衣 Bustier
這是一種上衣,胸部會跟內衣一樣加上罩杯,原本是內衣的一種,也可以用來指稱馬甲形狀的上衣。

她還穿過很特別的風格：開洞的黑夾克和外露的錐形胸罩。	馬甲到19世紀中葉為止，都被用來當作修飾身形的調整型內衣。 再拉緊一點！	瑪丹娜打破這種成見，把馬甲和吊帶襪加以設計，理直氣壯地當成外衣穿。

這是新鮮的衝擊，也讓內衣與外衣的界線變得模糊。

拋開內衣只能穿在裡面的偏見之後，馬上就誕生了內衣外穿（Infra Fashion）的全新風格。

內衣外穿風 Infra Fashion
「Infra」代表「裡面」的意思，所以「Infra Fashion」的意思就是把內衣、束腹、馬甲、襯裙等內衣的特徵融入外衣的設計，又被稱作「Lingeire Look」。

現在的女生外出時可以穿T恤外罩女用短內衣（camisole），或是穿高級馬甲披一件夾克，原來得歸功於瑪丹娜和尚‧保羅‧高緹耶！

除了尚‧保羅‧高緹耶之外，還有其他設計師也對瑪丹娜的演唱會很有貢獻，那就是杜嘉班納（Dolce & Gabbana）。

1993年 The Girlie Show World Tour（女子秀世界巡迴演唱會）的服裝設計師

這是令人聯想到馬戲團的演出，瑪丹娜在舞台上和舞者們跳著令人如痴如醉的舞，而他們的打扮風格是杜嘉班納設計的性倒錯（Paraphilia）「戀物時尚（Fetish Fashion）」

這是在《時尚的誕生》中杜嘉班納篇出現過的衣服。

1993年The Girlie Show World Tour（女子秀世界巡迴演唱會）的服裝

利用搪瓷或珠子、亮片打造出閃亮亮的黑色舞台裝、長靴，再配上網襪；另外，透過眼罩、鞭子等物品表現性倒錯的情慾，呈現SM、戀物等大膽且變態的性愛。

在這一次的巡迴演出中，瑪丹娜也穿上了男人的服裝，這是藉由戀物癖的另一種表現手法，來挑戰以男人為中心的思維和壓抑。

瑪丹娜的巡迴演唱會總是透過最頂尖的技術和裝備，帶來最精彩的演出。因為她總是載歌載舞，所以從一出道就用耳機麥克風，是流行音樂歌手中最早用耳麥的人物之一。

不懈怠的熱情和挑戰的代名詞——瑪丹娜，她從1998年推出詮釋了電音的第七張專輯《Ray of Light（光芒萬丈）》，到最近的《Turn Up The Radio（打開收音機）》，持續帶來嶄新且多樣化的面貌。

流行音樂界的變色龍！

還有哪個明星能像她一樣持續改變自己呢？

持續不斷地創新，這就是她至今仍以女藝術家身分活躍的最大因素。

作家
普蕾雅・茲曼伊凡斯

2000 Don't tell me

2003 American Life

2005 Hung up

直到近期瑪丹娜千變萬化的風格

2009 4 minutes

2009 Celebration

2012 Turn up the radio

243

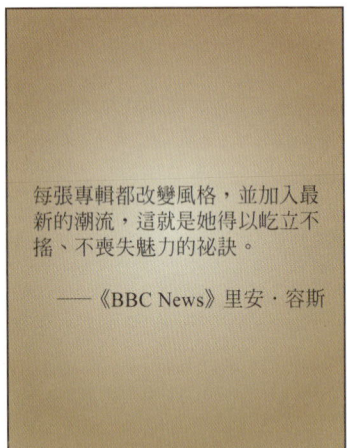

每張專輯都改變風格，並加入最新的潮流，這就是她得以屹立不搖、不喪失魅力的祕訣。

——《BBC News》里安·容斯

另一方面，也有人批評她把音樂跟色情混在一起。

瑪丹娜之前的歌手不用為了成為巨星而露乳溝，只要靠聲音就能闖出名氣。

《Hating Women》作家
休姆艾利·波帝齊

但是自從大家看過瑪丹娜之後，世界就有了180度的轉變，甚至連珍娜·傑克森這些表演很優秀的歌手都感覺到壓力，好像為了賣專輯就得穿暴露的服裝。

實際上她是一個非常徹底的演藝工作者，她以「性」為題材盡情地做發揮，並且懂得利用所有可以活用的工具，例如：電視、有線電視、狗仔等。

她是明星之中最先意識到MV的威力，並透過MV獲得最大效果的歌手！

當許多明星拚了命躲狗仔的時候，

瑪丹娜卻是少數能跟狗仔和平共處的大明星之一。

他們可以讓我變得更有名，幹嘛要躲啊？

盡量來吧～

喀嚓 喀嚓 喀嚓 喀嚓

即使撇開她至今風格上的轉變不看，她是1980年代時尚指標的事實仍是不容否認的。

她在1980年代引領了風潮，比任何人都還具指標性，從紐約和紐澤西起步的她，時尚風格蔓延到全世界。

邁向全世界吧！

韓國也不例外！

全球時尚潮流！

1980年代韓國的《HIGHTEEN》雜誌和藝人，也都是追隨瑪丹娜的風格！

244 時尚經典的誕生

我們常說流行是會循環的，1980年代瑪丹娜的招牌風格現在又回來了。

如果問英國女性1980年代最流行的是什麼，3個人裡面有1個會回答是瑪丹娜的Stonewash丹寧褲，

Stonewash翻譯過來就是「石洗」的意思，這種丹寧褲最近也受到年輕女性和偶像明星的喜愛。

2010年5月，根據Galaxy Counters與Contact Music舉行的投票，選出了各世代的時尚指標，由瑪丹娜榮登1980年代的第一名。

第1名 瑪丹娜
第2名 凱莉·米洛黛博拉·哈瑞
第3名 瓊·柯琳斯
第4名 安妮·蘭妮克斯
第5名 傑瑞·霍爾

2007年，在有著「非正式時尚奧斯卡」之稱的Elle風格人物大賞上，瑪丹娜被選為全球時尚指標。

ELLE STYLE AWARDS

也就是說，就算她的音樂和風格總是引起爭論，有支持派與反對派存在，但所有人都沒有異議的一點是？

瑪丹娜是時尚指標！

另外，她也被選為商務女性的的模範。

I'm a business woman

她與生俱來的商人資質和手腕，從選經紀人開始就不同反響。

我思考著誰是音樂產業裡面最成功的人？他的經紀人是誰？

結果她選擇的人是？

當過麥可·傑克森經紀人的佛瑞迪·德曼

這是很棒的選擇！他把我變成了明星！

藝術才華和實力、事業能力兼具的瑪丹娜，她在1992年設立了娛樂公司Maverick。

2005年與H&M合作，推出服飾系列「M by Madonna」。

之後，她以自己某張專輯的主打歌歌名「Material Girl（拜金女孩）」推出服裝品牌。

拜金女孩由她和女兒羅狄絲共同經營，主打消費群為年輕女性，設計的靈感來自於1980年代瑪丹娜全盛時期的龐克女孩風。

2011年瑪丹娜以自己的名字開設第二個品牌「Truth or Dare by Madonna」，推出鞋子、內衣、香水等商品。

TRUTH or DARE BY MADONNA

即使已經50多歲，但她還是年輕有活力。

擁有結實肌肉的身材

她還跟PSY一起跳過騎馬舞

仍舊喜歡貼身的服裝

2010年11月，瑪丹娜拍攝杜嘉班納的廣告。

讓你們看看主婦的性感！

DOLCE & GABBANA

跟瑪丹娜一起工作，就像是追求完美成果的一連串試驗，她絕對不會輕易滿足。我從她身上學到了很多。

杜嘉班納設計師 史帝法諾・嘉班納

我也很喜歡她

瑪丹娜本身就是時尚，她的風格總是帶給人靈感。我過去喜歡瑪丹娜初期的風格，但她現在變得更時髦了。她的性格、力量和意志比風格更強大，已經凌駕於風格之上。

卡爾・拉格斐

她就是美國夢的核心人物！

尚・保羅・高緹耶

在電視、MV、演唱會等領域，樣樣都是第一的流行音樂女皇——瑪丹娜，她是不害怕極限，勇於嘗試別人不敢做的事情，並不斷改變自己的潮流推手。
瑪丹娜現在仍影響著潮流、帶給許多人靈感，她不僅僅是1980年代的指標，更是真正的指標和典範。

Anna Wintour

12

Anna Wintour
安娜・溫圖
1949~

不靠史蒂芬・史匹柏，可以拍出一部賣座電影；
不靠比爾・蓋茲，也可以寫出一個暢銷程式；
但少了安娜・溫圖，
要成為一名成功的時尚設計師是不可能的！
（電影導演R.J.卡特勒）

懷抱著在時尚界工作的夢想嗎？ 當然！我會成為很棒的設計師。	想要成為時尚設計師，然後揚名國際嗎？ 當然！我要讓全世界看到我的作品！	那麼，你可能會需要她的庇蔭。 ！！！
她是美國《VOGUE》雜誌的總編——安娜·溫圖。	不管是紐約、巴黎、米蘭、倫敦，她每年都理所當然地坐在時尚週的第一排。 **第一排 Front Row** 代表時尚秀座位中的第一排，因為就在伸展台的旁邊，所以是視野最好的位置，通常是設計師邀請的賓客、時尚雜誌總編、名人等有影響力的人才能坐的VIP座位。	她是能左右全球女性裙子長短的女人，也是能掌握潮流走向的時尚界大咖。 雖然邪惡卻酷到讓人不禁想崇拜她的雜誌界傳奇！
雖然她在美國《VOGUE》雜誌工作，卻是家境富裕到可以就讀倫敦貴族學校「皇后學院」的英國人。 賈桂琳篇中提到的希臘船王歐納西斯，他的女兒也就讀這所學校。	但是安娜·溫圖非常討厭這所貴族學校。 為什麼要規定衣服怎麼穿啊？ 竟然叫我每天都穿這種爛衣服？	在學校遭到排擠的她，轉學到貴族學校北倫敦女子中學。 但是她一樣討厭校服…… 這裡的校服也醜得要命！ ？ 她有事嗎 聽說她在皇后學院被排擠。

250 時尚經典的誕生

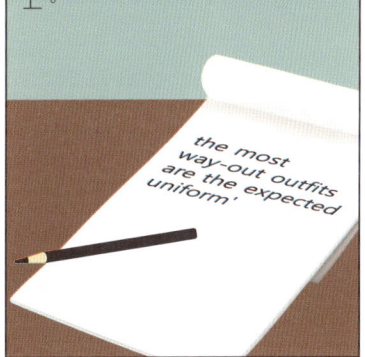

當倫敦一流行迷你裙，她就把校服的裙子改短。	雖然在這裡她也遭受排擠，但她本身卻毫不在意。	沒錯，她的父親就是鼎鼎大名的《標準晚報（Evening Standard）》總編──查爾斯·溫圖。
「這種樣子才能穿出來嘛!?」	「畢竟我是名人的女兒嘛！她們是羨慕我才這樣～」「說什麼啊……」	
查爾斯·溫圖愛女心切，很清楚她的才能和興趣。「女兒跟我很像，總是追求完美，執著於目標、雄心壯志。而且她高傲的個性也跟我很像。」點頭	每當查爾斯需要創新的點子，他就會徵詢女兒的意見，而且也會教她報紙的製作過程。	因為受到這樣的耳濡目染，所以她在決定志向時，受到爸爸的影響最深！「爸爸雖然很嚴格、冷漠，卻有著優秀的編輯能力。他非常了解我，所以認為我應該往時尚這一塊發展。」
她從小就做過許多跟時尚相關的工作。15歲在爸爸的引薦下到英國很受歡迎的店鋪Biba工作。也在倫敦高級百貨公司哈洛德實習過。 BIBA / HARRODS	她從10幾歲就開始出入披頭四和滾石合唱團常去的倫敦人氣酒吧。	就連這樣的經驗也能與時尚連結，她以「倫敦的迪斯可舞廳」為主題，撰文分析當時的風格，文章還登在校刊上。 'the most way-out outfits are the expected uniform'

快要20歲時，安娜．溫圖開始和比自己年紀還大、家境富裕的男人們約會，這一點再加上媒體界名流父親的人脈，就成為了她成功的基礎。
高傲
這是我女兒！
喔，是查爾斯．溫圖的女兒～
眾所周知的是，安娜．溫圖現在一樣很懂得利用自己的人脈（特別是男人）。
她是我們的女王～
跟女生比起來，我和男生比較處得來。
靠著天生的魅力和堅硬的後台，她在男人之間很受歡迎。
美麗臉蛋
很適合她的妹妹頭
出色的時尚品味
好身材
在這些男人之中，安娜．溫圖只和前途無量的男人、有能力的上流社會男人交往。
外貌？長得帥有什麼用？男人重要的是能力！
我特愛作家、記者！
在她邁向成功的過程中，和她交往過的男人們提供了許多幫助。
《時尚的誕生》中有為了成功而利用男人的香奈兒，
時尚雜誌界則有安娜．溫圖！
哇！我常常穿姐姐家的衣服！
噢！我們有點像嘛！
她們的個性也有點像。
喔！妳也很難搞吧？
姐姐也是嗎?!
安娜．溫圖家境富裕，小時候就開始累積人脈，而且她懂得利用這些條件去創造成功，也很有交際能力，於是造就了一位時尚界的大咖。
我從小就知道要怎麼在世界生存！
她一開始就認為天生的品味和實戰經驗比理論還重要，所以不打算上大學。為了比別人更快踏進時尚界，她在1970年高中一畢業，就到《Harpers & Queen》擔任編輯助理。
大學畢業證書？我不需要！
快來吧！妳是第一次接觸時尚雜誌吧？
HARPERS &QUEEN
雖然我現在只是一個小小的編輯助理，但等著看吧！我一定會爬到最上面的。

安娜・溫圖抱著從基層爬到頂端的野心進了公司。現在我們一起來看看她一波三折的時尚雜誌奮鬥記吧!

我會踩著你們爬上去的。

進公司4年後,她的第一個機會來了。

聽說要選新的時尚編輯了耶?

豎耳

真的?會是誰啊?

為了升遷,她馬上就開始動用自己的人脈。

爸爸!你去對主編施加一點壓力吧!

達令~你可以推薦我當時尚編輯嗎?我愛你~愛你~

但是,事情不如她的預期。

安娜・溫圖?
她是個聰明有才華的人沒錯,但是人際關係有點⋯⋯
她太冷淡了,所以不太受同事歡迎⋯⋯

《Harpers & Queen》創辦人
威利・蘭嵒斯

怎麼會這樣?在男人之中被視為女神的人竟然不受歡迎?沒錯,她跟女人處不太來,而且她本身也沒有要和她們相處的意思。

我跟妳們不同等級!別靠近我!

不跟人交流

自以為是

自我意識強烈

因為這樣的性格,所以時尚編輯的位子最後就被當時身為自由撰稿者的敏・霍格坐走了。

什麼?敏・霍格?
我很討厭的那個敏・霍格?

她是個不懂流行的村姑!

那是我的位子!為什麼我的地位比她還低?

她擺明了看上司敏・霍格不順眼。

呃⋯⋯這土包子坐在第一排,我卻得坐在她後面!

巴黎時尚秀

1975年3月,25歲的她離開了不懂賞識自己能力的《Harpers & Queen》,前往紐約。

哼!倫敦敢瞧不起我!走著瞧吧!我會在美國打垮你!

253

當時歐洲的時尚走的是華麗風格，美國則是以簡單、實穿的俐落風格為主流。
CK
Ralph Rauren
咦？這些衣服都好無趣！美國原本就這樣嗎？
她在美國的第一份工作是《Harper's Bazaar》。
BAZAAR
職位是副編
我要成爲在平淡的美國時尚中，創造新氣象的先驅！
但是她在那裡只待了9個月，理由不用說也是……
公司跟我不對盤！
膽大包天地跟主編對立！
保守的主編安瑟尼．馬佐拉
只注重創新不管上司意見的安娜．溫圖
個性衝突
我是上司，妳是屬下！妳爲什麼老是自作主張?!
因爲我的點子比較好！
公司同事也不喜歡她冷漠的個性和毫不掩飾的野心。
雖然我現在在《Harper's Bazaar》工作，但有一天我一定會進《VOGUE》～
……
她很瘋《VOGUE》，總是以《VOGUE》當最終的目標。
我還看到她下意識地在便條紙上寫了「VOGUE」。
因為跟同事們不和，所以最後她被開除了。
Bye Bye~
Don't come back~
哈！太好了！反正這裡也不是我的最終目標！走就走！
之後她在1976年被雜誌《Viva》僱用，做了2年的時尚編輯。
雖然她是在《Viva》首次盡情揮灑自己的時尚品味和才幹，但她卻不喜歡提這件事。
《Viva》是成人雜誌《Penthouse》的關係雜誌。
那和我高級的形象不搭，所以不要提起那時候的事情。

當《Viva》因為資金問題而停刊,她只好再度換工作,這次她去的是新的女性雜誌《Savvy》。

以時尚編輯職位進公司

因為是新的雜誌,所以薪水少得可憐,也沒有任何津貼,但是……

甚至連1000美元的出差費用也是安娜·溫圖自己出的!

反正她是富家千金,薪水多少根本不重要。

我們家錢很多～

不管給多少,我能感受到工作的樂趣就好～

當時《Savvy》的目標客群是充滿自信、喜愛自身工作的上班族,也就是用自己賺的錢打扮自己的女人。

高學歷的職場女性

之後這群人也是《VOGUE》的目標客群

安娜·溫圖在《Savvy》表現非常亮眼,即使預算不高,但她靠著自己豐富的人脈,也能請來厲害的攝影師和工作人員,把成品處理得非常好。

這個月也交涉成功!

她運用人脈這一點真的超強!

而且她很會挖掘厲害的人才。

而且,在達到最完美的效果之前,她會無止盡地嘗試。

光線調過後再拍一次。

這個也要再拍一次。

因為這樣的態度,她每次做出來的東西都有著高水準。

哇!很棒耶!

主編
萊蒂·妲尼艾斯

即使如此,安娜·溫圖太過前衛的品味和獨創性還是再次引起了麻煩。

這是給上班族女性看的雜誌,放一些去上班可以穿的衣服吧!

有人規定上班族不能穿前衛的衣服嗎?!

255

同事對她的不滿也排山倒海而來。

安娜就像開在同一個花圃裡陌生的花，很難跟她變熟。

雖然同公司，但她卻不想跟我們打成一片。

當然囉～我跟妳們不一樣！我是要去《VOGUE》的人才！

最後，這次她也是9個月後就離開了《Savvy》。

正想開除她，她自己就走了，太好了。

1981年

哼！之後就不要跟我裝熟！

有趣的一點是，安娜・溫圖之後爬到最頂端時，妲尼艾斯稱讚了她。

開除？哪有～我從來沒想過要開除安娜～她可是很有才華啊～

就叫妳別跟我裝熟了啊……

當時她在找新工作時，也一樣動用了男人們的人脈。

相信我！我跟《New York》總編蘿莉・瓊斯會試著幫妳安排位子的！

哇～！真的嗎？

蘿莉・瓊斯第一次見到安娜・溫圖就很喜歡她。

idea idea idea idea

她已經都想好關於文章的構想了！真是令人驚訝！

但是，好像得幫她請個助理。只要有人從旁輔助她，她就能創造出完美的構想、文章、形象！

沒錯。安娜・溫圖確實需要助手。因為……

Good!

即使她對時尚雜誌頁面的概念、構想和形象的選擇，都有過人的品味……

PANIC PANIC PA

雖然她已經在雜誌界工作10年了，寫作能力還是很差……

這件衣服很好看，風格很出色，你針對這些點寫吧。

咦？

她僱用了很會寫文章的編輯助理和有名的作家，所以她只要提出重點，再請他們寫稿就可以了。

256 時尚經典的誕生

《New York》是最早的地方城市雜誌,也是安娜·溫圖進軍《VOGUE》的跳板。她從1981年開始在這裡工作,而她的性格還是一樣特立獨行。

> 溫圖總是瞧不起好欺負的人,老是折磨他們。

> 我總是被她當奴隸。

> 我最怕安娜了!

地方城市雜誌
為了特定地區讀者而創立的雜誌,《New York》是紐約地區的周刊。

她是仔細到近乎病態的完美主義者,一切都必須由她控制和指示。

> 我對交朋友沒興趣!工作比博取同事的好感還重要!

這種性格有一部分源自她那惡名昭彰的精英主義。

> 自我感覺良好

> 我跟一般人不一樣,有能力又有魅力。所以我這樣也沒關係~

安娜·溫圖對拍照最有熱情也最有想法,她選的模特兒、衣服、攝影師,總是可以做出被稱讚是最棒的成品。

> 安娜的照片果然是最棒的!

> 幫我在拍攝場地的牆上畫畫,讓海報拍起來好看一點。

> 雖然個性很討人厭,實力卻讓人不得不認可。

> 我也想成為安娜~

當時她委託知名的畫家在模特兒後面的背景作畫,這是雜誌界的頭一遭。

有一次她想把超過5000美元的牛皮服裝照用來當封面,卻引來批評。

> 妳真的覺得《New York》的讀者會花錢買超過5000元的衣服嗎?

> 我對讀者要在大賣場買便宜貨還是買什麼一點都沒興趣!我要放的照片才叫時尚!

> 什麼都不懂的傢伙!!

靠著優秀的能力和手腕,她漸漸開始被交付時尚以外的版面,同事都戰戰兢兢深怕飯碗被她搶走。

> 有什麼要幫忙的嗎?

> 呃!沒、沒有!

1983年，安娜‧溫圖出色的能力受到認可，晉升為《New York》的資深編輯！ 《New York》開始朝知名的時尚雜誌發展！ **NEW YORK** 充滿創意的版面，囊括時尚與生活風格的雜誌！	1980年代的紐約是精英階層雅痞族的都市。 錢多～　愛血拼～ 信用卡到處猛刷～ 消費主義！ 金錢萬能主義！	安娜‧溫圖精準掌握了他們的特性和需求，她經手過的《New York》就等於是雅痞族的參考書。 這個真的好好看～　我們去買吧！
不管是多小的成品，她總是會標註自己的名字，讓人知道是她做的，而原因在於…… Anna Wintour Anna Wintour **Anna Wintour** Anna Wintour **Anna Wintour** Anna Wintour	問我為什麼？當然是為了讓《VOGUE》經營團隊看到我的名字啊！ 比起宣傳《New York》雜誌本身，我更想讓他們知道我！安娜‧溫圖!!	因為《New York》的成功而打出名聲的她，夢寐以求的事情終於發生了。 這個人不錯耶？ 出版《VOGUE》的康納士公司CEO小薩繆爾‧紐豪斯　《VOGUE》的編輯總監亞歷山大‧里柏曼
《VOGUE》終於挖角安娜‧溫圖了！ 安娜的熱情和創意、這段期間的策略，終於得到回報了！	就算夢寐以求的時刻到來，她還是冷靜地思考。 等等，《New York》和《VOGUE》都想要我吧？ 呵呵……那我就放著讓他們兩家競爭吧。	她故意洩漏風聲給《New York》的艾德‧科茲諾。 《VOGUE》好像想挖角我～ 驚！

她對想聘請自己的《VOGUE》里柏曼也設下陷阱。

科茲諾提了更好的條件,應該是不想失去我吧。

兩個人都中了安娜‧溫圖的計,於是里柏曼表示要給她《New York》的兩倍薪水!

起薪12萬5000美元!

提供服裝費、汽車和司機!其他經費也都支援妳!

太好了!

安娜‧溫圖另外提出一項要求,也就是「職稱」。她想要的職稱是當時從沒有過的新名詞……

Creative Director

創意總監!!!

安娜‧溫圖在1983年成為《VOGUE》史上第一位創意總監,她的工作內容正如她的職稱:決定所有與創意有關的事項。

- 設定整體的方向與概念
- 選擇服裝
- 插畫、畫報、設計
- 選攝影師
- 選模特兒

→ 也就是說她可以依照自己的意思安排整本雜誌!!!

另一方面,有一個人很不滿意安娜進公司,那個人就是《VOGUE》的總編葛莉絲‧蜜拉貝拉。

如今已經變成前總編的蜜拉貝拉,她與安娜‧溫圖的孽緣就是從這個時候開始的

安娜在《New York》工作的時候,曾經到《VOGUE》面試過。

如果妳進《VOGUE》,妳想做什麼事?

1982年在《New York》工作第2年

就是總編您做的工作。

天啊!安娜‧溫圖竟然在和總編面試時表現出想成為總編的野心。

妳的位子很快就會變我的了。

呵呵呵

面試Over!祕書!快送她出去!

259

1年前才10分鐘就被趕走的安娜・溫圖，現在又出現在蜜拉貝拉眼前了。

她不就是那時候膽子很大覬覦我位子的人嗎？

嘻嘻嘻 我現在也是《VOGUE》的人了～

當蜜拉貝拉知道曾幫助自己的里柏曼也很喜歡安娜・溫圖之後，她開始感到不安。

七上八下
坐立不安

聽說創意總監什麼都能做……是可以干涉一切的職位……怎麼辦？

蜜拉貝拉是該不安，因為安娜・溫圖對創意總監的位子還不滿足，總是虎視眈眈地覬覦著總編的位子。

妳的位子是我的……是我的……

嗚～

安娜・溫圖壓制蜜拉貝拉的大權

1 開會的時候，只要是蜜拉貝拉提的意見一定反對。

No!
Yes Yes Yes Yes Yes Yes

2 未經許可就隨意安排文章。

我什麼時候說要寫這篇文章？
是安娜・溫圖吩咐的……

3 連自己沒被分配到的頁面也干涉。

這裡怎麼有安娜・溫圖的名字？

4 神不知鬼不覺地請來自己的工作人員。

Hi～
這是今天要負責拍攝的人～

她就像總編一樣，開始操控一切。

甚至不經過蜜拉貝拉就直接對里柏曼報告！

嗤嗤嗤

她正在無視我的存在……

讓蜜拉貝拉更焦慮的是：創意總監安娜・溫圖經手過後，《VOGUE》變得比以前更加精彩。

特別是她很有發掘新設計師的眼光

天啊！真的嗎？

妳叫王薇薇？不錯喔！應該很快會紅。

要捧她嗎？

當時還是新人的王薇薇

結合各種藝術和設計，讓雜誌的頁面比過去更時髦。

260　時尚經典的誕生

格1： 這個時期的安娜・溫圖結了婚，也有了小孩，但在公司裡卻把消息藏得滴水不漏。
- 她絕不穿寬鬆的孕婦裝
- 稍微把香奈兒裙子後面拉開後再穿。
- 用夾克遮掩發胖的身材
- 繼續穿高跟鞋！

格2： 之後才知道她懷孕的同事們都大吃一驚！
「怎麼可以隱藏得這麼好呢？」
「呵，因為我意志堅強啊。」

格3： 她在《VOGUE》一樣出了名的獨裁、仔細謹慎，所有人都懾服於她。
「溫圖駕到，趕快讓路。」
猶如摩西分紅海
噠噠噠噠

格4： 1985年，安娜・溫圖終於有機會坐上總編的位子了。但是……
「不是美國版，是英國版的！」
VOGUE

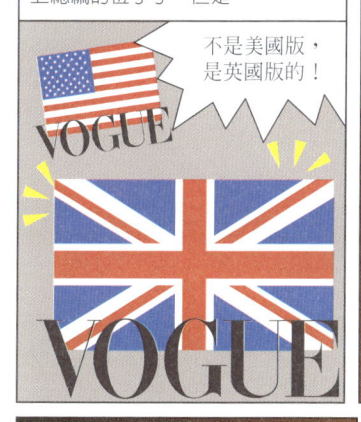

格5： 《VOGUE》就是要美國版啊！我要坐葛莉絲・蜜拉貝拉的位子!!
崩潰！
我不想像被降職一樣，橫渡大西洋去接英國版《VOGUE》！

格6： 但，對因為安娜・溫圖而憂心忡忡的蜜拉貝拉來說，沒有比這個更棒的消息了！
「安娜要走了！噩夢結束了!!」
解放了啊啊啊啊啊啊～

格7： 安娜・溫圖就這樣到了英國，蜜拉貝拉原以為再也沒有其他考驗了……
1985年，穩坐美國雜誌界王位的《VOGUE》面臨了巨大危機……

格8： 擁有30年歷史的法國時尚雜誌《ELLE》發行了美國版。
「美國～巴黎的《ELLE》來了！」
Bonjour～ MademoisElle～*

＊法語「你好～小姐～」。

格9： 《ELLE》和《VOGUE》有著完全不同的調性，如果說《VOGUE》是給不了解時尚的讀者當參考書
「什麼是時尚？」
VOGUE

格 1
那《ELLE》就是主攻想仿效名人的年輕MTV世代！

這是一個嶄新的世界，有華麗的時尚、大膽的內容、無須久讀的短篇文章，和眾多魅力爆表的模特兒們～

格 2
《ELLE》氣勢如虹，才打入美國市場8個月就和《VOGUE》平起平坐。

Forbes NEWS

《ELLE》席捲了雜誌市場！

驚人的成功神話！ELLE!!

1986年5月 商業雜誌《富比士》

格 3
《VOGUE》管理階層開始放下自尊心，一股腦地模仿《ELLE》。

把封面做得跟《ELLE》一樣！

做跟《ELLE》模特兒一樣的造型！

格 4
蜜拉貝拉不願意接受這股新趨勢。

我絕對不模仿《ELLE》！《VOGUE》仍是業界中美國女性最喜歡的雜誌！《ELLE》是贏不了《VOGUE》的！

格 5
而且她還有一個要命的缺點……

與高層應對的能力、社交性不足。

為什麼聯絡不到人？

啊！我不想接電話。跟高層通電話比死還難受！

相較於不懂處世的蜜拉貝拉，安娜・溫圖懂得應付上位者，早就和《VOGUE》管理階層走得很近了。

格 6
最後，美國《VOGUE》針對總編的職位召開了會議。

我們解僱蜜拉貝拉吧。

1988年5月

好！要把安娜・溫圖帶回來才行！

能救《VOGUE》的只有她了！

格 7
安娜・溫圖綻放笑顏的日子終於來臨了！

你說什麼？？

美……美國《VOGUE》……總編？

格 8
她成為全球時尚界最有權威、以90年歷史為傲的雜誌──時尚王國《VOGUE》的女王了！

晉升為 總編！！！！！

《VOGUE》創刊後第五任總編

262 時尚經典的誕生

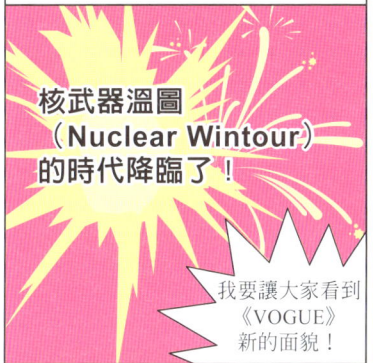

安娜‧溫圖終於得到自己渴求的權力，她開始盡情地運用自己的權力改革《VOGUE》。 **核武器溫圖（Nuclear Wintour）的時代降臨了！** 我要讓大家看到《VOGUE》新的面貌！	她先一一地解僱上了年紀的員工，然後廢除沒有用的部門。 《VOGUE》必須年輕有活力！比我老的人都解僱！ You're fired!!	而且她大膽地挖角了《ELLE》的編輯。 想贏《ELLE》就必須有一個熟悉《ELLE》風格的人。 知己知彼才能百戰百勝！
最特別的一點是：她會以外貌挑選員工。而且，她出了名地討厭胖子。 那種身材想在《VOGUE》紐約的辦公室工作？先減肥吧！	她為什麼這麼重視外貌呢？ 奇怪，你傻了嗎？ 因為這裡是《VOGUE》！是時尚的核心！	對時尚界以外的人來說，在《VOGUE》工作的我們，可以算是一種象徵性的存在。因為每個員工都代表了《VOGUE》的形象，所以外貌當然重要。

因為這樣的理由，她甚至規定了員工們的服裝。

冬天也不能穿絲襪。

抖抖抖抖

寒冬裡也要穿露出腳趾的高跟鞋！

於是，過了幾個月的時間，《VOGUE》的員工們不得不變身成安娜‧溫圖要求的「VOGUE風」！

如果過了半年外貌都沒有變化？

出局!!

解僱！

她的「外貌至上主義」不只適用在公司內部，連不是員工的人也有一樣的遭遇。
取消下個月要刊登文章的作家。
咦？爲什麼突然取消？她是很有名的人耶……
她太醜了。
這算什麼理由？
除了外表以外，也出現了一些苛刻的行動規範，就連跟她一起搭電梯也有不成文的規定。
不可以先搭話
絕對不能對到眼
不准吵鬧
員工因為太怕她，所以跟她一起搭到電梯就會慌張到全身僵硬，甚至有人會直接逃走。
結冰
每當必須到她的辦公室，就會令人感覺不舒服，而且恐懼到最高點。
從辦公室入口到她座位的距離實在遠到不像話。
超遠！
咕嚕
也有傳聞說她是爲了讓大家怕她，才刻意這樣擺設……
所以，來《VOGUE》面試的人會先被嚇到不是沒有原因的。
如果分配給妳音樂相關的文章，妳會怎麼做？
我會讓頁面裡充滿高水準的內容！
《VOGUE》是以大眾取向的雜誌耶？
!!!
那如果請妳寫訪談文章，妳會怎麼做？
我會考慮大眾性，寫得簡單又有趣！

《VOGUE》是很有質感的雜誌耶？

這女人很明顯就是在整我……

You, out!

她把所有零碎的小事都交給助理去做。

接電話。

去買午餐。

擦個桌子。

有個人曾擔任她的助理，之後卻成了大麻煩，那個人就是羅倫‧薇絲伯格。

小說《穿著Prada的惡魔》的作者

她把在《VOGUE》工作一年的經驗寫成小說，後來還被拍成了電影。

但是她怕被告所以始終否認到底。

不是啦～只是虛構的人物～

據說當時小說和電影推出時，安娜‧溫圖非常生氣。

竟敢利用我來賺錢？

我們公司裡要是有誰敢宣傳這部片就準備被Fire吧！

大家都猜到了電影裡米蘭達‧普瑞斯特的真實人物是安娜‧溫圖！

但是等到電影試映會時，她卻好像一點也不在意一樣，穿著Prada的衣服盛裝出席！

PRADA 2010 Resort Collection

在製作雜誌的過程中，身為總編的安娜‧溫圖和蜜拉貝拉是完全不同的風格。

蜜拉貝拉喜歡集結大家的意見再做決定

大家都說說看自己的點子吧～

那安娜呢？

妳做這個，

妳去做這個，

這要這樣做，那個要那樣做。OK！散會！

265

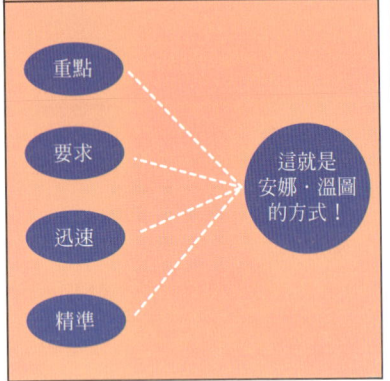

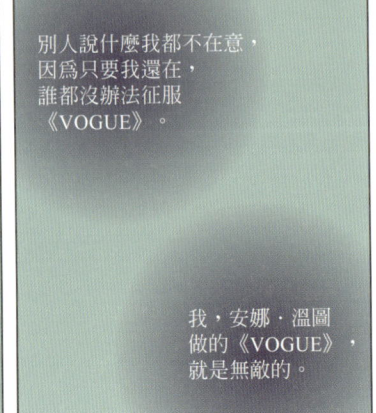

她對冗長的說明和協調意見這類的事完全沒有興趣。 重點 要求 迅速 精準 → 這就是安娜·溫圖的方式！	說到這裡，應該已經可以明白她為什麼惡名昭彰，為什麼被叫做核武器溫圖了吧？ 用比喻來說的話，她等於是把員工直接推到懸崖下。	被推下去不是淹死就是游泳這兩條路。 很好，做得好 嘿咻 救人啊！
有趣的一點是，雖然所有人都怕她，但有一群人卻不怕她，那群人就是男同性戀者。	對於傳言和批評，她也有話要說。 我只是典型的英國人罷了，容易害羞、個性內向，而且不懂應酬。	如果有人說我很冷漠或是很兇，那也只是因為我為了追求完美，所以正在努力工作的緣故。
而且一般人遇到我這個時尚的化身，就會緊張到連話都還沒開始說就凍僵。這難道是我的錯嗎？ 是要叫我怎麼辦？	你知道好笑的是什麼嗎？如果我是男人，那就沒有人會因為我的獨裁而被嚇到或批評我了！	別人說什麼我都不在意，因為只要我還在，誰都沒辦法征服《VOGUE》。 我，安娜·溫圖做的《VOGUE》，就是無敵的。

這是事實，在安娜‧溫圖的指導下，《VOGUE》從來沒有讓出第一名的寶座過。

觀察被溫圖改革過的《VOGUE》，最先映入眼簾的就是封面。

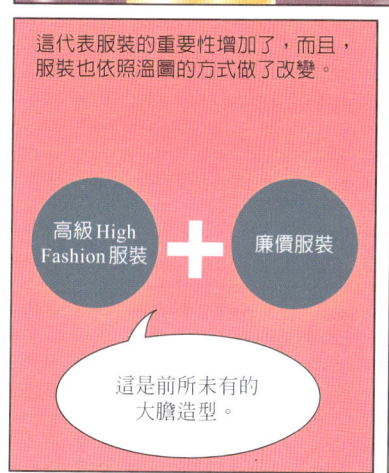

以前的封面大多是強調名模的臉蛋

溫圖增加身體露出的比例

這代表服裝的重要性增加了，而且，服裝也依照溫圖的方式做了改變。

高級 High Fashion 服裝 ＋ 廉價服裝

這是前所未有的大膽造型。

這樣的改變從安娜‧溫圖第一份主編的《VOGUE》封面就能明白，這是1988年11月號，封面模特兒是以色列的米凱拉‧貝爾庫。

價值1萬美元的 Christian Lacroix 寶石T恤

配上只要50美元的褪色牛仔褲！

這在當時是一種革新，也是牛仔褲第一次出現在《VOGUE》的封面上。

據說印刷廠以為是送錯照片，打電話向雜誌社確認了好幾次。

這張照片確定是封面嗎？？

部分時尚界人士也批評這種改變。

《VOGUE》封面應該是華麗又優雅的，怎麼會有便宜牛仔褲！

而且也沒繫皮帶！

妳們問我50美元的牛仔褲和1萬美元的T恤配不配？

這是要告訴妳們：衣服要怎麼混搭才能創造出自己專屬的風格！

267

以前選模特兒的時候偏好只可遠觀不可褻玩、高檔形象的模特兒，安娜．溫圖則顛覆了這種規則。
親切的模特兒？ 那是《ELLE》的風格吧～ 我們用的是跟一般女孩 不同的優雅模特兒～
不！她們不夠自然， 根本不是日常生活中 會看到的人。
雜誌失去大眾性 就不用玩了，我要的是真的 可以在路上遇到的美麗女性。
採用受大家喜愛的名人當封面也是安娜．溫圖的想法。
葛妮絲．派特洛
瑪丹娜
珊卓．布拉克
芮妮．齊維格
辣妹合唱團
希拉蕊．羅登．柯林頓
歐普拉．溫芙雷
特別是前總統比爾．柯林頓的夫人希拉蕊，多虧有安娜．溫圖，她的風格才能有巨大轉變。
當時的希拉蕊面臨老公與莫妮卡．陸文斯基的「陸文斯基醜聞」而失去自信。
難看的髮型
我不再 有魅力 了嗎？
無趣
俗氣
她領悟到自己必須在外貌上做改變，於是開始按照安娜．溫圖的建議做。
用長夾克遮 住大屁股～
髮型要 端莊一點～
化妝要 自然一點～
妳相信我 說的嗎？
喔喔喔
我相信！
之後希拉蕊的風格越來越進步，開始有了時尚人士的樣子。
鏘鏘！ 大變身！
希拉蕊在1998年12月登上《VOGUE》封面，是第一個出現在《VOGUE》封面的第一夫人。
VOGUE
The Extraordinary Hillary Clinton
12 Days of Christmas
THE ULTIMATE FASHION FANTASY
當時賣破100萬本。
安娜．溫圖與第一夫人的人脈對於《VOGUE》的成功也有很大的影響。
呵呵……我的 人脈已經擴展 到政治圈了～

選名人來拍照時,安娜‧溫圖的外表至上主義也毫不遮掩。

拍照之前先減個肥吧。

歐普拉‧溫芙蕾

就連名模辛蒂‧克勞馥在拍封面照時,也因為她不滿意而重拍了好幾次,搞得辛蒂‧克勞馥那邊的人非常生氣。

怎麼可以這樣隨便對待名模?

嗚~我好累

氣死人了!

哼!

辛蒂‧克勞馥只是個模特兒,我可是《VOGUE》的總編安娜‧溫圖!

《VOGUE》在1998年達到創刊後最高的營收,安娜‧溫圖得到歷來最優秀總編的美名。

《VOGUE》好像從沒有像現在一樣處在這麼重要的位置過。

奧斯卡‧德拉倫塔

沒錯,安娜就是時尚界的象徵性人物啊!

香奈兒老闆阿里‧柯沛曼

時尚界不能少了我!

安娜‧溫圖就這樣漸漸成為時尚界大咖。

安娜‧溫圖做的所有事情都會引發效應，甚至影響時尚界的流向和銷售，說是「安娜‧溫圖蝴蝶效應」也不誇張。

說服服裝設計師把衣服借給名人穿，→ 名人穿著贊助的服裝參加活動或拍《VOGUE》封面，→ 隨著平日穿著這些服裝被狗仔隊拍到，登上八卦雜誌版面，→ 自然地吸引了大眾目光並誘使購買。→ 強大的宣傳效果！→ 大流行！成為潮流！

能讓設計師在最短時間內獲得名氣的捷徑就是安娜‧溫圖！

> 安娜是時尚界的偶像，只要是她做的事情，就會有很多人一股腦地模仿。

馬克‧賈伯

另外，正如前面所提到過的，安娜‧溫圖很有發掘新設計師的眼光，代表性的例子有約翰‧加利亞諾。

> 在我沒錢賺的艱苦時期，雖然其他雜誌公司都不理我，安娜卻常把我的設計刊登在《VOGUE》上。

迪奧會破例聘請年輕的約翰‧加利亞諾當首席設計師，也是因為安娜‧溫圖大力推薦。

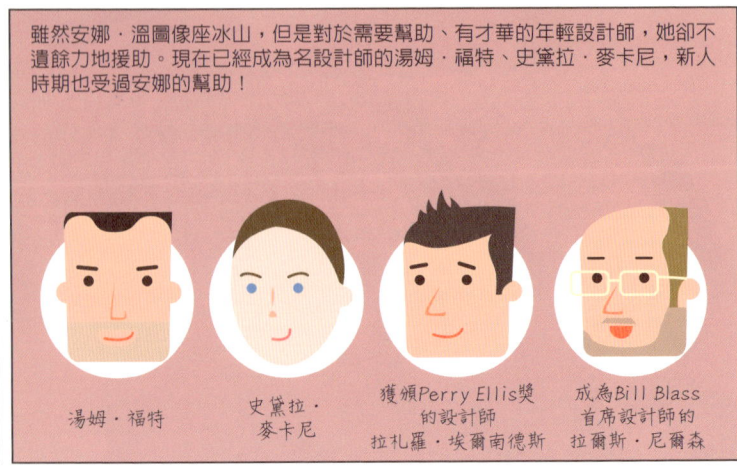

> 安娜就像是來幫助我的小精靈～

當馬克‧賈伯要辦秀的時候資金不足，幫忙拉贊助的人也是她。

> 是唐納‧川普董事長嗎？請你出點力幫助新人設計師吧～你的廣場飯店正適合辦時尚秀呢～

雖然安娜‧溫圖像座冰山，但是對於需要幫助、有才華的年輕設計師，她卻不遺餘力地援助。現在已經成為名設計師的湯姆‧福特、史黛拉‧麥卡尼，新人時期也受過安娜的幫助！

湯姆‧福特　　史黛拉‧麥卡尼　　獲頒Perry Ellis獎的設計師 拉札羅‧埃爾南德斯　　成為Bill Blass首席設計師的 拉爾斯‧尼爾森

270　時尚經典的誕生

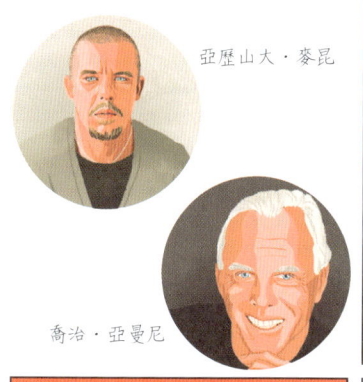

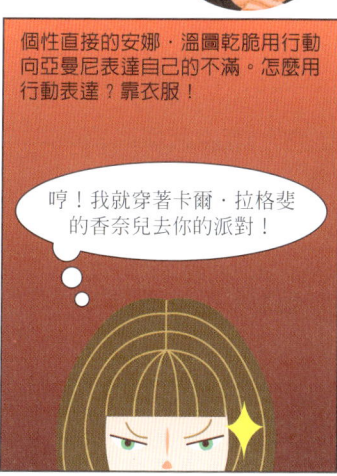

時尚週 Fashion Week

時尚週是定期的時尚秀，透過伸展台展示時尚設計師和品牌的新裝，通常舉行一週，所以被稱為時尚週。時尚週一年有兩場主秀，分別是代表春夏系列的S/S（Spring/Summer），和代表秋冬的F/W（Fall/Winter）。為了讓媒體掌握之後流行的趨勢，並讓買家和零售商得以提前準備下一季的服裝，春夏系列會在春天前幾個月的9～11月舉行，秋冬系列則是在1～4月舉行。

時尚週以成衣Ready-to-wear（Pret-a-Porter）為重心，高級訂製服Haute Couture通常是在巴黎的男裝秀結束後一週舉行。

最近有很多設計師會在春夏秀之前另外舉辦早春系列（Resort/Cruise Collection）；在秋冬秀之前另辦早秋系列（Pre-Fall），向消費者展出下一季的服裝，商業意味比主秀濃厚，服裝也比較大眾化。

時尚週以紐約、倫敦、米蘭、巴黎四個都市為代表，另外在澳洲、柏林、杜拜、洛杉磯、東京等地也有時尚週，韓國則是在首爾舉辦。

272 時尚經典的誕生

託《VOGUE》在全世界流通的福，他們的設計散播到全球，時尚界從未發生過的「美國設計師黃金時期」來臨了。
MICHAEL KORS
MARC JACOBS
narciso rodriguez
最後，紐約時尚週打敗倫敦，成為世界三大時尚週之一。
什麼時候變這麼強了？
甚至有越來越多歐洲高級訂製服的首席設計師換成了安娜．溫圖提拔過的美國設計師。
GUCCI
元老時尚品牌的首席設計師們變成安娜．溫圖幫助過的美國人！
義大利Gucci 湯姆．福特
法國LV 馬克．賈伯
法國Celine 邁可．寇斯
CELINE
安娜推動美國時尚的作為不只有這些，她還發揮了美國特有的優點，積極提拔保有美式風格，又能呈現出多元文化的外國人、移民者。
我是來自英國的史黛拉。
我是華裔美國人。
史黛拉．麥卡尼
王薇薇
有安娜和第一代紐約新進設計師們打下的基礎，第二代紐約新進設計師要成功也不成問題。
對我們這些美國的設計師們來說，安娜．溫圖就是希望和一線光芒！
通通都是亞裔設計師
台裔美國人 王大仁
來自尼泊爾的 普拉巴．高隆
來自台灣的 吳季剛
華裔美國人 林能平
來自泰國的 Thakoon
現在稍微明白為什麼安娜．溫圖對全球時尚潮流的影響力那麼大了吧？
以結果來看，安娜．溫圖左右了現代時尚市場的動向。
style.com的 時尚總監、管理者 Candy Pratts Price

＊Grunge Look，也有人譯做「頹廢風」，凌亂、隨興爲這個風格的關鍵。

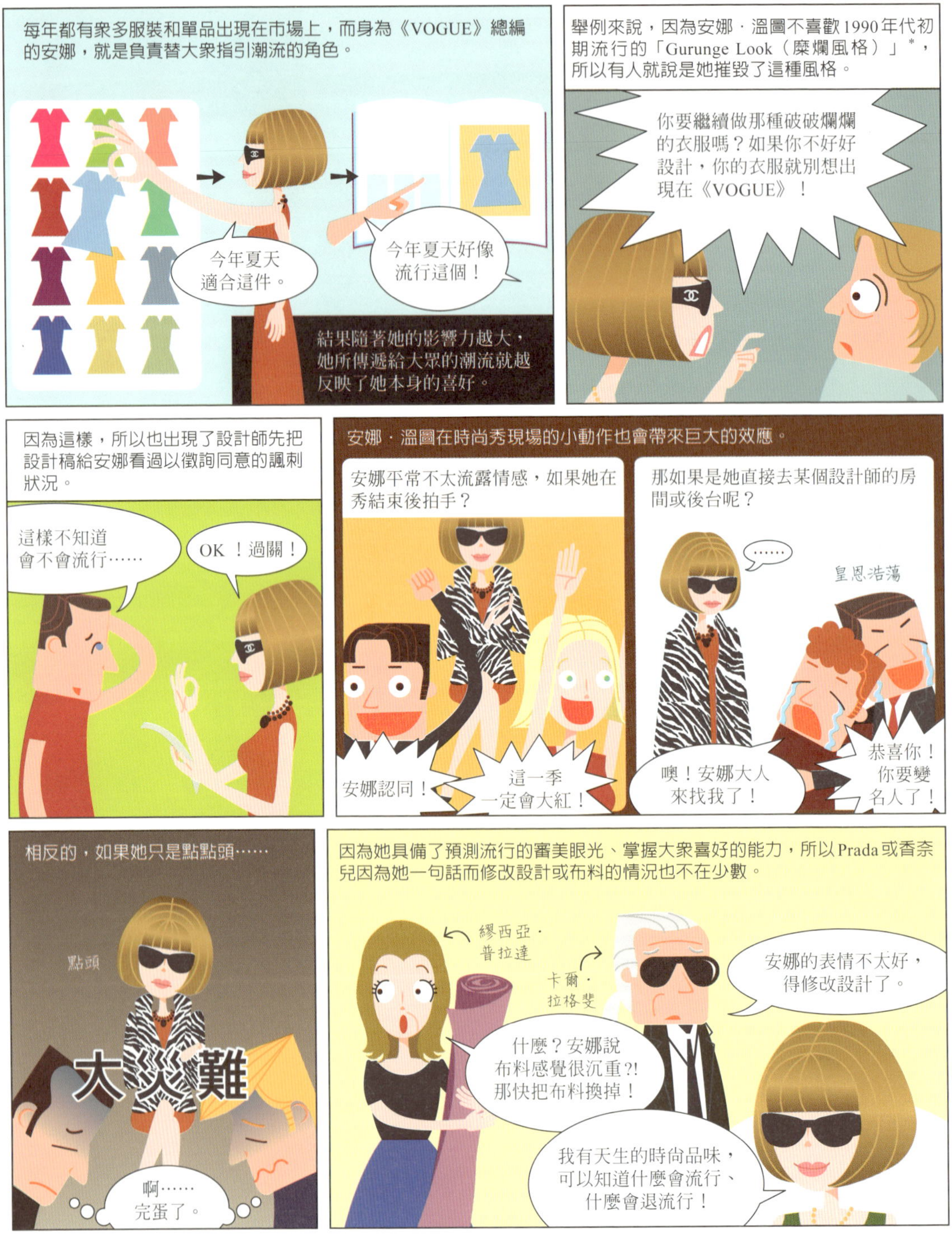

甚至當她還沒出現，時尚秀就不開始。
2008年米蘭時尚週的主秀，就因為她的要求而把進行的時間提前了。
爲什麼要提早？因爲這樣我們美國編輯才可以在巴黎的秀開始之前回家休息啊～
其他國家的編輯們
都是因爲妳，才害我們趕得要命！
超級自私自利！
她的一個動作、一個表情、一句話語都足以主宰時尚界和潮流，這話可不是隨便說說的。
這是眞實情況！
是眞眞實實、時尚界正在發生的事情！
另一個例子是：安娜很喜歡皮草，於是帶動了皮草產業的發展，不過她卻遭到了動物保護團體的猛烈批評！
皮草的銷量因爲那女人而大增！
No Fur!!
PeTA
有一次她在戶外餐廳吃午餐，突然有人把死掉的貍往她的盤子丟。
啪！
但是天不怕地不怕的安娜．溫圖竟然一點也不慌張，把貍推到一旁後就繼續享用午餐……
今天的肉特別軟呢～
什麼～怎麼有人這麼狠！
……
雖然她的個性導致她惡名昭彰，但不容否認的是：自從她當上總編，《VOGUE》就變成了世界最強的時尚聖經。
VOGUE 就是真理。
VOGUE
在競爭激烈的雜誌界，安娜．溫圖力壓眾多對手，引領《VOGUE》25年，成為了操控現今時尚潮流的時尚界教母。
《華盛頓郵報》
The Washington Post
安娜把《VOGUE》提升到了猶如時尚界聖經的崇高地位。
安娜．溫圖擁有卓越的眼光和創意、強烈的魄力，是時尚界不可或缺，也最權威的時尚指標。

PRADA snakeskin coat with a FUR collar

Anna Wintour in an orange PRADA skirt

Marni dress with knee-high boots

Chanel Couture Fall 2011 collection

ANNA WINTOUR STYLE

276 時尚經典的誕生

安娜・溫圖

文獻

- Jerry Oppenheimer（2009）,《Wannabe溫圖（Front row）》, Ungjinwings（音譯,웅진윙스）.
- Jeremy W. Peterss, *Power is always in Vogue*, <International New York Times>, 2012. 6. 15
- Eric Wilson, *Conde Nast adds to job of longtime Vogue editor*, <International New York Times>, 2013. 3. 12
- Sarah Joynt, *Anna Wintour: Fashion Icon*, The Fashion Spot, 2010. 5. 21
- Madison Vanderberg, *Loose talk with Jean Paul Gaultier: Anna Wintour is "Monstrous"*, ModaMob, 2011. 10. 13
- Julia Rubin, *Anna Wintour rounds up 22 designers for Obama election gear*, Today. com, 2012. 1. 9
- Christina Larson, *From Venus to Minerva*, <Washington Monthly>, 2005. 4. 8
- Amanda Fortini, *Defending Vogue's Evil Genius*, slate.com, 2005. 2. 10
- Laurence Zuckerman, *Press: The Dynamic Duo at Conde Nast*, <Time Magazine>, 1988. 6. 9
- Anna Wintour, *Honoring the 120th Anniversary: Anna Wintour Shares Her Vogue Story*, vogue.com.
- *Vogue puts its 120-year history online*, <Sunday Morning>, 2011. 12. 11
- Nat Ives, *Magazine Editor of the Year: Anna Wintour*, <Advertising Age> 2006. 10. 22
- Amina Akhtar, *Why Anna Wintour Isn't Going Anywhere*, The Cut, 2008. 8. 2
- Barbara Amiel, *'The Devil' I know*, <The Telegraph>, 2006. 7. 2
- *The 10 Most Fascinating People of 2006*, ABC NEWS, 2006. 12. 12.

網站

- tendances-de-mode.com
- thirdage.com
- marquisoffashion.com
- imdb.com

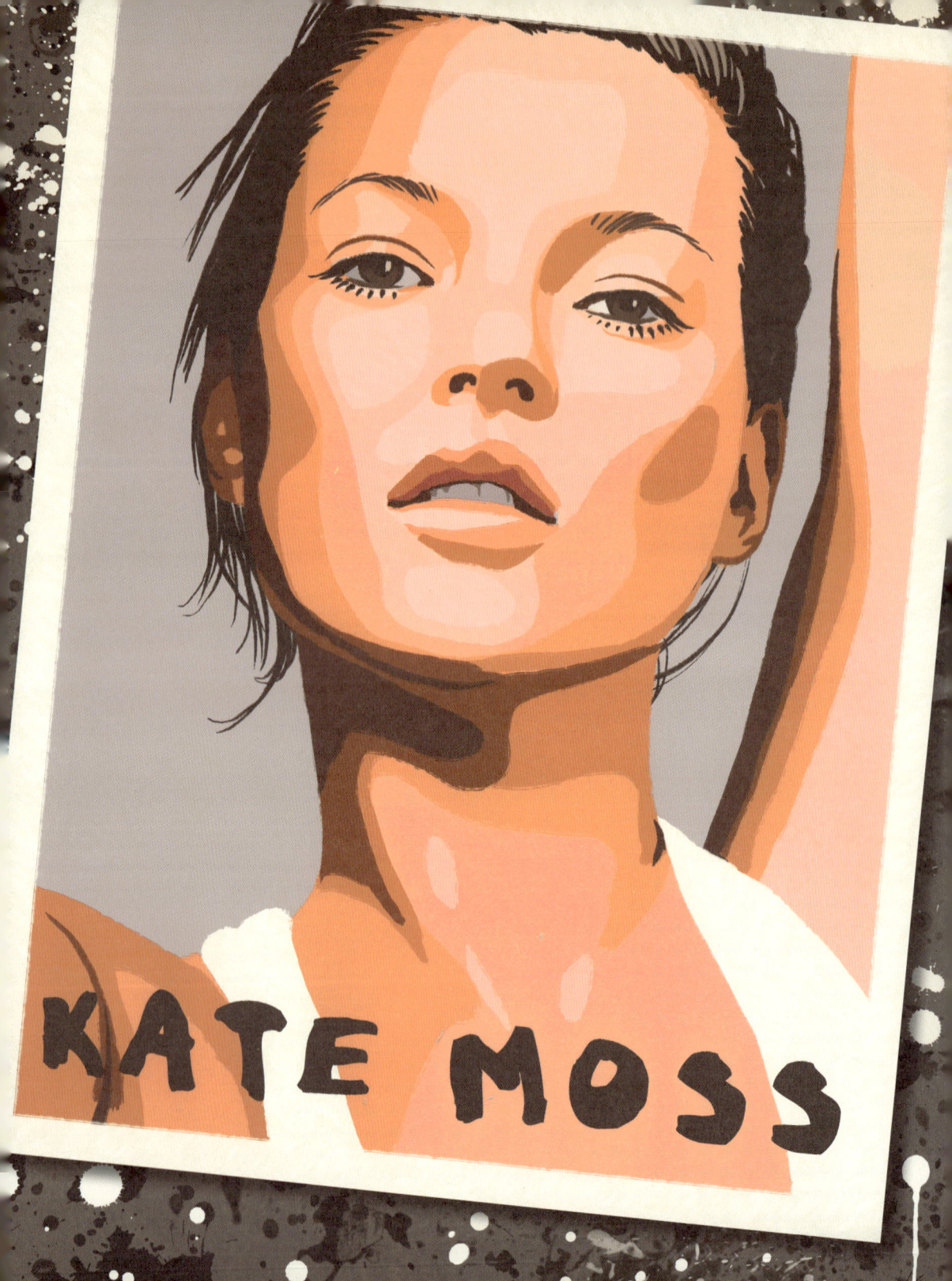

KATE MOSS

13

Kate Moss
凱特・摩絲
1974~

出門前先從身上穿戴的飾品中拿掉一樣吧!

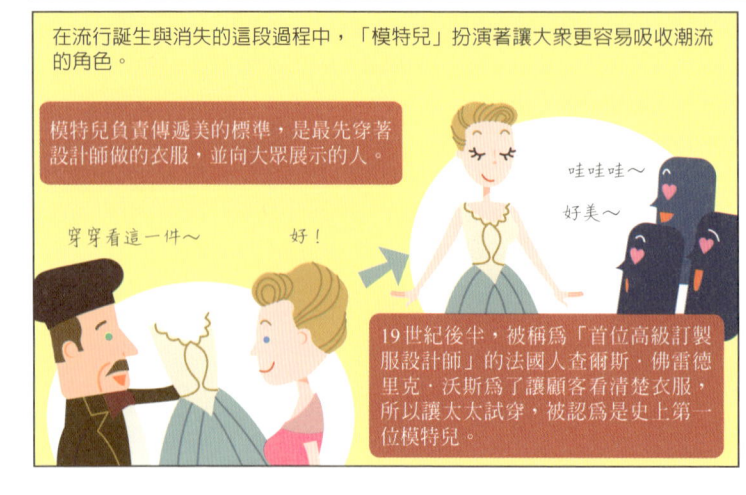

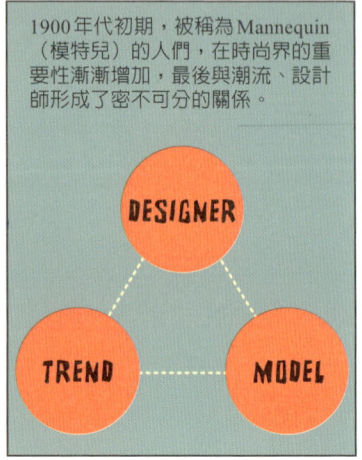

「潮流」是日常生活中常接觸到的單字。

TREND

字典釋義：
傾向、變動、趨勢

而所謂的「時尚潮流」就代表了時尚的變化和動向，也就是說，如同我們從前面的時尚指標們身上所看到的，時尚潮流是會隨時間持續變化的。

瑪麗蓮・夢露 → 奧黛麗・赫本 → 崔姬 → 瑪丹娜

潮流是怎麼誕生的，又為什麼會變化？
其實潮流跟每個時代的社會風俗有著密切的關係，簡單舉例來說：

> 我們去賺錢吧！

第二次世界大戰時，女人為了要代替去打仗的男人們工作。

> 難道工作時也要穿強調胸部、勒緊腰部的長裙嗎？
> 現在都什麼時候了，那太不方便了！

隨著女性開始參與經濟活動，她們變得更注重女權，也意識到了衣物的實穿性。

> 馬甲消失了
> 裙子變短了

從強調女人味的華服，轉變成好活動、簡約且實穿的風格。

在流行誕生與消失的這段過程中，「模特兒」扮演著讓大眾更容易吸收潮流的角色。

模特兒負責傳遞美的標準，是最先穿著設計師做的衣服，並向大眾展示的人。

> 穿穿看這一件～
> 好！
> 哇哇哇～
> 好美～

19世紀後半，被稱為「首位高級訂製服設計師」的法國人查爾斯・佛雷德里克・沃斯為了讓顧客看清楚衣服，所以讓太太試穿，被認為是史上第一位模特兒。

1900年代初期，被稱為Mannequin（模特兒）的人們，在時尚界的重要性漸漸增加，最後與潮流、設計師形成了密不可分的關係。

DESIGNER — TREND — MODEL

凱特・摩絲登場的1990年代有許多頂尖的模特兒，因此被稱作超模時代。

Super Model

超模是我取的名字～

吉安尼・凡賽斯

從1980年代後半開始，至今一樣為人所知的克勞蒂亞・雪佛、琳達・伊凡吉莉絲塔、娜歐蜜・坎貝兒、辛蒂・克勞馥等模特兒界的傳奇人物大舉出現，在超模的歷史上留下了名字。

克勞蒂亞・雪佛

娜歐蜜・坎貝兒

1990s

辛蒂・克勞馥

1990年代是個對「美的定義」提出疑問，並感到混淆的時期。

豐胸翹臀是最美的吧？

五官漂亮最重要！

隨著個人魅力和多樣化的重要性增加，模特兒界湧現了形形色色的模特兒。

人人都很有個人魅力！

顴骨凸出～有稜有角的臉型

長臉

圓臉

大餅臉

除此之外，在身材方面，被稱為「Waif」的激瘦身材開始受到歡迎。

Waif 指的是流浪漢或骨瘦如柴、像營養不良的人。

還記得嗎？崔姬也在1960年代帶起過這股潮流。

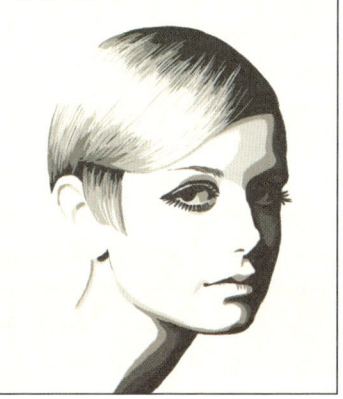

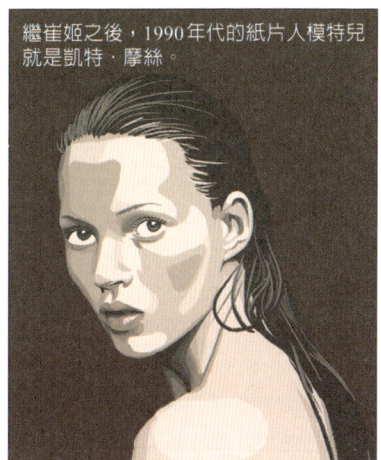

繼崔姬之後，1990年代的紙片人模特兒就是凱特・摩絲。

凱特·摩絲是代表性的激瘦模特兒，也是1990年代模特兒的指標。

168公分的身高
以模特兒來說算矮

44公斤的
皮包骨身材

凱特·摩絲在英國倫敦出生，踏入模特兒圈時只有14歲。

1988年她和爸爸去度假，在回程的紐約約翰甘迺迪機場

當時凱特·摩絲坐在行李箱上，偶然地被Storm模特兒公司的創始人莎拉·杜卡斯發掘。

在路上被挖掘！

她有股微妙的魅力。就像隻小貓咪……

我從沒想過會變成模特兒，我以為自己以後會在英國某個銀行工作。

282 時尚經典的誕生

她15歲在約翰·加利亞諾的時尚秀中第一次走上伸展台,並在高中畢業後正式開始模特兒的工作。 噢～ 新臉孔～	不用多久時間,凱特·摩絲就成了鎂光燈的焦點、時尚的指標。 ck Calvin Klein 一切就是從CK開始的!	1990年CK的廣告女主角原本想請強尼戴普當時的女友——演員凡妮莎·帕拉迪斯來拍。 要裸體拍? 我不要! 驚! 凡妮莎·帕拉迪斯 ck Calvin Klein

凡妮莎·帕拉迪斯拒絕之後,完全改變了凱特·摩絲的人生。她得到「崔姬之後再也沒有模特兒能帶來這種強烈的感受」的評價,並簽下了廣告模特兒獨占合約。CK是出了名地善於利用「Noise Markerting*」,性感頹廢的廣告總是引起爭論,而凱特·摩絲身為CK服裝、內衣褲、香水的模特兒,自然也跟著走紅。

* 讓自家商品受到爭論,藉以吸引消費者的注意,進而提升銷售量。

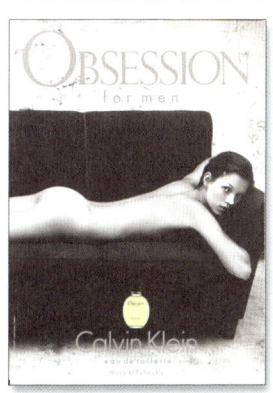

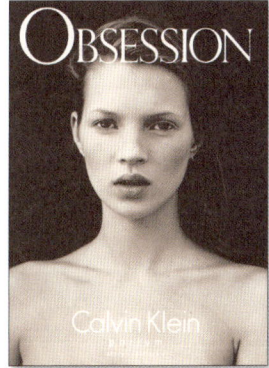

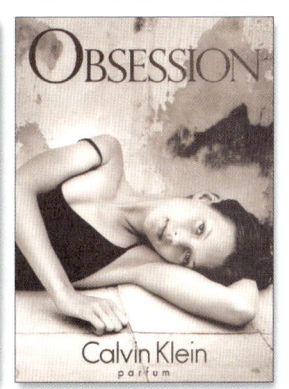

283

CK門面凱特‧摩絲所帶動的流行是：海洛因時尚（Heroin Chic）。

海洛因時尚？

海洛因？

那不是毒品嗎？

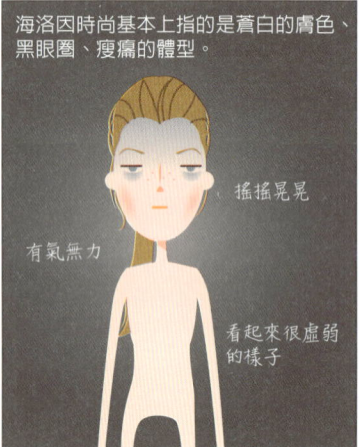

海洛因時尚基本上指的是蒼白的膚色、黑眼圈、瘦癟的體型。

搖搖晃晃

有氣無力

看起來很虛弱的樣子

正如它的名稱，這種風格的重點是散發了藥物成癮者的感覺。

迷茫

凱特‧摩絲的海洛因時尚

284　時尚經典的誕生

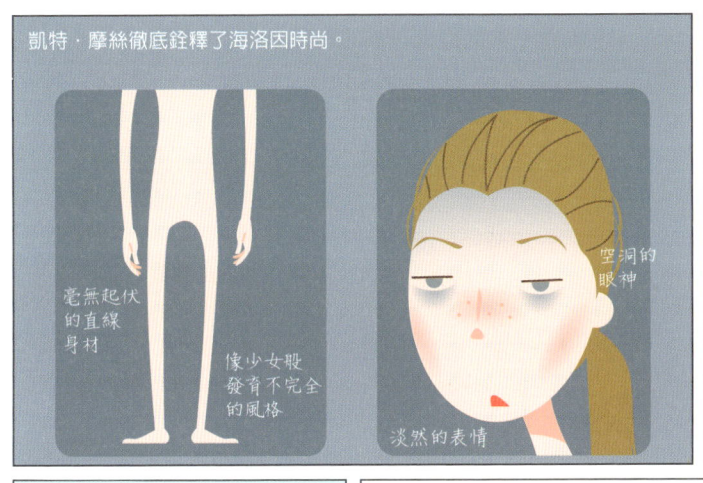

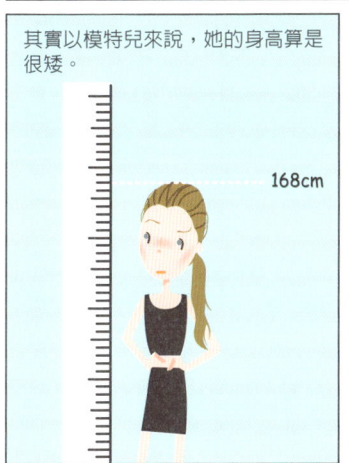

凱特・摩絲徹底詮釋了海洛因時尚。

毫無起伏的直線身材

像少女般發育不完全的風格

空洞的眼神

淡然的表情

臉上不帶妝的這點也很特別。

天啊！她怎麼素顏？

……

拍拍

其實以模特兒來說，她的身高算是很矮。

168cm

而她的外貌跟身材也與以前黃金比例的超模們大不相同。

高個子
豐滿
成熟
性感

身高不高
素顏
消瘦的臉龐
瘦弱

朝氣
健康
活力
活潑

娜歐蜜・坎貝兒

克勞蒂亞・雪佛

凱特・摩絲因為與一般超模的形象完全相反，甚至被稱為「Anti-Supermodel」，而部分人士也確信她在模特兒界無法久待。

連胸部都沒有 幹嘛出來亂？

身高太矮了啦。

妳是在反超模吧？

身材這麼沒看頭，很快就會消失的。

但就像是在嘲諷這些不看好的人一樣，凱特・摩絲以獨特的魅力吸引了大眾。

啊！好耀眼！

好有氣勢！

285

她的CK廣告打破了一般人對於美的定義，造成大轟動！海洛因時尚也躍升為1990年代的潮流。

當時「Obsession（強迫）」廣告就掛在10層樓建築物的整面外牆上。

《時尚縲思》作者
佐爾·金貝

那張黑白照片裡稚氣又消瘦的少女裸體盯著攝影機，令人非常震撼，即使紅綠燈燈號換了，我還是在那裡站了好一陣子。

正如1960年代的崔姬，時尚雜誌全都被凱特·摩絲的照片占領。有個性又自然的魅力是凱特·摩絲專屬的特色，這讓看膩了每個模特兒都差不多的時尚界和觀眾為她痴狂。

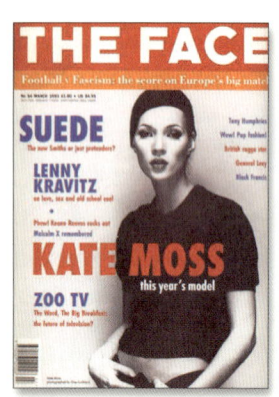

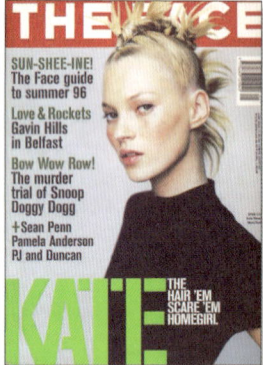

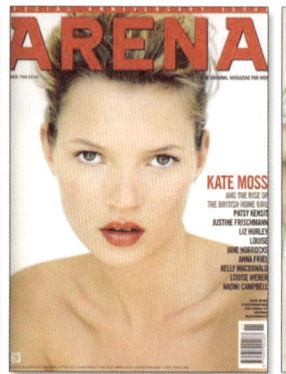

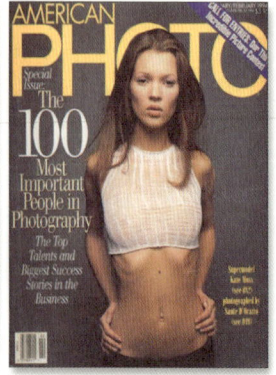

286 時尚經典的誕生

但是，反對凱特．摩絲海洛因時尚的聲浪也很強烈。
凱特．摩絲的風格是在助長少女吸食毒品和厭食症！
10多歲的少女們為了瘦身而開始節食。
我要減肥
今天吃一顆豆子就好了
我要減肥
暫時跟炸雞說再見
在美國，過度減重的少女們因為食慾不振或營養不良而住進醫院的比例增加。
不要幫我打點滴……會變胖……
哎呦……頭上怎麼有星星
以10多歲少女為客群的時尚雜誌，詢問如何擁有凱特．摩絲身材的讀者來信如雪花般飛來。
讀者的問題
請告訴我再減3公斤的方法！
一艾蜜莉（17歲，倫敦）
要怎麼樣才能在短時間內像凱特．摩絲一樣瘦呢？
一珍（16歲，牛津）
最近的少女好像覺得發胖人生就毀了，明明已經很瘦了，卻還是無止盡地想變瘦。
時尚雜誌《Sassy》珍．普拉特
這是很可怕的事情，如果我有這種女兒，我應該會馬上帶她去醫院。
《Cosmopolitan》英國版總編瑪爾雪多喜．史密斯
而且，1997年正巧發生大衛．索蘭帝（替凱特．摩絲拍CK廣告的馬力歐．索蘭帝的弟弟，同時也是一位攝影師）因為毒品成癮而死亡的事件，所以當時的總統比爾．柯林頓公開譴責海洛因時尚。
最近時尚界美化了吸毒這件事，而他們之中也有人眞的因爲服用過多毒品而失去生命。這清楚證明了美化吸毒的廣告和潮流是錯誤的！所以你們這些爲了賣衣服的人，不要把吸毒包裝成一件很迷人的事情!!
預防毒品成癮、反毒等社會團體也一樣出來指責海洛因時尚。
ANTI DRUG

被懷疑有厭食症的凱特．摩絲感到很委屈，因為她乾癟的體型是天生的，就跟崔姬一樣。
我從來沒減肥過，大家都叫我 Waif，但我小時候沒有被拋棄，也沒有弱不禁風！更沒有營養不良！
但我也沒必要爲了證明自己沒有厭食症就故意吃胖吧？
哇！是凱特．摩絲。超瘦的！
我們也來減肥吧
就算會昏倒還是要餓肚子
沒錯，模特兒確實是會影響大家的思考和行動，但現代的女人不是那種會減肥減到危害自己健康的笨蛋啊。
呵呵呵……就是啊。
心頭一震
凱特．摩絲令人羨慕到引起爭論，但她本人卻不喜歡自己的外型。
我有很多不滿意的地方
每天早上醒來照鏡子，我都覺得自己好醜……
如果跟其他模特兒一樣有180公分高就好了……
我也不喜歡自己的竹竿腿和平胸。
一點也不性感!!
但是對大衆來說，她不滿意的缺點卻充滿了魅力。
be good. be bad. just be.
美的定義在凱特．摩絲出現後大大改變，開啓了新美學的時代。
靠魅力決勝負的時代來臨！
她可以靠本能完美地詮釋出設計師或攝影師想要的概念和形象，這樣的模特兒不多，所以不只是伸展台，廣告和雜誌畫報等時尚界的所有領域都想和她合作。
VERSACE
DOLCE & GABBANA
WE WANT KATE!!!
Dior
STELLA McCARTNEY
MISSONI
roberto cavalli
John Galliano

她拍了全球各種重量級品牌的廣告，包括義大利、法國、美國、英國等；也跟主要雜誌《VOGUE》、《Another man》、《Vanity Fair（浮華世界）》、《The Face》、《W》等一起拍過無數次畫報。

光是英國版《VOGUE》的封面就拍過30次以上

拍過17次《W》雜誌封面

2003《W》選擇凱特·摩絲當他們的繆思

包含前男友馬力歐·索蘭帝，凱特·摩絲還和史蒂芬·卡萊恩、馬力歐·特斯帝諾、尤爾根·泰勒、彼得·林德柏格等最頂尖的攝影師合作，而且也是各種排行的常客。

只要是攝影師都想跟她合作。

跟凱特·摩絲工作總是讓人很期待！

她是唯一一個可以把腦海裡的影像完美呈現出來的模特兒！

馬力歐·特斯帝諾

米卡爾·楊森

1995年《FHM（男人幫）》最性感的女性第22名

1999年《Maxim》最性感的女性第9名

1999年《VOGUE》「現代繆思」之一

男性雜誌《Arena》最性感的女性

2005年，在國際上具有公信力的美國設計師協會獎（CFDA）頒發了時尚指標獎給凱特·摩絲。

也就是說我擊敗了眾多模特兒、演員、巨星，當大家說到時尚指標就會想到我！

洋洋 得意

原以為凱特·摩絲會一路長紅，沒想到卻爆發了重重打擊她職業生涯的古柯鹼醜聞。

古柯鹼

驚！古柯鹼?!

剛剛不是說海洛因，現在是古柯鹼？

聽起來真恐怖～

2005年9月15日，《Daily Mirror（每日鏡報）》刊登了凱特·摩絲的照片。

當時她的男友是 Babyshambles 的彼特‧多赫提，照片中的她被拍到在男友的錄音室吸食疑似是古柯鹼的白色粉末。

吸

國際級超模的醜聞在整個時尚界鬧得沸沸揚揚。

太令人震驚了！

Shock！

之前還說什麼海洛因的，結果真的吸毒了！

雖然她馬上就出面道歉……

對不起讓大家失望了。

但沒有人願意用吸毒者，所以不管她有多受歡迎，眾多廣告一樣全部遭到撤銷。

這次廣告要用凱特‧摩絲的事就當作沒發生過吧！

與H&M 400萬英鎊的合約也瞬間化為泡影……

跟香奈兒的合約也是一樣的下場。

香奈兒的模特兒吸食古柯鹼像話嗎？我們不再跟凱特‧摩絲續約了。

哼！毒蟲！

Burberry 也……

不好意思～廣告合約就算了吧～

中斷所有活動的凱特‧摩絲，專心在亞利桑那州的勒戒中心戒毒。

我可以克服的。我會戒掉毒品的！

經過10個月之後，2006年6月，「古柯鹼凱特」再度華麗回歸時尚界。

調查這件事的英國警方也因為證據不足而宣布停止調查。

凱特·摩絲的回歸非常成功，許多名人和設計師都歡迎這位超模回來。

亞歷山大·麥昆在自己的秀結束後，穿著「我們愛凱特」的T恤出現在舞台上。

各個品牌也因為調查無罪，加上凱特·摩絲已經成功做完戒斷治療，所以認為她重新開始模特兒生活是沒有問題的。

一回來就接了18個廣告！

Agent Provocateur
CK牛仔褲
Rimmel
Burberry
Virgin Mobile

她回歸後不久就得了獎，等於向世界證明了凱特·摩絲的魅力仍未退燒。

2006年11月獲頒英國時尚大獎（BFA）年度模特兒獎

2007年3月被選為新音樂快遞音樂獎（NME）最性感的女性

根據富比士的資料，她在古柯鹼醜聞後賺的反而比以前高三倍以上。

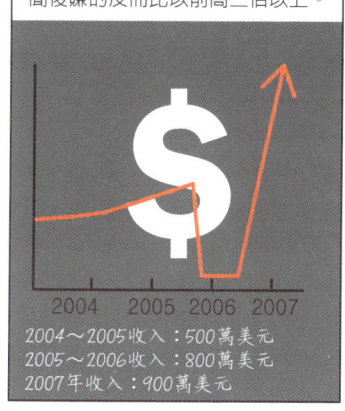

2004　2005　2006　2007
2004～2005收入：500萬美元
2005～2006收入：800萬美元
2007年收入：900萬美元

她是繼吉賽兒·邦臣之後收入最高的模特兒。

出事後反而財源滾滾～
這就是轉禍為福～

全世界最會賺錢的模特兒第2名！

2007年5月，她和英國的零售品牌Topshop合作，推出自己的服飾系列。

TOPSHOP

參與設計讓我拿到300萬英鎊～

她的服飾系列在英國255家店鋪一公開，就受到大眾熱烈的反應。

從2007到2009年，她與Coty合作，推出了以自己的名字命名的香水和乳液。

當然，也有人對她重新開始活動抱著負面的看法。

凱特·摩絲重新開始工作對年輕人來說是不幸的訊息，引起社會問題的公眾人物若無其事地回歸，這是很危險的事情……

美國婦女組織（CWA）
珍妮絲·克勞茲博士

291

TOPSHOP

LONGCHAMP

凱特・摩絲聯名系列
凱特・摩絲和英國Topshop、法國的包包品牌Longchamp攜手合作,推出自己的設計。

雖然已經40歲了,但風韻猶存的她仍持續對時尚界造成強烈的影響,展現了足以創造各種流行的潛力。

- 破損的丹寧短褲
- Vivienne Westwood的馬靴
- UGG雪靴
- 亞歷山大・麥昆的骷髏絲巾
- 緊身褲
- L.V.豹紋喀什米爾絲巾

但是直到現在,忌妒凱特・摩絲的Anti粉絲也跟喜歡她的粉絲一樣多。

> 明明不漂亮為什麼這麼紅?

> 我真的很討厭崇拜凱特・摩絲的人。

> 凱特・摩絲的時代已經過了啦~

292 時尚經典的誕生

雖然對這些人來說很可惜，不過她們可能得繼續忌妒下去，因為凱特‧摩絲在現實生活中仍舊是讓雜誌和商品大賣的人。

> 這個月的雜誌放了凱特‧摩絲的照片？那我要買！

> 這是凱特‧摩絲背過的包包～

> 我買了凱特‧摩絲穿的鞋子～

2011年7月2日，她和吉他手傑米‧辛斯結婚了。如果說當時有一半的時尚人士對英國新王妃凱特‧密道頓的婚紗很狂熱，那麼另一半就是深深為凱特‧摩絲婚紗著迷的人。

凱特‧密道頓

凱特‧摩絲

凱特‧摩絲的婚紗是約翰‧加利亞諾設計的

現在已經是一個孩子的媽媽的凱特‧摩絲，是令英國自豪的國民模特兒，2012年的倫敦奧林匹克就是一項證明。

閉幕式時，代表英國的頂尖模特兒們穿著英國設計師的衣服，展開了一場時尚秀。

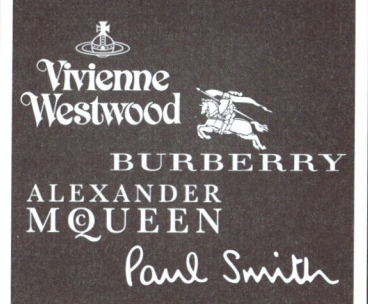

這個時候，38歲的凱特‧摩絲穿上已經去世的好友——亞歷山大‧麥昆品牌的洋裝華麗出場。

隨著年紀增加，大部分的模特兒都無法繼續待在自己的領域，把位子讓給了晚輩。

> 真是長江後浪推前浪啊！

年輕時的亮眼表現不足以讓凱特‧摩絲感到滿足，她將自己的形象品牌化並繼續創新。

> 不只是形象本身代表了一個品牌

KATE MOSS

> 光是名字就已經代表著流行！

主導1990年代潮流、帶動Waif風的凱特‧摩絲，是現代模特兒的象徵，也是風格指標，直到現在仍受到全球時尚人士的愛戴。

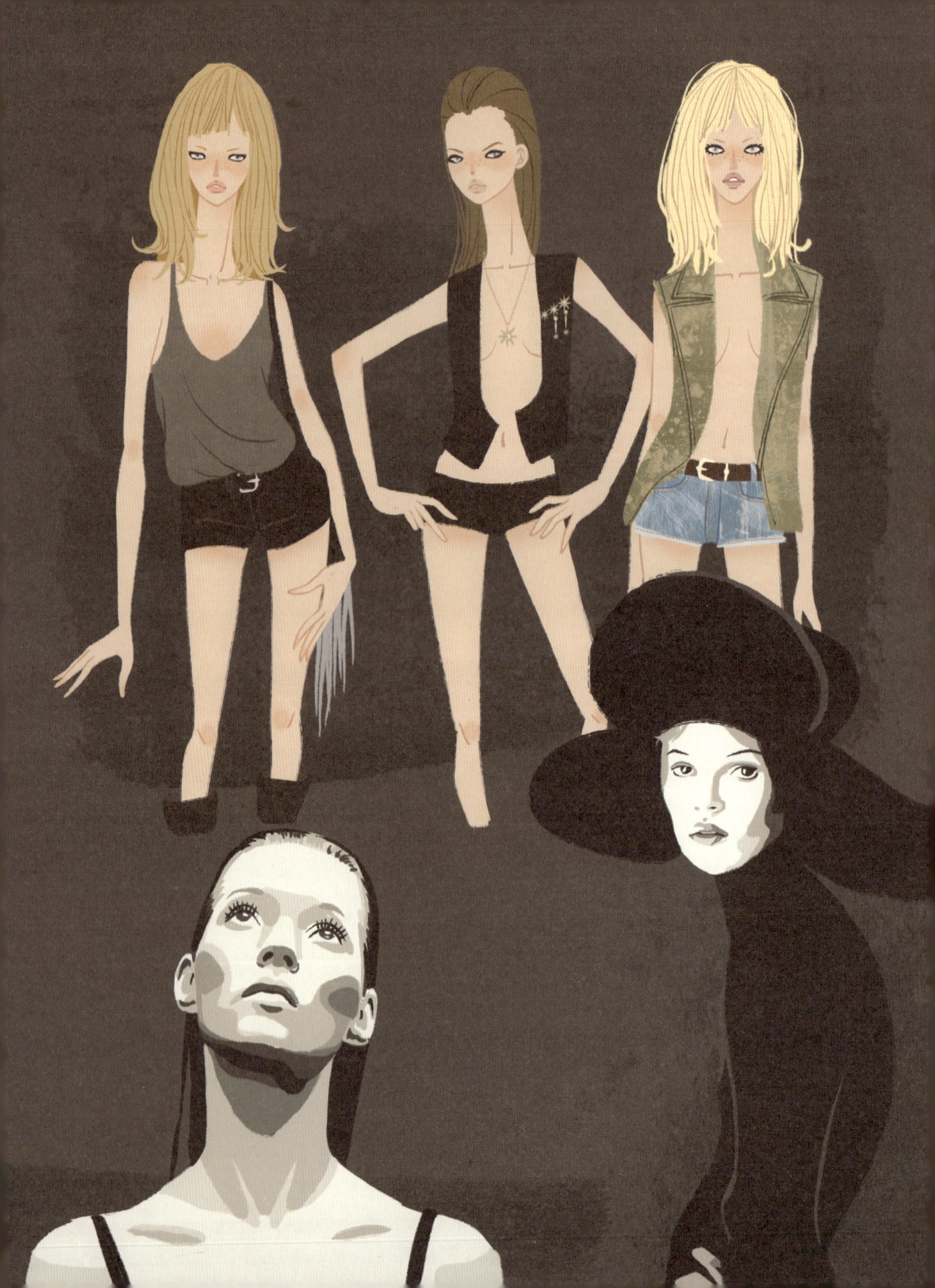

凱特‧摩絲

文獻

- Joel Kimbeck（2012），《Fashion Muse》，Miraebook Publishing Co.
- Jung Hyeonsuk（1995）， *The Effect of Social Atmosphere on Fashion Model Image - Twiggy & Kate Moss -* ，Journal of the Korean Society of Clothing and Textiles，19（1）
- Sung Gwangsuk（2004）， *A Study of Fashion Model Image According to Fashion Trend since 1960* ，Journal of the Korean Society of Fashion & Beauty，2（1）
- *Angela Buttolph(2008), Kate moss: style,* Random House UK.
- Angela Buttolph, *How to dress like Kate Moss*, <The Guardian>, 2008. 10. 10
- Tania Machowska, *Kate Moss: A Fashion Icon*, positivearticles.com.
- Viv Groskop, *Kate Moss: The very model of a female icon*, <The Observer>, 2011. 3. 12
- Belinda Luscombe, *Kate Moss*, <TIME>, 2007. 5. 3
- Brian Solomon, *The World's Highest Paid Models*, <Forbes>, 2012. 6. 14
- Kiri Blakeley, *The World's Top-Earning Models*, <Forbes>, 2007. 7. 16
- *Kate officially a style icon*, smh.com.au, 2005. 6. 7
- *Kate Moss receives Fashion Icon award*, Today.com, 2005. 6. 21
- Lara Gould, *Kate Moss to deign her own wedding dress(⋯we hope it won't look like this little number)*, <Daily Mail>, 2011. 2. 20
- Chantal Britt, Toby Anderson, *Kate Moss Ads Scrapped by H&M After Cocaine Pictures*, <Bloomberg>, 2005. 9. 20
- *Moss doubles her money after 'Cocaine Kate' scandal*, <London Evening Standard>, 2007. 6. 13
- Steve Busfield, *Moss apology may limit damage to career*, <The Guardian>, 2005. 9. 23
- Camilla Morton, *Alexander McQueen*, Vogue.co.uk, 2005. 10. 7
- *Police urge Kate Moss to return*, BBC NEWS, 2006. 1. 5

網站

- bbc.co.uk
- biography.com
- marieclaire.co.uk
- thebiographychannel.co.uk
- vogue.com
- Forbes.com
- models.com
- nymag.com
- imdb.com
- people.com

Sarah Jessica Parker

14

Sarah Jessica Parker
莎拉・潔西卡・帕克
1965~

我也很愛鞋子,但不到凱莉的程度。
她寧可不存錢買房子,也要花一千美元以上的錢買鞋子。
原因可能在於我不是單身,而她又是很有本事的單身女郎吧。
不過,該有的鞋子我也都有。

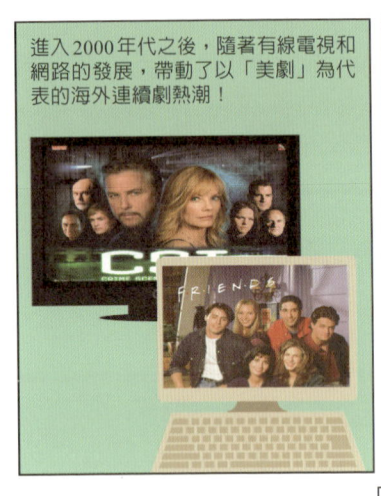

進入2000年代之後，隨著有線電視和網路的發展，帶動了以「美劇」為代表的海外連續劇熱潮！

這時候開始可以透過網路、DVD輕鬆接觸到各國的電視劇，不像以前只能在電視上看外國片。

從《六人行》、《CSI》等系列開始，出現了「美劇迷」。

> 我看過很多CSI，犯罪時應該可以不留下蛛絲馬跡。

在這些美劇之中，有一部電視劇不只受韓國女生喜愛，更風迷了全球的女人，那就是《慾望城市》。

1998年開始在美國HBO台播放

《慾望城市（SATC）》屬於喜劇類劇集，透過4個住在紐約的成功女性的故事，呈現出現代女性最真實的面貌。

工作　友情　愛情

《慾望城市》的特點是站在女性的立場，用真實的態度探討「性」。

> 坦白直接地談論性話題，卻不會令人感到粗俗。

> 單純又輕鬆！

隨著女性就業比例增高、社會地位的提高，追求事業與愛情的現代女性非常熱中於《慾望城市》。

讓20多歲的女性對成功女性人生產生幻想。

> 我也要變成有自信的OL！

30多歲的女性則對劇中女人的煩惱產生共鳴。

> 天啊天啊，
> 這根本在說我嘛～

再加上以紐約曼哈頓為背景，呈現紐約單身OL的精彩生活。

> 全部都在紐約當地拍攝！

298　時尚經典的誕生

充分滿足了全球女性對紐約的嚮往。

NEW YORK

說《慾望城市》對韓國20～30歲的女性價值觀、生活風格產生了巨大影響也不誇張。

我想過《慾望城市》裡凱莉的生活！

啊～我也是！

另外，《慾望城市》強大的影響力之中，最不可或缺的就是時尚。

FASHION

有人甚至說「時尚」是這部電視劇的第五個主角！

紐約身為時尚重鎮，它的時尚風格在這部影集裡十分重要，因為它能讓觀眾得到代理滿足，並刺激模仿的心理。

NEW YORKER

噢！好酷！我也想穿得像紐約人一樣！

劇中的4位主角是在自己的領域受到認可的未婚女性，個性和消費習慣都不一樣。

有高薪又令人稱羨的工作

開派對、約會，過著悠閒的生活

卻找不到終生伴侶的孤單黃金女郎！

Carrie 作家 凱莉
兩性專欄「慾望城市」的寫手

Samantha 公關公司主管 莎曼珊

Miranda 律師 米蘭達

Charlotte 畫廊經理 夏綠蒂

就像她們職業和個性各不相同,她們的時尚也都帶著獨特的個人魅力。

夏綠蒂·約克(克莉絲汀·戴維斯)
上流社會的浪漫主義者
在畫廊工作的夏綠蒂是四個人之中最有女人味也最保守的純情派。她走的是優雅、迷人而且簡單的風格。

莎曼珊·瓊斯(金·凱特羅)
極其性感
身為公關公司主管的莎曼珊性生活多采多姿,是前衛又開放的女人。她的風格雖然強調職場女性,其中卻帶著大膽和性感的味道。常常可以看到她穿性感的鉛筆裙、色彩繽紛的服裝和戴著大大的飾品。

米蘭達·霍布斯(辛西亞·尼克森)
知性的律師
以愛嘲諷和智慧的形象出現,在《慾望城市》的後幾季生了一個孩子。她通常穿著與職業形象相符的沉穩色系OL風,是四個人之中最實用的風格。

300 時尚經典的誕生

凱莉・布蘭蕭（莎拉・潔西卡・帕克）

前衛的紐約時尚人士

兩性專欄作家凱莉的風格是最有特色的，她懂得自由思考，也不受限於單一風格，每一集都展現了多變的風格。藉由令人產生共鳴的角色、大膽的混搭風，凱莉是最受歡迎的一個角色。

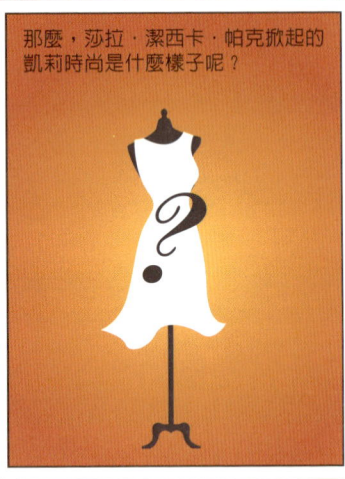

莎拉‧潔西卡‧帕克因為扮演主角凱莉，而成為了全球女性的偶像，不過其實她並沒有出眾的美貌。

不像典型的美女

有人甚至說她某些角度很醜⋯⋯

但是她在劇中充滿自信、真誠，而且注重朋友，讓許多女性都想要有她這樣的朋友。

妳就不能變成那麼厲害的朋友嗎？

我都還沒說妳哩。

另外，讓角色變得更吸引人的因素是：散發出個人魅力的潮流服飾，以及藉由高難度造型打造出來的獨特時尚。

妳看凱莉穿的衣服！

好美！

而且凱莉是非常熱愛時尚和購物的角色，所以與時尚的關係非常緊密。

天啊！這一定要買。

她在《慾望城市》中的服裝十分受歡迎，只要一穿出來就會馬上造成流行。

今天凱莉會穿什麼呢？

那麼，莎拉‧潔西卡‧帕克掀起的凱莉時尚是什麼樣子呢？

在造型達人凱莉的穿搭術之中，最大的特色就是「混搭」。

屬性不同的素材或單品

不同風格的東西

混在一起！

追求將不同感覺的單品搭配在一起，呈現出獨特的風味。

這兩件要一起搭？

這就是混搭的基本功！就算不是相似的風格，也不要害怕把它們組合在一起！

那樣反而會很搭很好看!!

嗯哈哈哈哈哈哈

喔，混在一起穿真的很有型耶～

302 時尚經典的誕生

隨著莎拉‧潔西卡‧帕克用令人出乎意料的單品混搭，呈現出來的形象也大大的不同，增加了視覺上的樂趣。

Casual
有時候休閒

Sexy
有時候性感

Vintage
有時候又很復古

OL向來都用相同的色系或單品做搭配，呈現出來的風格相對之下比較單調乏味。

新鮮的混搭風打破了既定的公式，讓她們體會到了造型搭配的樂趣與重要性。

把名牌和低價的品牌搭配在一起

混合完全不同調性的單品、顏色、款式！

莎拉‧潔西卡‧帕克這種混搭的風格被稱為「凱莉風」、「SJP風」，形成了一股潮流。

tutu skirt

因為莎拉・潔西卡・帕克而流行的單品—紗裙

因為劇中凱莉穿戴過而流行的單品很多,而比較有代表性的其中一樣是:與芭蕾舞裙相似的紗裙。莎拉・潔西卡・帕克每一季都會活用寬襬裙演繹浪漫的穿搭風格,在女性之間大受歡迎,成為必備單品。

Fendi貝貴包（Baguette bag）

貝貴包會流行是因為凱莉在《慾望城市》中常常提這款包包，而且這是《慾望城市》第一個出現的名牌包，所以別具意義。一開始沒人料到這部戲會走紅，所以在預算不足的狀況下，造型師都是在二手店買衣服其他單品，而Fendi就是最早提供貝貴包贊助《慾望城市》的品牌；另外，據說這件事也成為劇中「凱莉血拼花的錢比房租還多」的靈感。在Fendi贊助之後，其他品牌也開始搶著贊助《慾望城市》。

項鍊

《慾望城市》中的凱莉很喜歡戴項鍊，也讓好幾款項鍊紅了起來。

愛馬仕馬蹄項鍊
「凱莉」字母項鍊
蘋果項鍊

305

不過，說了這麼多，這部劇最流行的還是鞋子！

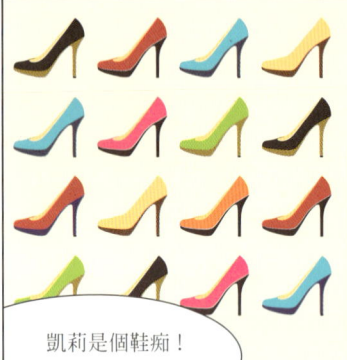

凱莉是個鞋痴！

劇中的凱莉是個愛鞋成痴的人。

就算繳不出房租也不能放棄鞋子

除了穿在腳上的鞋子，凱莉手上也老是提著鞋子的購物袋，引發了觀眾的好奇心。

到底是什麼牌子？

那是哪個牌子的鞋子？

《慾望城市》在女人的腦裡種下了「鞋子就是時尚的重點」的觀念。因為這部戲而出名的品牌有Manolo Blahnik、Jimmy Choo，這兩個品牌的設計師透過電視劇強大的宣傳效果而揚名國際。

在「A Woman's Right to Shoes」那一集，凱莉就是因為這雙 Manolo Blahnik 鞋被偷而驚慌。

這是出現在「I Lost My Choo！」那一集的 Jimmy Choo 高跟鞋，2011年為了紀念品牌15週年，Jimmy Choo 把經典的鞋款重新以限量版發表。

電視劇《慾望城市》播完後，在《慾望城市》電影的最後一幕，這雙 Manolo Blahnik 的「Something blue」被選為凱莉的婚鞋，打破了婚鞋一定要是白色的偏見，也引起彩色婚鞋的流行。

306　時尚經典的誕生

莎拉‧潔西卡‧帕克在電視劇裡用的任何東西都會造成流行，連周邊產品都會迅速賣掉。

連凱莉用的筆電也很紅！
Apple的Powerbook G3

《慾望城市》的官方網頁上乾脆另外開了「時尚區」。

每集播出後就提供該集登場的服裝和產品相關資訊

不只是時尚，凱莉生活的方式也變成了一種潮流。

一邊工作一邊抽菸、喝咖啡的紐約客生活風格。

亞洲女性也開始覺得這樣很自然、時髦。

因為這樣的現象，甚至還有一家韓國飯店推出了慾望城市的套裝行程。

如果妳是時髦的女人？

那妳一定要跟上慾望城市的風格。

另外，對觀眾來說，凱莉像是真實的人物，而不像只是電視劇裡的虛構人物，所以莎拉‧潔西卡‧帕克總是和凱莉被連結在一起。

明明是在談論莎拉‧潔西卡‧帕克，大家卻常常把她跟《慾望城市》的凱莉‧布蘭蕭畫上等號。

莎拉‧潔西卡‧帕克好會穿衣服～

對啊！對啊！凱莉真的很有型～

《慾望城市》讓莎拉‧潔西卡‧帕克變成了2000年代最有名、最有影響力的其中一個時尚指標。

她也被安娜‧溫圖選為封面模特兒！

不過，也有人不認同她是時尚指標。

莎拉‧潔西卡‧帕克不是時尚指標！

LIE!

超模艾蜜莉‧桑柏格

有資格得到時尚指標這個稱呼的人應該是造型師派翠西亞・菲爾德，而不是莎拉・潔西卡・帕克！
莎拉・潔西卡・帕克對《慾望城市》時尚的貢獻只有造型師選的衣服跟她的身材很合而已！請不要叫她時尚指標，如果硬要給她稱呼的話，就叫她「模特兒」吧。
她會這麼批評是有原因的，因為負責凱莉・布蘭蕭造型的人是……
不是莎拉・潔西卡・帕克本人，
而是負責《慾望城市》服裝的設計師派翠西亞・菲爾德。
就是我!!
有許多品牌排隊討好她，希望可以贊助《慾望城市》的服裝。
我帶了我們公司很適合凱莉的新商品來。
下一位！
不要插隊！
但是艾蜜莉・桑柏格漏掉了一件事，那就是「大家明明知道明星不是自己挑衣服，卻還把他們當作時尚指標」。
我知道造型師是派翠西亞・菲爾德。不過那怎麼了嗎？
而且時尚指標應該是藉由大眾的人氣對潮流產生影響的人，這點派翠西亞・菲爾德也認同。
角色的風格雖然是我創造的，但還是演員詮釋得好才會受到喜愛。
這也是為什麼設計師跟造型師明明比明星還懂時尚，卻不會被稱為時尚指標的原因。
只會叫「知名設計師」，不會叫「時尚指標」。
我們是在幕後幫忙的助手們。
不想承認莎拉・潔西卡・帕克的另一群人提出了這樣的意見：
時髦的是凱莉・布蘭蕭，才不是莎拉・潔西卡・帕克。
沒錯！莎拉又沒有凱莉那麼迷人。
點頭
但是對大眾來說，凱莉就是莎拉・潔西卡・帕克，莎拉・潔西卡・帕克就是凱莉！她們已經不能被分開了。
如果凱莉・布蘭蕭是時尚指標，那莎拉・潔西卡・帕克當然也是啊！

莎拉・潔西卡・帕克戲外的風格也一樣受到大眾矚目，許多人會透過雜誌或部落格看她今天穿了什麼服裝，或是在紅毯上穿了什麼禮服亮相。

不管評價如何，莎拉・潔西卡・帕克確實有能力讓各種飾品、鞋子看起來很美，而且讓它們賣到缺貨。

知名設計師和品牌最想請的代言人！

請穿我們家的鞋子吧～

贊助妳新商品！

也是她讓 Manolo Blahnik 和 Jimmy Choo 變成無人不知、無人不曉的品牌。

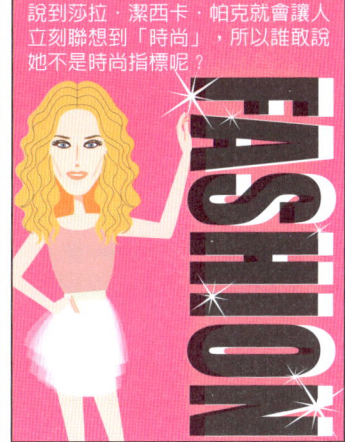

說到莎拉・潔西卡・帕克就會讓人立刻聯想到「時尚」，所以誰敢說她不是時尚指標呢？

她對時尚潮流的影響力，也讓她成為了頂尖品牌的廣告代言人。

啊！這是凱莉在電視上穿的那個牌子！

FASHION

2003年
卡尼爾髮型
產品廣告

2004年成為GAP新的代言人，一直到2005年春天，廣告效果都非常成功。

我們要找既有指標性又有現代感的臉蛋來代表我們品牌，最後的選擇就是莎拉・潔西卡・帕克！

就跟其他幾位時尚指標一樣，莎拉・潔西卡・帕克也靠著名氣自創了服飾品牌。

瑪丹娜
凱特・摩絲
歐爾森姊妹

TOPSHOP MATERIAL GIRL

THE ROW

2007年，莎拉‧潔西卡‧帕克與連鎖商店Steve & Barry's攜手合作，推出了自己的時尚品牌「Bitten」，以20美元以下的合理價位，推出服裝和飾品。雖然她在劇中總是穿著昂貴服飾，開創平價品牌有點矛盾，但是由她本人代言的品牌只要20美元就能買到，這點對顧客來說可是非常誘人。不過很可惜地，最後因為Steve & Barry's破產，Bitten也跟著結束經營了。另外，她從2005年開始就持續以自己的名字推出香水。

《慾望城市》無疑是莎拉‧潔西卡‧帕克人生中最大的幸運，這部影集在2002年得到了金球獎音樂喜劇類最佳劇集，她則是抱回最佳女演員獎，而且還創下了連續3年得獎的驚人紀錄。

得獎4次　金球獎
得獎3次　美國演員工會獎
得獎2次　艾美獎

她也在2004年得到美國設計師協會獎（CDFA）的風格指標獎。

時尚指標身分正式受到認可

她也象徵著20～30歲女性們憧憬的生活。

在紐約曼哈頓用自己的方式生活，對工作樂在其中

每到週末就聚在咖啡店吃早午餐，和知心好友們開心地閒聊。

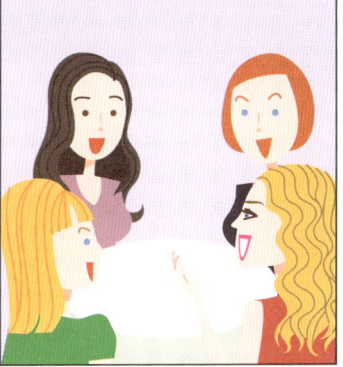

滿是香奈兒、迪奧、Prada、Vivienne Westwood的衣櫃，以及擺著Manolo Blahnik和Jimmy Choo的大鞋櫃！

就算故事是虛構的也沒關係，因為凱莉‧布蘭蕭和莎拉‧潔西卡‧帕克已經是女性們心中的「It girl」了！

It Girl!!!

說不定大部分的男人都沒辦法理解她那巧妙的混搭風和對鞋子的痴狂。

哇！我也想像凱莉一樣！
她們怎麼了？
我也要當鞋痴！

但對女人來說，她卻魅力無邊。

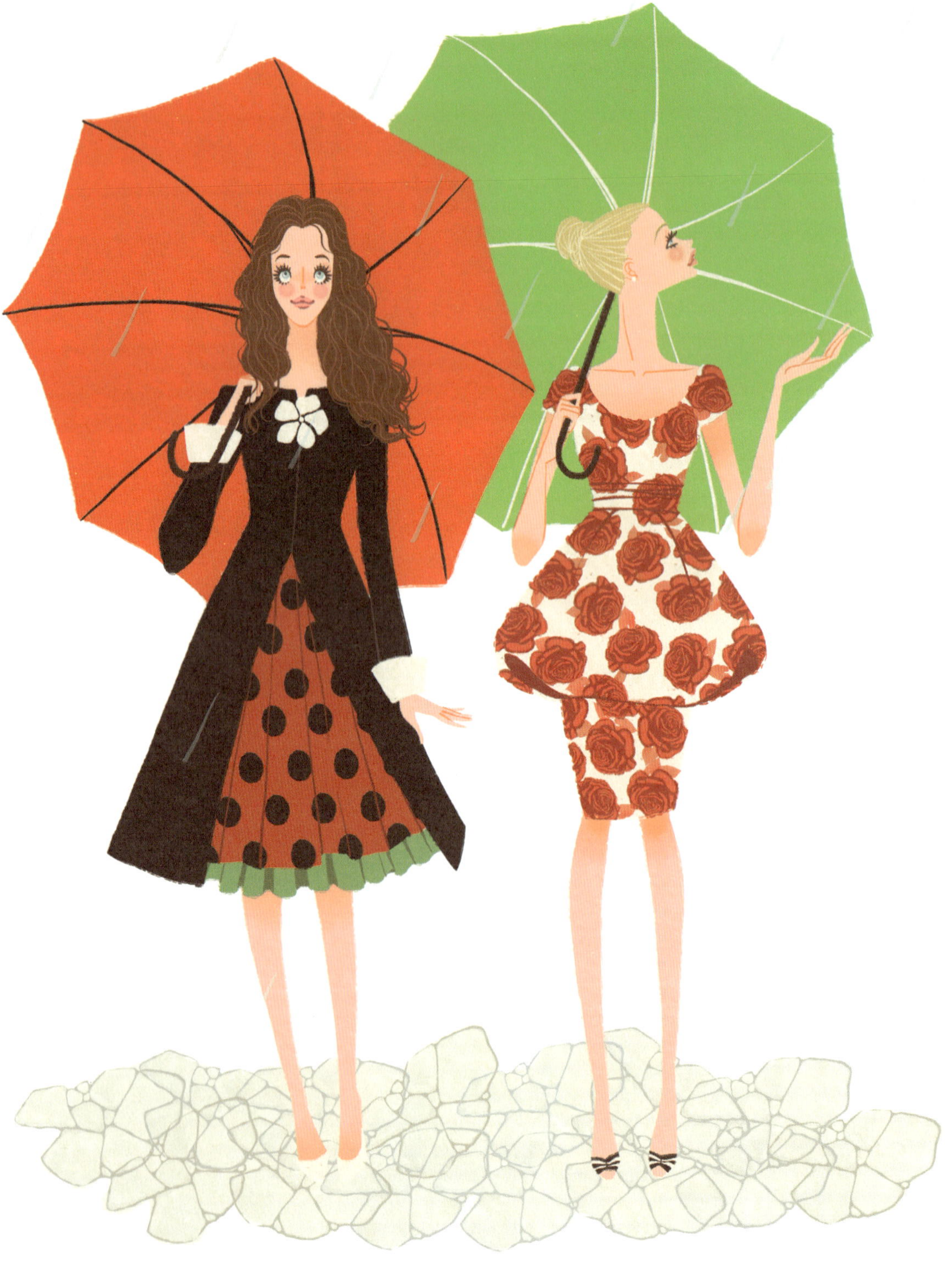

莎拉‧潔西卡‧帕克

文獻

- Joel Kimbeck（2012），《Fashion Muse》，Miraebook Publishing Co
- Lee Jihyeon、Jung Eunseok（2004），*A Study on the Fashion Style in TV Drama - Focused on 'Sex & The City'* -，Journal of the Korean Society of Costume，54（2）
- *Style Icon Sarah Jessica Parker*, Daily Fashion And Style, 2009. 11. 7
- Lucy Hutchings, *Style File- Sarah Jessica Parker, Vogue.co.uk*, 2013. 6. 7
- Kara Florez, *Sarah Jessica Parker: Style Icon Through The Years, styleite.com*, 2010. 5. 20
- Jen Carlson, Model is Angry That Sarah Jessica Parker Is A "Fashion Icon", Gothamist Daily, 2011. 8. 1
- Debra Forman, *Sarah Jessica Parker*, jewishvirtuallibrary.org
- Kyle Anderson, *Sarah Jessica Parker's Style*, Elle.com, 2009. 11. 6

網站

- People.com
- filmreference.com
- biography.com
- enjoyfashion.com
- biography.com
- imdb.com

Olsen Sisters

15

Olsen Sisters
歐爾森姊妹
1986~

我們也是平凡的青少女，
只是比較常去旅行，並擁有自己的公司而已。

我曾經這樣問過美國朋友。 美國最有名的雙胞胎是誰？ 姜作家 雙胞胎？ 尼克(29歲)對時尚沒興趣	他理所當然地回答。 當然是歐爾森姊妹啊！	即使不是特別注意時尚的人，也認識這對25年以上對美國人來說最有名的雙胞胎——歐爾森姊妹。
這對雙胞胎姊妹在1986年6月13日同時間出生。 雖然長得很像，不過我們是異卵雙胞胎喔。 姊姊艾希莉·歐爾森　妹妹瑪莉凱特·歐爾森	1987年出生後才9個月，她們就演出了美國廣播公司的情境劇《天才老爸俏皮娃》的蜜雪兒·譚納。	與大眾一起經歷嬰兒到孩童時期的成長過程。 FULL HOUSE
現在已經20多歲了的歐爾森姊妹，不只是在美國，甚至在全球都是最有名的雙胞胎，現在就一起來認識她們吧！	當時的電視和電影產業很喜歡用雙胞胎，於是她們偶然被相中演出。	因為美國的未成年勞動法非常嚴格，所以兒童一天拍攝的時間是有限的。 啊！現在還沒拍完耶！ 今天工作已經夠多了，該回家了！

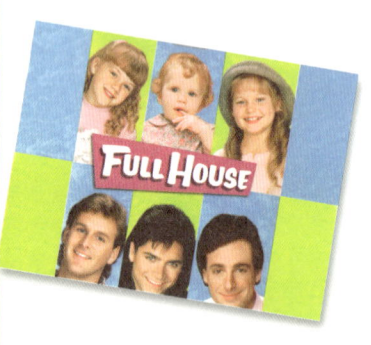

由雙胞胎輪流扮演同一個角色的話，可以讓拍攝的時間加倍。
情境劇《天才老爸俏皮娃》講述的是3個男人養育3個女孩的故事，歐爾森姊妹扮演的是最小的蜜雪兒‧譚納。

Michelle Tanner

一個角色由兩個人扮演～

這部劇集受到觀眾的喜愛，從1987年播到了1995年。

FULL HOUSE

喔！要演《天才老爸俏皮娃》了！

美國人一面看著歐爾森姊妹從嬰兒時期開始長大，自己的年紀也一面增加。

ABCDEFG～

呼呼　喔喔

從蹣跚學步開始

一直到去學校上課學字母的時候

就像看著自己的孩子一歲一歲長大而感到滿足，他們開心地看著她們成長。

國民雙胞胎

國民女兒

Happy Birthday! Olsen Twins!

她們每年生日時，報紙和雜誌甚至會為她們祝賀。

因為這樣獨特的成長過程，歐爾森姊妹成為了好萊塢最受歡迎的雙胞胎姊妹。

同時她們也是最有錢的雙胞胎姊妹。

$

1993年，她們才6歲就開了自己的公司——雙星娛樂公司。

DUALSTAR

最年輕的娛樂公司經營者兼製片人

317

歐爾森姊妹的王國——雙星公司徹底將這兩位小女孩品牌化，拓展公司的事業版圖。他們最先開始著手的部分就是：製作以她們兩人為主角的電影和影片。

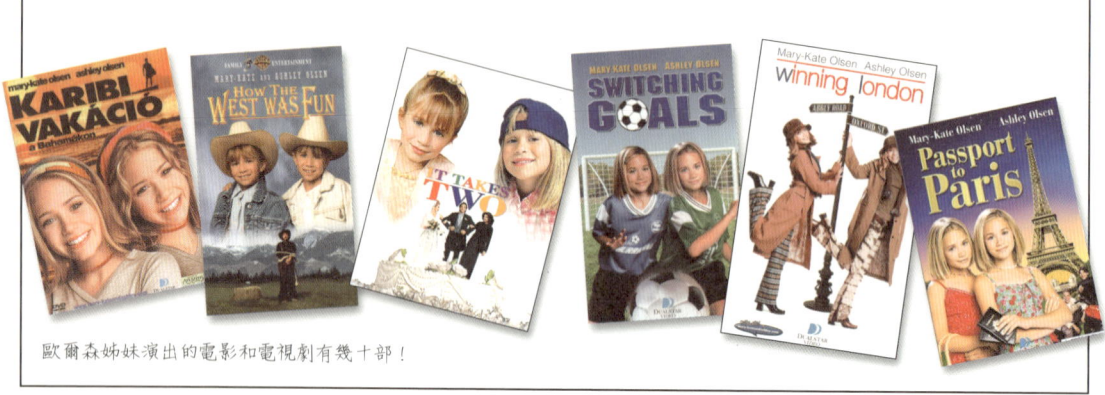

歐爾森姊妹演出的電影和電視劇有幾十部！

尤其，因為1990年代的美國孩童們看著歐爾森姊妹的電影和電視節目長大……

所以到2000年代初期為止，還沒到青春期的女孩們都把歐爾森姊妹當成偶像。

哇啊!! 哇啊!!

許多小女孩都想學歐爾森姊妹，於是形成了一股模仿的現象。

買跟歐爾森一樣的衣服給我！

一樣的髮帶！

一樣的鞋子！

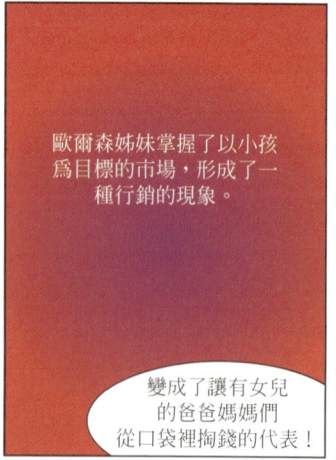

歐爾森姊妹掌握了以小孩為目標的市場，形成了一種行銷的現象。

變成了讓有女兒的爸爸媽媽們從口袋裡掏錢的代表！

因為這樣的影響力，雙星不只專攻影片，還將觸角延伸到各種領域。

不只是製作影片！

推出所有掛上她們的名字的產品！

包括歐爾森娃娃、歐爾森電子遊戲、歐爾森書籍、歐爾森寢具、歐爾森家具！

她們才10歲就成為了美國歷史上最年輕的白手起家百萬富翁！

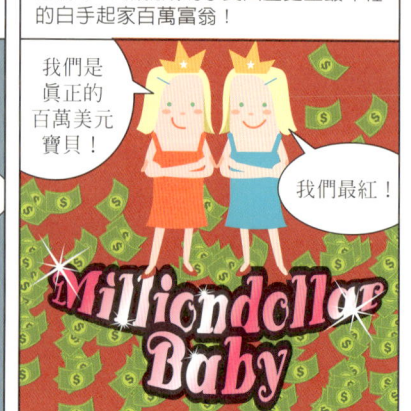

我們是真正的百萬美元寶貝！

我們最紅！

Milliondollar Baby

318 時尚經典的誕生

歐爾森姊妹年紀輕輕就躋身Celebrity的行列。

等等！我們常說的「Celebrity」到底是什麼意思呢？

所謂的Celebrity就是受到大眾的矚目，能引起大家的關注，擁有許多追隨者的人物。

字典釋義：
名人、名流、明星

我就是巨星！Celebirty！

哇啊!! 哇啊!!

她們的一舉手一投足都會對大眾造成影響，這也代表著她們擁有了驚人的商業價值。

Celebrity

是星巴克的咖啡？我也要喝那個。

她穿了UGG！我也要買！

她們隨時隨地都受到大眾的注意，並且持續透過各種媒體曝光，所以在時尚和生活風格上的影響力非常大。全世界的Celebrity現象正如至今我們所看到的，隨著時代持續變化。

1920～1950年代
好萊塢電影的全盛期：
大銀幕明星的時代

1960～1980年代
電視普遍化與音樂的時代：
Young Fashion

現在
新媒體、多元化的時代：
Syndrome、Fandom、Wannabe現象

在這之中，進入現代後產生的其中一個獨特文化就是「Wannabe現象」。

Wannabe

憧憬名人，追隨他們的風格或行動，渴望成為他們；是一種希望變得跟明星一樣的社會、文化現象。1982年的《Newsweek》雜誌首度使用這個單字。

Wannabe現象初次出現在1980年代模仿瑪丹娜風格的女性粉絲身上。

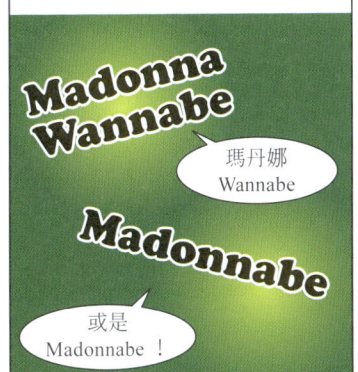

Madonna Wannabe

瑪丹娜Wannabe

Madonnabe

或是Madonnabe！

Wannabe現象不只是模仿衣著，影響力甚至觸及外貌、消費、生活風格。

為了像明星，不惜動整形手術！

厚臉皮

請把我整得跟宋慧喬一樣。

歐爾森姊妹的 Wannabe 現象在她們很小的時候就確實地跟商業做了連結，2001 年她們推出可愛又休閒風的第一個品牌「Mary-Kate and Ashley: Real fashion for real girls」，以 4～14 歲的女孩為對象，除了衣服之外，還推出了化妝品、香水、書、海報、生活用品等。另外，她們與大型流通業 Wal-mart 合作，將產品銷售到全世界，創造了極大的收益。

家具

電子遊戲

兒童服飾

香水

化妝品

娃娃

以芭比娃娃聞名、世界上最大的玩具公司美泰兒，在 2000～2005 年生產了歐爾森姊妹的娃娃，造成了一股熱潮，銷售量僅次於芭比。

320　時尚經典的誕生

歐爾森姊妹的事業做得非常成功，17歲就被認為分別擁有了150萬美元的身價。

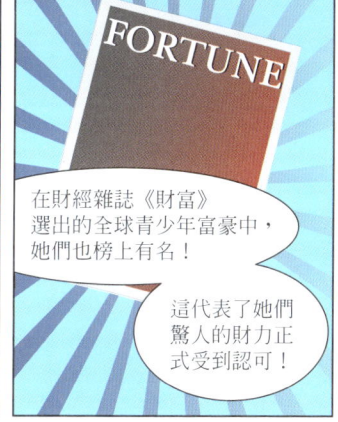

少女企業家！

她們也是在好萊塢星光大道留名的人物中年紀最小的！

MARY-KATE & ASHLEY OLSEN

2004年，18歲的歐爾森姊妹買下雙星娛樂公司的所有權，成為完全的大老闆。

DUALSTAR

以2004年為準，她們當時所擁有的財產高達1億5000萬美元（約合台幣45億元）。

從2002年之後，她們持續登上《富比世》雜誌100名人榜。

2007年她們被推估擁有100萬美元的淨資產。

是娛樂圈中排名11的富婆！

FORTUNE

在財經雜誌《財富》選出的全球青少年富豪中，她們也榜上有名！

這代表了她們驚人的財力正式受到認可！

另外，成為雙星娛樂公司老闆的同時，她們也從高中畢業了，準備展開全新的人生。

暫時離開故鄉——加州

到紐約的紐約大學念書！

NEW YORK UNIVERSITY

大家非常關注這兩個小女孩長大成人後上大學的事情。

她們要到紐約的事在美國成為了話題。

歐爾森姊妹要離開加州了

在紐約，狗仔也常常跟拍她們日常生活的模樣。

與歐爾森姊妹年齡相仿，從小就把她們當偶像的女生在20歲之後，還是視她們為It girl，熱中於她們的風格。

天啊！歐爾森姊妹變成紐約風了！

好美！

好迷人！

321

雖然她們的體型比較嬌小，有型的外貌卻不輸模特兒，所以也受到了大家的注意。

喔！哪來這麼有品味的哈比人？

媒體和大眾甚至為歐爾森姊妹獨特的風格取名——流浪漢風！

誰叫我？

雖然像是把各種東西隨便穿上身，卻看起來非常有魅力，因此成為了一股潮流。

其他的名稱

街友時尚

流浪漢時尚

垃圾裝時尚

菸灰缸

獨特慵懶風

BOBO族（布波族）

歐爾森姊妹的流浪漢風

所謂的流浪漢風，最基本的就是多層次穿搭。

大件的開襟毛衣是流浪漢風必備的單品！

一層
兩層
三層

自由奔放的 Boho Chic，是凱特‧摩絲和席艾娜‧米勒曾經帶動的流行，而流浪漢風跟這種風格相似，通常都是用寬大的外套或開襟毛衣，搭配寬鬆的毛衣或襯衫，然後再加上飄逸的裙子、內搭褲。

非大尺寸不可

＋ ＋ ＋ ＋

大部分都選彩度較低的深色系

搭配披肩、手鐲、戒指、項鍊、包包、大墨鏡等各種配件是流浪漢風的特色

而且歐爾森姊妹非常特別，她們雖然常出現在各種排行榜上，卻不像富家女一樣用奢侈的名牌服飾打扮自己。

褪色般的襤褸服裝

養的也是大型犬

休閒又復古

不過，可能是因為遮掩不住那一出生就成為明星的百萬寶貝氣息吧？就算她們穿的是流浪漢風……

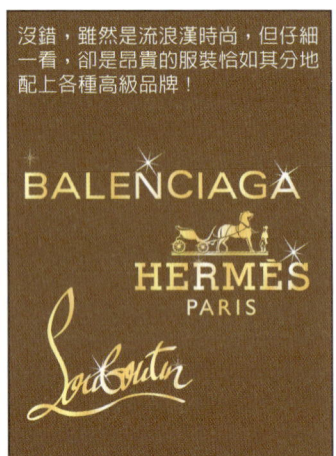

看起來卻充滿高級的感覺！

……

流浪漢始祖

相似之中又不太像耶，她是犀利姐嗎……

沒錯，雖然是流浪漢時尚，但仔細一看，卻是昂貴的服裝恰如其分地配上各種高級品牌！

BALENCIAGA

HERMÈS PARIS

Louboutin

她們手上提的是？

Balenciaga 幾千美元的機車包

幾萬美元的柏金包

鞋子是 Christian Louboutin

不過她們的包包跟其他名人的包包不太一樣。

隨便踩躪新包包，製造復古的感覺……

嗚嗚……

毫不在意地破壞幾千美元的包包，妳們不愧是百萬富翁！

身為雙胞胎的她們個性也不一樣，而流浪漢風格就是瑪莉凱特・歐爾森的招牌。

The New York Times

《紐約時報》

瑪莉凱特・歐爾森是時尚指標。

她讓穿著寬鬆服裝的纖細少女們看起來變得有型。

瑪莉凱特・歐爾森的風格散發了自由奔放、舒適和從容的氣息。

說到瑪莉凱特・歐爾森，就會聯想到喀什米爾圍巾、Balenciaga 包、寬鬆服飾和復古風格的手鍊、戒指等。

另外，在她被狗仔拍到的照片裡，還有一個總是會出現的東西，那就是星巴克外帶杯！

走路時手上拿著一杯大大的星巴克紙杯，甚至曾經一度被女人們當成一種時尚的單品。

拍張自拍照上傳～

喀嚓

要把星巴克的商標拍清楚，這樣才算時髦！

……

正如唯獨瑪莉凱特的流浪漢風特別受到大家的討論，小時候總是呈現相同面貌的歐爾森姊妹，長大成人後，在風格上開始走自己的路線。

可別誤以為雙胞胎連品味都一樣喔！

瑪莉凱特 vs. 艾希莉

瑪莉凱特喜歡彩度低的寬鬆穿搭、隨興的多層次，以及包含搖滾音樂元素的風格；艾希莉則是偏好色彩繽紛、正式和俐落的服裝，走的是較典雅內斂的風格。不過，她們兩人的共通點是：都喜歡寬大的衣服、多層次穿搭、大包包。

325

有趣的一點是，她們穿著流浪漢風格並不是為了造型。

我們不是因為潮流或造型才這樣穿的。

對我們來說，重要的是每天早上起床後趕快去學校上課，而不是因為希望狗仔們來拍才這樣穿。

艾希莉・歐爾森

對已經適應了加州溫暖陽光的我們來說，紐約的天氣就像冰箱一樣。

從洛杉磯來到紐約的加州少女，為了抵抗紐約的冰雪，怎麼能不多穿幾件呢？

衣服就等於是保護的裝備。

而且也懶得做整體的搭配！

原本只是因為惰性，和為了保護自己不要在美國東部地區的寒冷中受寒，結果卻創造出了……

2000年代中期美國青少年的時尚熱潮！

當時流行的大尺寸男友外套和超長裙，就是歐爾森姊妹帶動起來的流行！

但是，歐爾森姊妹也曾因為流浪漢風而被設計師布萊克・威爾選為2005年最不會穿衣服的女性。

Worst Dressed!!!

當時布蘭妮・絲皮爾斯、潔西卡・辛普森、派瑞絲・希爾頓等人也被選為最差著裝人士。

Mr.Blackwell（本名：理查德・布萊克威爾 Richard Blackwell）於2008年去世的好萊塢時尚評論家兼設計師，以每年都會發表最差著裝人士而聞名。

但是，時尚專家不喜歡又怎麼樣？實際上，女孩們的反應卻是完全相反！年輕女孩們熱愛歐爾森姊妹的穿搭，視她們為風格的指標。

2010年獲得英國版《ELLE》雜誌的風格獎！

2011年被選為《VOGUE》雜誌發表的最佳著裝人士！

當時其他上榜的姊妹還有密道爾姊妹、索蘭芝＆碧昂絲姊妹。

我喜歡歐爾森姊妹！

美國青少女的時尚教科書！

她們是我們的幻想！

326　時尚經典的誕生

歐爾森姊妹憑著自身的品味引領了潮流，並在2006年開創了High Fashion品牌「The Row」。

R
THE ROW

The Row 是一個高級的品牌，從品牌概念、設計、製造流程、店鋪管理，她們都親身參與。

穿著高級訂製服品牌的服裝時，我總覺得必須搭配一些奢華而基本的衣服。

艾希莉

The Row 的名字來自倫敦的薩佛街（Saviel Row，是倫敦高級西裝店林立的街道，被視為西服的發源地）。

做出我們喜歡的、我們想買的東西，而且我們會把自己認為美麗的東西做成高品質的商品！

瑪莉凱特

她們透過 The Row 推出簡約設計、材質良好的服裝，即使已經不是當季品，看起來也不會俗氣。

The Row 對品質和細節相當講究，跟 H&M、Forever 21 這類快速時尚品牌不同。

H&M　FOREVER 21

快速時尚 Fast Fashion
以像速食一樣低廉的價格，迅速製作、散播流行風格的時尚事業形態。

雖然她們是年僅28歲的CEO，但 The Row 顧客的年齡層卻比她們還高。

願意為了好品質而花錢的職業女性們

不喜歡為了強調品牌而故意讓標誌外露的女性

其實創設 The Row 的時候，並不是適合推出高級品牌的時期。

經濟衰退

但是，就算是在不景氣和高價策略的背景下，The Row 還是成功了，她們培養出一群死忠的顧客，持續呈現成長趨勢。

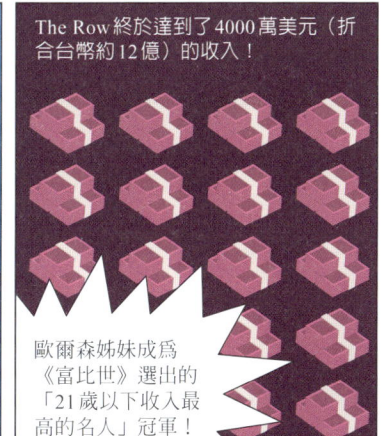

The Row 終於達到了4000萬美元（折合台幣約12億）的收入！

歐爾森姊妹成為《富比世》選出的「21歲以下收入最高的名人」冠軍！

之後，她們的時尚事業版圖持續擴展，又推出了不同概念的品牌「Elizabeth and James」。

Elizabeth and James

品牌名稱取自歐爾森姊妹的妹妹和弟弟的名字。

這個品牌的單品大多走獨特、復古的感覺。

接下來，她們瞄準少女的市場，開創了價位合理的品牌「Olsenboye」，

☮ Olsenboye

2009年

以及在網路上販售的「Stylemint」，都深受消費者喜愛。

STYLEMINT

2011年

R
THE ROW

The Row、Elizabeth and James、Olsenboye 的設計

328　時尚經典的誕生

2008年,她們把在時尚界活躍的人物的訪談集結成書後出版,可說是在各種領域都有所發展。

當然,也有反對她們的人。因為她們常常穿皮草,所以也像安娜・溫圖一樣,遭到動物保護團體的批評。

她們之所以會被批評,原因是 The Row 和 Elizabeth and James 常推出皮草製品。

HAIRY KATE & TRASHLEY OLSEN: FUR TRAMPS peta2

TROLLSENS: FUR HAGS FROM HELL peta2

2006年登上善待動物組織最差著裝人士名單。

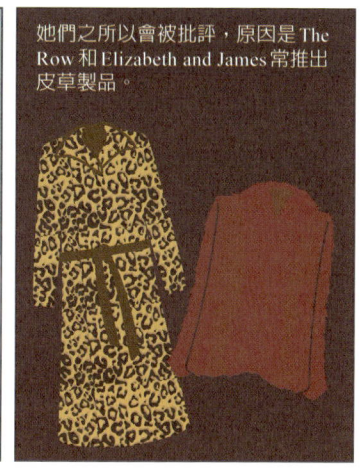

有人可能會認為歐爾森姊妹對時尚界的影響力不大,但她們創造出一股獨特風格的事實卻是不容否認的。

我們是流浪漢風格的始祖!

她們一直都非常清楚最新的潮流,以及最適合自己身材的風格。

她們在公開場合的服裝總是成為話題!

對造型的品味和自信,就是我們把歐爾森姊妹視為風格指標的原因!!

許多童星因為無法克服光鮮亮麗的世界帶來的困難而崩壞。

小鬼當家

麥考利・克金

但歐爾森姊妹卻不曾跌入瓶頸期或停止成長。

令人驚訝的是,美國的有線電視台到現在還在播放情境劇《天才老爸俏皮娃》!

後來才看《天才老爸俏皮娃》的孩子們看到瞬間長大的歐爾森姊妹還嚇了一大跳。

太誇張了!她們昨天在電視裡還是小孩呢!

329

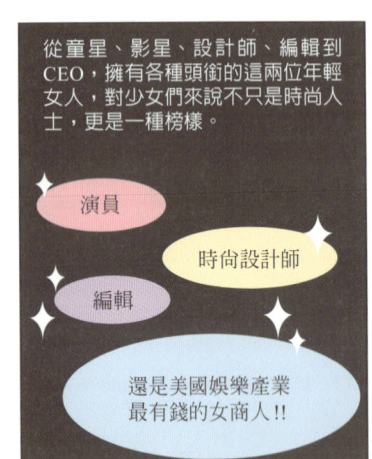

從童星、影星、設計師、編輯到CEO，擁有各種頭銜的這兩位年輕女人，對少女們來說不只是時尚人士，更是一種榜樣。

- 演員
- 時尚設計師
- 編輯
- 還是美國娛樂產業最有錢的女商人!!

歐爾森姊妹以後還會帶來什麼令人驚訝的發展呢？曾經有記者在訪談中這麼問：

妳們希望10年後變得怎麼樣呢？

嬌小得出了名的歐爾森姊妹妙答：

希望再長高一點！

呵呵呵呵

歐爾森姊妹

文獻

- Kim Sora（2007），*Celebrity Fashion and the Influence of celebrity on a Fashion Society*，首爾女子大學研究所，首爾
- Ko Yunhui（2011），*A Study on the Wannabe Phenomenon of Celebrity Fashion* 首爾世宗大學研究所
- Lucy Kaylin, *Ashley Olsen Spills Her Secrets*, <Marie Claire>, 2009. 8. 5
- Sheryl Garratt, *Double vision: luxury fashion by the Olsen twins*, Telegraph.co.uk, 2011. 8. 22
- Christopher Bollen, *Marykate Olsen*, interviewmagazine.com.
- *Olsen twins explain their 'homeless chic' style*, CNN Entertainment, 2011. 5. 30
- Ella Alexander, *The Olsens Uncovered*, Vogue.co.uk, 2011. 5. 27
- Ruth La Ferla, *Mary-Kate, Fashion Star*, <International New York Times>, 2005. 3. 6
- Ginia Bellafante, *No Labels for the Twins but Their Own*, <International New York Times>, 2008. 10. 24
- Leah Rozen, *An Olsen Sitser Finds a Spotlight All Her Own*, <International New York Times>, 2011. 10. 29
- Jim Hopkins, *Billion-dollar teens take business seriously*, <USA TODAY>, 2005. 5. 5 *The Richest 20 Women in Entertainment*, <Forbes>, 2007. 1. 18

電視

- Fashion Icons: Olsen Twins Special, Fashion Television Channel

網站

- People.com
- thebiographychannel.co.uk
- dualstarentertainmentgroup.com
- imdb.com

LADY GAGA

16

Lady Gaga
女神卡卡
1986~

你們取笑我有點不一樣，
但我取笑你們全部都一樣。
做自己最美，因為上帝不會出錯。

好奇怪。	真是好奇怪的衣服。	沒看過這麼奇怪的衣服。
但是更奇怪的是…… 頭上擺龍蝦	穿著這種奇裝異服的女人…… 這可不是拖把	得到了時尚指標獎！ 到底是為什麼???!!!!
1986年出生，2008年出道後不過幾年就成為了大明星的女神卡卡，以令人上癮的音樂和前衛的演出而聞名。	比起她的音樂，更常被人們掛在嘴邊的是她的時尚造型——完全無法預測，而且極其震撼和無厘頭！ 那是什麼玩意啊……	一開始雖然很難理解，但是邊罵邊看之後，卻對她的時尚世界逐漸產生情感。 越來越入迷…… 甚至感覺越來越酷……

女神卡卡的時尚有多麼重要，從她的粉絲身上就能看得出來。 **我們的偶像是女神卡卡！**	女神卡卡到韓國表演時，粉絲們扮演女神卡卡的造型也成為了話題。 常見的Gaga Wannabe	每次發表新專輯、MV，或是頒獎典禮時，女神卡卡的時尚總是受到矚目。 **那到底是什麼時尚啊！！！** what the hell!
令人驚訝的是，女神卡卡的時尚是出自於自己的想像力，而不是造型師之手。 我是為了服裝而創造音樂。	她不是寫完歌才決定造型，而是在寫歌的同時就開始想在舞台上要穿什麼衣服。	我要的是融合音樂、表演、時尚這些元素，強烈到足以吞噬一切的某種東西！

女神卡卡不是按照公司所設定的概念走，而是親身參與音樂、造型等領域，甚至組成了一支創意團隊。

```
HAUS
 OF
GAGA
```

這支隊伍叫「卡卡工房（Haus of Gaga）」，靈感來自安迪‧沃荷的「工廠（The Factory）」。

卡卡工房不只負責表演和MV的所有服裝、道具、髮型，還兼顧舞台演出、音效。

所以，比起目前看過的所有時尚指標，女神卡卡的時尚風格更變化無常、更具衝擊性！

我好混亂……

到底是什麼跟什麼啊？

除了「奇怪」之外，沒有其他共通的特徵了嗎？

姜作家

是的，在女神卡卡多變的時尚世界中，也有一個特徵——那就是她最常見的「歌德風」。

所謂的「歌德風」以中世紀的歌德文化為基礎，是一種呈現了死亡、恐懼、惡魔、吸血鬼等陰森黑暗的超自然力量的風格。

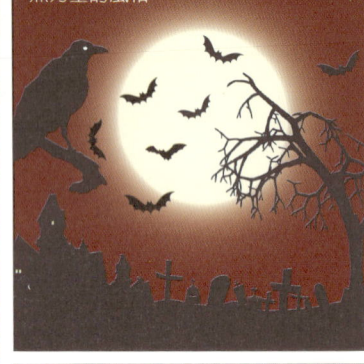

歌德風始於1970年代末期英國的歌德族，在女神卡卡出現之前，就已經存在於搖滾音樂界和時尚界。

代表音樂人有蘇西與冥妖樂團

瑪麗蓮·曼森

詭異又沉重的形象

憤怒、攻擊、反抗、反社會傾向

偏好黑色

2009年MTV頒獎典禮上身穿尚·保羅·高緹耶的禮服

雖然這樣大膽的風格不免會讓有些人感到排斥，但在崇尚這種風格的人之中，現在還是很流行1980年代的歌德風。

誇張的髮型
詭異的妝容
體環
鳥甲串裝荷葉邊襯衫
絲絨外套

如果說原本的歌德風是直接呈現中世紀的歌德風，那女神卡卡就是把它詮釋為現代的歌德風。而且，在女神卡卡的歌德風之中，強烈表現了超現實與未來的奇幻感。

強調肩膀的服裝，就像在看歌德式建築一樣

皮製的服裝加上金屬鉚釘裝飾

遮住整張臉的面具和誇張的煙燻妝

女神卡卡的歌德風

女神卡卡的歌德風是詭異的，而且不合常理與現實。原本的歌德風是崇尚過去、逃避現實的，顏色以黑色為主，彷彿德古拉伯爵現身一樣；但女神卡卡的歌德風色彩繽紛，並且添加了令人聯想到龐克風、電影裡惡魔或怪物、外星人等的點子，打造出了新的歌德風。

還有很重要的一點是：像是為料理加上醬料一樣，卡卡在陰鬱而沉重的歌德形象中，增添了帶有諷刺意味的幽默感！

在〈狗仔隊（Paparazzi）〉的 MV 中，卡卡在殺害男友時身穿黃色衣服，畫著奇怪的妝，並戴著令人聯想到米奇老鼠的滑稽墨鏡。與碧昂絲合唱的〈電話（Telephone）〉，卡卡在 MV 裡頭頂可樂罐、電話，甚至戴著由香菸做成的墨鏡，打破了舊有觀念，展現別出心裁、創新的點子。

PAPARAZZI

這種諷刺又搞笑的一面屬於 Chav 風格的一種，在卡卡的服裝中相當常見。

如果是《時尚的誕生》的讀者，可能還記得

在 Burberry 篇中出現的麻煩精 Chav 族！

Chav 風格俗氣又膚淺，是一種與高雅時髦、俐落簡約相差甚遠的廉價時尚，以流氓、缺乏文化教養的人、不良少年為代表。

故意露出牌子

覺得自己是世界上最酷的流氓感

大項鍊（這也是假的）

最愛「運動服時尚」

閃閃發亮的各種飾品（是假貨）

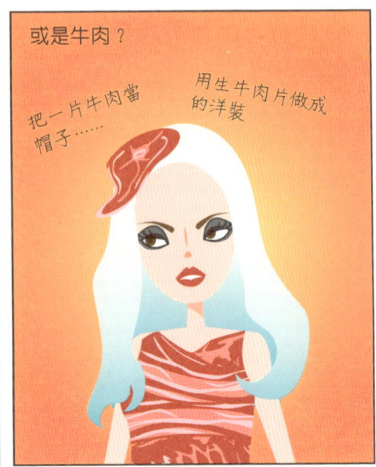

於是，過去被認為是低俗時尚的Chav風格，現在變成了一種年輕人刻意追求的獨特時尚文化。 以韓國來說，2NE1的〈Fire〉MV服裝就是Chav風格！	女神卡卡利用Chav風，以及過去瑪丹娜所追求的媚俗風，將自己的時尚風格發揮到了極致。 Kitch　Chav Chav風就是媚俗風格的其中一種	最簡單的例子就是：用頭髮做成的蝴蝶結。 鏘～可愛吧？ 韓國也有許多偶像模仿這個髮型。
雖然也有像蝴蝶結這種能讓人輕易接納的髮型，但是她大部分的風格還是令人難以接受。 不只是過度繽紛、眩目的服裝	甚至是「前衛」到已經無法用「誇張」形容的風格，讓看的人都瞪大了眼睛。 還把電話放到頭上～	用青蛙娃娃包覆全身 美國人氣卡通「科米蛙」
不喜歡兩棲類的話，那甲殼類怎麼樣？	還是不喜歡，那烏龜呢？ ……	或是牛肉？ 把一片牛肉當帽子……　用生牛肉片做成的洋裝

女神卡卡總是能發揮令人始料未及的想像力，讓人感到驚訝。對她來說，時尚就是一種表演，跟她的音樂一樣，都是自己創造出來的藝術。她的腦海裡充滿了連科幻電影或漫畫都不常看到的新穎想法。

但是無畏無懼、總是走大膽時尚路線的她，過去也常常被說是在模仿其他歌手。

一開始的黑褐髮常讓人誤以為她是艾美·懷斯……

染成金髮後則是被批評與克莉絲汀·阿吉萊拉相似。

阿吉萊拉的《激情變身夜(Not Myself Tonight)》和女神卡卡《羅曼死(Bad Romance)》的唱片封面

但是女神卡卡對這些批評甘之如飴。

在被批評之前大家都不太認識我，多虧這件事，才讓我變有名了，我應該要送花給他們。

341

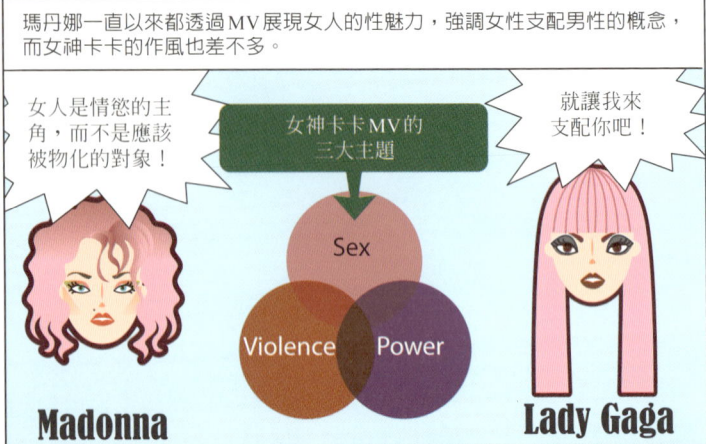

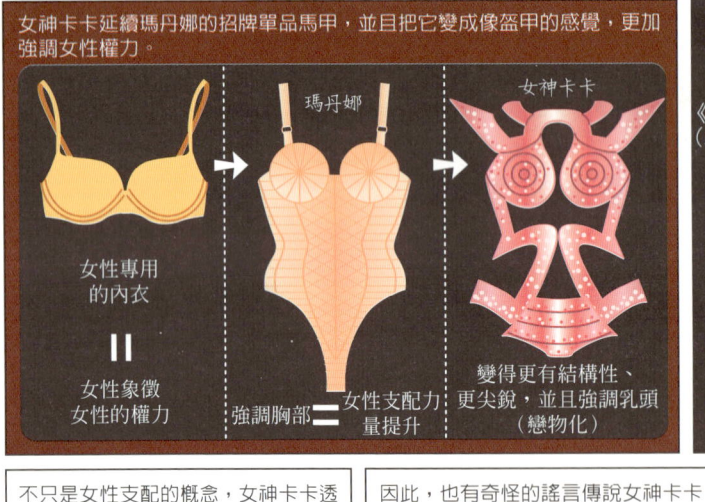

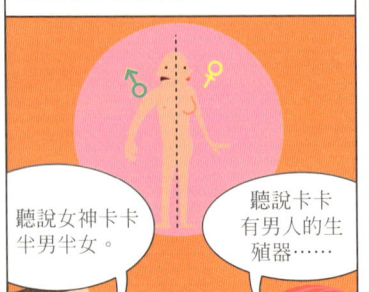

另外，女神卡卡也常被拿來和雷夫‧波維瑞、伊莎貝拉‧布羅作比較，在這些人之中，最常被討論的是？

瑪丹娜

瑪丹娜一直以來都透過MV展現女人的性魅力，強調女性支配男性的概念，而女神卡卡的作風也差不多。

女人是情慾的主角，而不是應該被物化的對象！

女神卡卡MV的三大主題

Sex
Violence Power

就讓我來支配你吧！

Madonna　　Lady Gaga

女神卡卡延續瑪丹娜的招牌單品馬甲，並且把它變成像盔甲的感覺，更加強調女性權力。

瑪丹娜　　女神卡卡

女性專用的內衣
＝
女性象徵女性的權力

強調胸部＝女性支配力量提升

變得更有結構性、更尖銳，並且強調乳頭（戀物化）

另外，她也穿過神職者的服裝，或是特意凸顯宗教象徵，這些也常被拿來和瑪丹娜做比較。

《亞歷山卓(Alejandro)》MV

不只是女性支配的概念，女神卡卡透過自己的音樂世界，嘗試打破男性和女性的界線。

一定要分男人和女人嗎？我想要屏除這種二分法的思考方式！

因此，也有奇怪的謠言傳說女神卡卡是男女混合的陰陽人……

聽說女神卡卡半男半女。

聽說卡卡有男人的生殖器……

這種謠言連提的價值都沒有，我只是因為喜歡雌雄同體風才打扮成中性的感覺。

2009年美國廣播公司的訪談

342 時尚經典的誕生

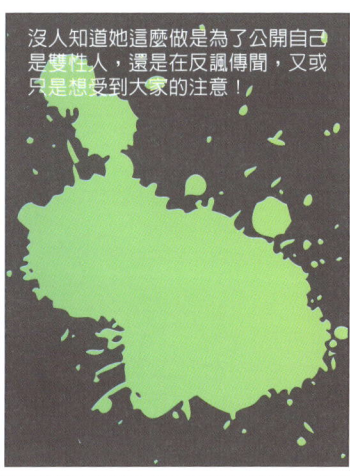

其實我的粉絲不在乎我是陰陽人、變性人，還是雙性戀；他們喜歡的是我的音樂和自由。

雖然她對無稽的傳聞不理不睬，但還是常以雌雄同體風出現在公眾場合，對雙性傳聞採保留態度。

2011年MTV VMA頒獎典禮上以完美的男裝登場！

沒人知道她這麼做是為了公開自己是雙性人，還是在反諷傳聞，又或只是想受到大家的注意！

馬甲與圓錐內衣
與瑪丹娜招牌圓錐內衣相似的服裝也被批評抄襲，但是必須注意到的一點是：女神卡卡不是單純的模仿，而是添加了自己獨有的「誇張」、「幽默」！瑪丹娜的圓錐內衣比較沉重、認真，女神卡卡的則是加上了槍或鞭炮，然後在表演途中點燃，呈現了獨特的風格。

從 2011 年發表《天生完美（Born This Way）》開始，瑪丹娜與女神卡卡的競爭甚至延伸到了音樂層面。

什麼？跟瑪丹娜的《表現你自己（Express Yourself）》很像喔？

和弦和旋律都好熟悉喔！

被認為是天才詞曲創作歌手的女神卡卡竟然抄襲瑪丹娜？這可說是一大話題。

把我的歌重新詮釋得更精采了是吧？

結果，瑪丹娜在 2012 年 MDNA 巡迴演唱會上，大肆諷刺這件事。

她把《天生完美》和《表現你自己》巧妙地混在一起唱！

你們看看有多像？連混在一起唱都不會奇怪。

尤其是瑪丹娜最後大喊「She's not me」，這個橋段成為了一大高潮！

她不是我！

〈她不是我〉是收錄在瑪丹娜《娜・式・糖（Hard Candy）》中的歌曲

瑪丹娜在這場巡演中不只挖苦女神卡卡的音樂。女神卡卡的粉絲向來被稱作「小怪獸」……

女神卡卡是怪獸之母

卡卡的粉絲是小怪獸

Mother Monster　　**Little Monster**

她利用「怪獸」大肆嘲諷女神卡卡的時尚造型！

舞台後方的螢幕上出現了畫著圓錐內衣等瑪丹娜招牌的罐頭。

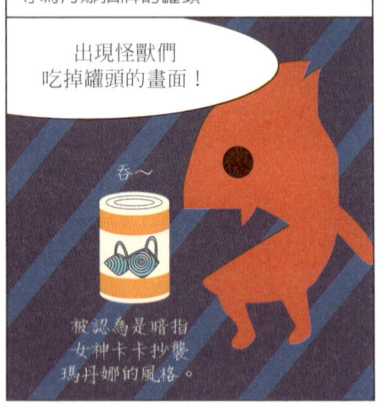

出現怪獸們吃掉罐頭的畫面！

吞～

被認為是暗指女神卡卡抄襲瑪丹娜的風格。

諷刺的是，瑪丹娜在全盛時期也被批評模仿瑪麗蓮・夢露。

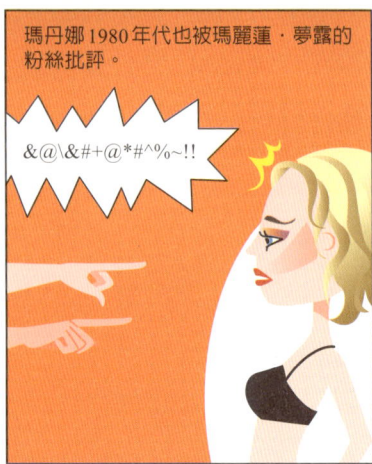

妳沒資格批評女神卡卡吧？

2000 年代，就像瑪丹娜的粉絲批評女神卡卡一樣……

&@\&#+@*#^%~!!

瑪丹娜 1980 年代也被瑪麗蓮・夢露的粉絲批評。

&@\&#+@*#^%~!!

344　時尚經典的誕生

瑪丹娜模仿瑪麗蓮·夢露，女神卡卡模仿瑪丹娜，她們之間的抄襲問題不斷被爭論著……	但是，在代表了各個時代的時尚指標中，像這樣彼此對立的情況也是前所未有。	雖然風波不斷，但不得不承認的是，女神卡卡最後還是利用特有的幽默和諷刺，創造出了無人可及的風格。
MARILYN MONROE / MADONNA / LADY GAGA	**指標們的戰爭**	該承認的就承認吧！ 以獨特性來說，我更勝她們一籌吧？ 得意　洋洋
不只受到粉絲和大眾認可，女神卡卡也受到正式的認可。	女神卡卡得到了美國設計師協會獎的「時尚指標獎」！	這是一件很驚人的事情。雖然很多人都讚揚卡卡藉由天生的時尚感走在潮流尖端，卻沒想到她會得到美國設計師協會的時尚指標獎。
今年的時尚指標獎!! 登登登登登登登 2011年6月6日紐約林肯中心美國設計師協會獎	**女神卡卡!!!!** !!!　!!! 什麼?!!　你說誰??!	卡卡是時尚指標?! 拿到時尚指標獎的人是卡卡嗎？
這個獎項向來都是頒給在時尚產業中，擁有商業或時尚價值的核心人物。	女神卡卡到底能不能和對 High Fashion 有極大影響力的指標們相提並論呢？	美國真人秀節目《決戰時裝伸展台》的提姆·岡恩就曾發表不認同女神卡卡的言論。
莎拉·潔西卡·帕克 凱特·摩絲	我穿的衣服都會賣到斷貨，她的衣服…… 大家都會學我的風格，但她的風格……	我絕對不會說卡卡是時尚指標，因為她穿的是表演服，而不是現實生活中會穿的衣服。

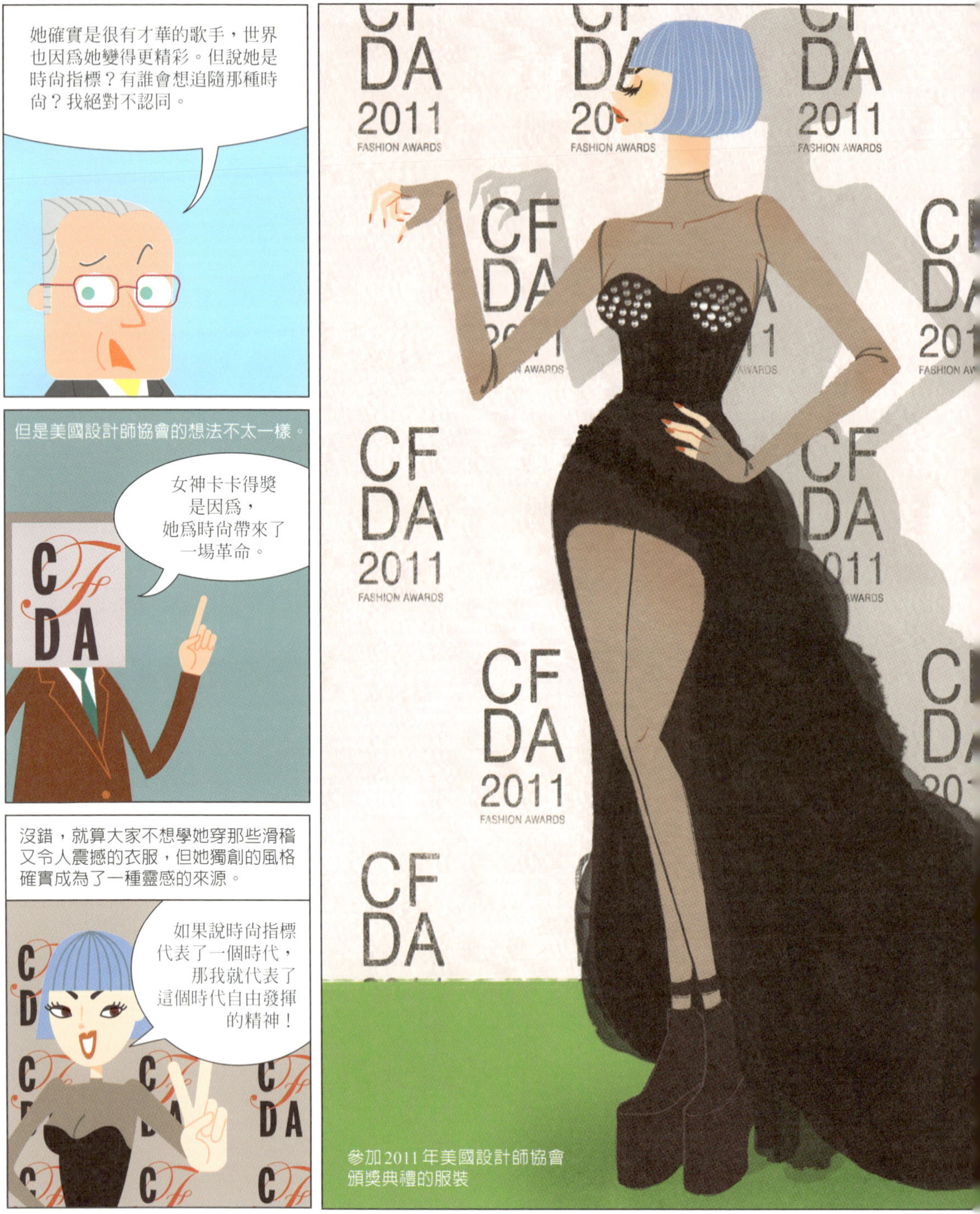

參加2011年美國設計師協會頒獎典禮的服裝

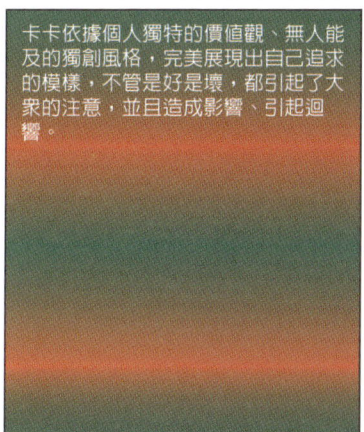

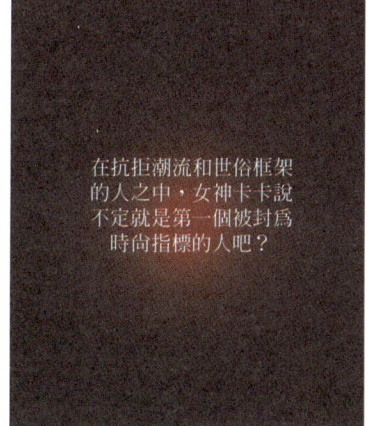

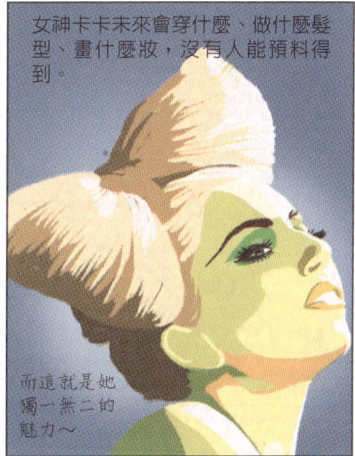

奇怪的是，雖然她的時尚風格比任何明星都還難以理解、都還大膽，卻讓她看起來很特別、很酷。 Am I cute?	當我們談論名人的時尚，女神卡卡可能不是會馬上出現在腦海裡的人。 凱特‧摩絲？ 莎拉‧潔西卡‧帕克？ 米蘭達‧可兒？ 說到時尚指標會想到的人？	但是，稍微換個不一樣的視角吧！例如穿出完美符合TPO的賈桂琳‧甘迺迪 **TPO** Time、Place、Occasion的縮寫，代表根據時間和場合打扮。
或是左右了潮流和時尚市場的安娜‧溫圖。真的只有她們有資格得到時尚指標的稱號嗎？ VOGUE	卡卡依據個人獨特的價值觀、無人能及的獨創風格，完美展現出自己追求的模樣，不管是好是壞，都引起了大眾的注意，並且造成影響、引起迴響。	光是這樣，女神卡卡就已經足夠獲得時尚指標的資格了吧？ 我做自己，不看你們的臉色！ 不管你喜歡我或討厭我，我的時尚造型就是能震驚世界！
你知道嗎？人們現在雖然覺得她的大膽風格很怪，但這說不定是未來的潮流。 我的時尚走在時代尖端～大概快了100年吧？	在抗拒潮流和世俗框架的人之中，女神卡卡說不定就是第一個被封為時尚指標的人吧？	女神卡卡未來會穿什麼、做什麼髮型、畫什麼妝，沒有人能預料得到。 而這就是她獨一無二的魅力～

Michelle Obama

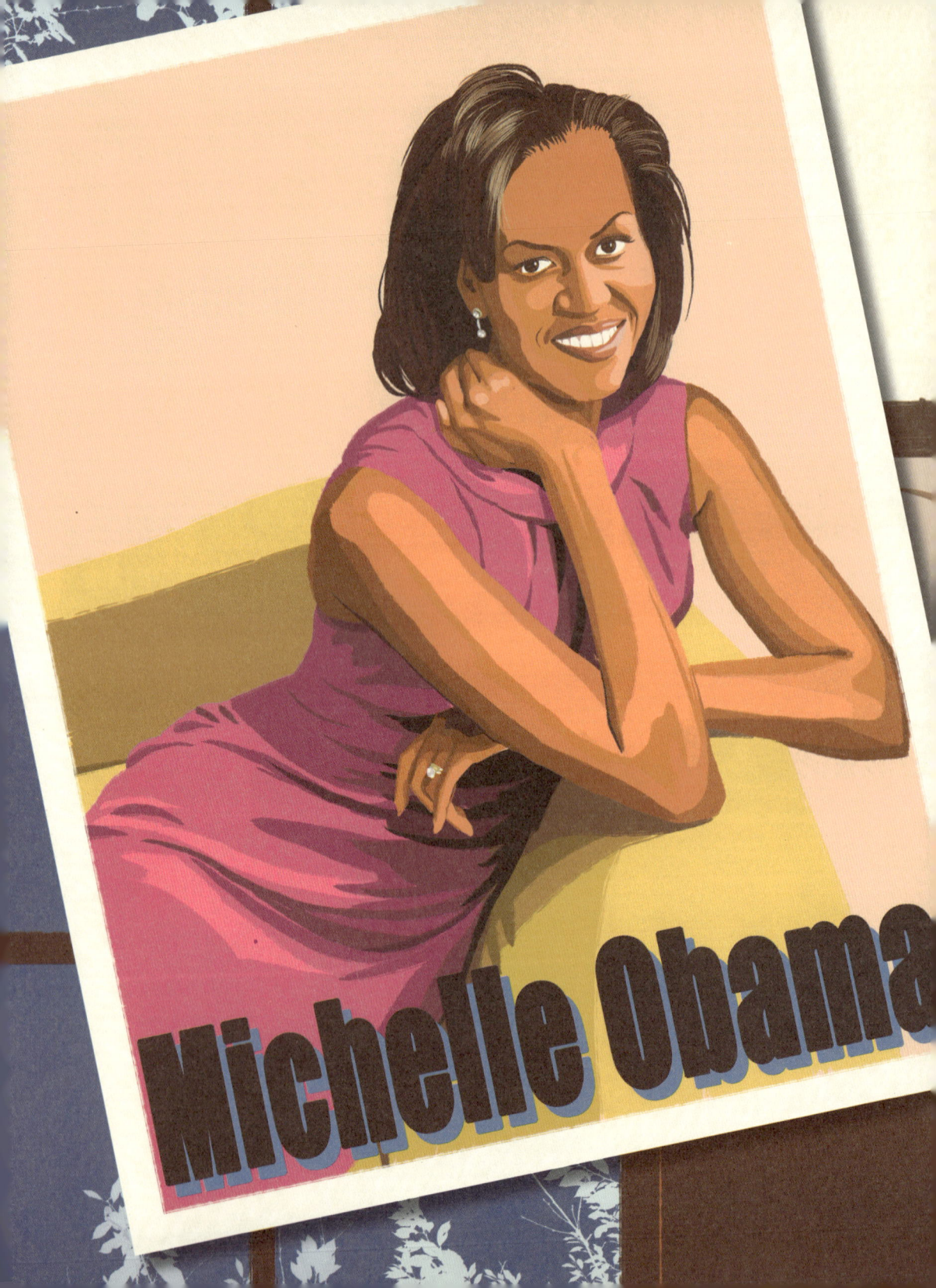

17

Michelle Obama
蜜雪兒・歐巴馬
1964~

當我處在最真的狀態，能發揮最大的力量。
我總是努力做自己，無法假裝自己是其他任何人。
這真的就是我有的一切了。

350 時尚經典的誕生

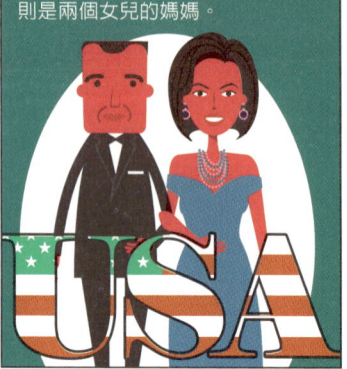

其實我們已經知道女性名人——特別是美國的第一夫人，對當代的時尚潮流一向有著舉足輕重的地位。

在美國，注意第一夫人服裝的這件事並不是什麼特別新奇的事情。

雷根總統的妻子南茜・雷根以華麗的晚禮服，展現出1980年代好萊塢風——又稱為雷根風。

Jackie Kennedy
FIRST LADY
Nancy Reagan

賈姬・甘迺迪以賈姬風受到大家的喜愛，而她的風格以典雅的套裝為主。
美國第一夫人的服裝向來都是大眾關心的事情。

尤其是賈姬・甘迺迪，她不只很對時尚有豐富的知識，也很會打扮。

賈桂琳・甘迺迪喜歡歐洲風格，而且總是打扮得很得體。

美國國立第一夫人圖書館的史學家卡爾・安東尼

她甚至僱用了專屬的設計師，替自己製作服裝。

我不要便宜貨！

不能買歐洲名牌的話，那我要請專屬設計師做衣服。

中低價品牌

賈姬・甘迺迪是大眾崇拜和仰慕的對象，對中產階級來說，是上流社會的指標人物。

這應該說是你們很難達到的上流社會風格吧？

哇喔喔　好美

過去的第一夫人們通常都穿著高級的服裝，並散發出特權階層的自豪、威嚴的感覺，而國民也認為這是當然的。

高不可攀的第一夫人世界

這才算總統夫人啊！
那當然。
跟我們不一樣。
她們是上流社會。

也就是說，南茜・雷根和賈姬・甘迺迪的風格並不是一般大眾的風格。

社會指導層專屬

富有階層專屬

精英專屬

但是蜜雪兒・歐巴馬與她們完全不一樣，可以說是首位打破傳統服裝慣例的第一夫人。

一般大眾也能輕易接受的風格

妳們也可以穿跟我一樣的衣服。

平易近人　親和

351

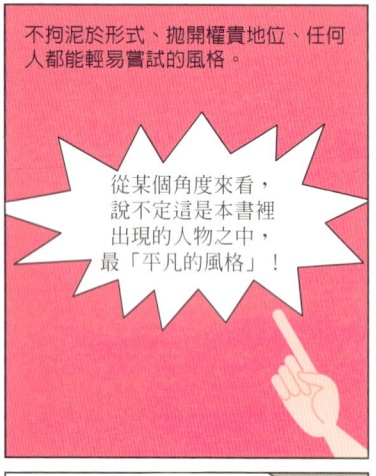

蜜雪兒‧歐巴馬風格的特徵是「穿得不像總統夫人」，她的風格易懂而且舒適，只要有人人必備的開襟毛衣、裙子、上衣等個別的單品，就能穿出蜜雪兒風。

大膽的色彩

開襟毛衣、裙子、洋裝

大而華麗的珠寶

她特別愛用皮帶替衣服畫龍點睛。

花朵圖案

不拘泥於形式、拋開權貴地位、任何人都能輕易嘗試的風格。

從某個角度來看，說不定這是本書裡出現的人物之中，最「平凡的風格」！

蜜雪兒‧歐巴馬的穿搭風格是平常也能輕鬆嘗試的風格。

一言以蔽之，她就是Everyday Icon。

＊凱特‧貝茲著有《Everyday Icon: Michelle Obama and the Power of Style》。

時尚作家
凱特‧貝茲＊

賈姬‧甘迺迪主要穿著單一品牌的高價套裝，蜜雪兒‧歐巴馬則傾向用各種平價品牌的單品做服裝搭配。

A品牌
B品牌
C品牌
D品牌

最高級的設計師品牌

分別都是平價品牌

另一方面，因為第一夫人代表了一個國家，這不免算是一種危險的嘗試。

第一夫人會不會穿得太休閒啦？

她應該穿符合第一夫人身分、正規又端莊的服裝吧？

但是不知不覺間，這樣的風格成為了蜜雪兒‧歐巴馬的招牌，她以漸漸走紅的名人和時尚指標的身分而廣受矚目。

蜜雪兒・歐巴馬的造型

無袖上衣就是她的招牌之一。 「總統夫人穿無袖的衣服面對大眾？」	她常常被拍到穿無袖上衣，露出古銅色手臂的照片。 這是非常令人震撼的事情，各媒體都撰寫了關於她無袖穿衣風格的報導。	因此也遭到保守派對她服裝是否合宜的問題進行評論和批判。 「一個國家的第一夫人怎麼能在正式場合上露出肩膀？真是不成體統。」
另一方面，也有人認為她的無袖風格其實有傳遞訊息的效果。 「露出健康的手臂，不只代表了權力，也有歡迎對方的意思。」 《Glamour》雜誌的時尚總監莎夏・伊格哈特	其實賈姬・甘迺迪或南茜・雷根偶爾也會穿無袖的衣服。 但是為什麼她們穿無袖的衣服時就沒有受到注意呢？ 為什麼只有蜜雪兒・歐巴馬的無袖服裝引起這麼大的爭論呢？	原因出在蜜雪兒・歐巴馬的身材，她是首位黑人第一夫人，身材較為壯碩，以前從來沒有第一夫人像她這麼高，並且自信地露出結實的身材。 5尺11吋相當於模特兒的身高 也就是超過了180公分的意思
她健壯的體型讓無袖的風格顯得更凸出，也讓她比任何第一夫人都還搶眼、更具指標性。		顏色簡單的正式套裝被一般人認為是商場上最適合的服裝，但蜜雪兒・歐巴馬卻不太穿這種衣服。

354 時尚經典的誕生

蜜雪兒・歐巴馬的無袖風格

她很愛穿舒適的開襟毛衣，從這一點就能知道她是一個不強調權力地位的人。 偏好能帶給對方舒適感的服裝	即使不是第一夫人，一般人在正式場合通常也都是穿套裝等制式服裝。 「我是冷淡的都會女子」 「我很有行情，也很有權力。」	不管是在政治或商場上，都有著女性必須盡可能隱藏女性化的一面，不要展露個性的偏見存在，蜜雪兒則打破了這種觀念。
她在與英國女王見面時也穿著開襟毛衣，在國際上引起了這樣的行為是否有禮的爭議。 黑色開襟毛衣 2009年白金漢宮	不過，她的選擇是對的。伊莉莎白二世女王感覺她很平易近人。	於是兩人就像朋友一樣搭著肩行走。這代表著蜜雪兒打破了僵硬而制式的規矩。
蜜雪兒‧歐巴馬的時尚風格，尤其對女性上班族產生特別大的影響。	她在成為第一夫人之前也是個事業有成的職業女性。 「哈佛法律學院畢業的精英」 「我是哈佛出來的女人」	她當過律師、醫院副院長、公司的重要幹部。

356 時尚經典的誕生

她同時也代表了現今社會成功的職業女性。

有經濟能力、成功導向

有領袖潛能的女性們

蜜雪兒·歐巴馬的打扮顛覆了在社會上活躍的女性時尚裝扮。

影響力　影響力

蜜雪兒·歐巴馬這樣穿,不就代表我們上班也可以那樣穿嗎?

過去,許多職業女性為了不在跟男人的競爭中屈居後位,而受到必須穿得像他們一樣的壓迫感。

為了要在與他們的競爭中存活下來,我必須要有剛強的形象,現在起我不是女人!

為了跟男性變得平等,1970年代的女性們穿著中性的套裝。

1980年代喬治·亞曼尼推出權力套裝(Power Suit),被女性稱為「成功的服裝」並爭相購買。

但是,自從2009年蜜雪兒·歐巴馬成為白宮的女主人後,這種偏見就消失無蹤了。

用柔和的開襟毛衣代替犀利的外套

用花花裙代替西裝褲

用大包包取代呆板的公事包並且穿戴飾品

開始在商場上展現女性的力量!

這種趨勢很快就蔓延到女性社會。

在華爾街工作的女性已經向她的風格看齊。

Lebenthal & Company 的 CEO 亞歷桑德拉·萊本索爾

我去其他公司開會時,總是會看到身穿荷葉邊襯衫,並配上鉛筆裙、開襟毛衣的女性員工們。

色彩繽紛~

女人味~

357

在過去30年高層主管會議室裡，肩線銳利的權力套裝相當常見，現在的趨勢則是舒適、女性化的服裝。
現代女性們不再為了要和男性競爭而穿上嚴肅的外套來武裝自己。
TRASH
以前有重要會議時，我總是穿黑色的套裝，最近我則穿洋裝，然後配上美麗的珠寶。
亮麗的開襟毛衣和洋裝
女CEO 琳恩．莎娜漢
擺脫了「工作時就必須拋棄女性化的一面」的固有觀念，這對喜歡美好事物的女性們來說，是非常棒的改變，因為她們以往總是壓抑著本能的審美觀，現在終於可以在職場上表現出來了。
跳脫黑色、灰色、米色等單一色彩
可以理直氣壯地穿著亮眼的粉紅、橘色、條紋服飾上班。
以前，花心思打扮會被認為是不認真工作，蜜雪兒．歐巴馬則為消除這種成見出了份力。
她怎麼每天都打扮得漂漂亮亮來上班啊？
有時間打扮還不如去工作。
她是來公司勾引男人的嗎？
以前不管是男人或女人，穿衣服必須顧慮旁人的眼光，只能穿保守的服裝，但現在的氛圍已經變得不一樣了。
又美又能幹～
完美！
真正的優質女！
喜歡打扮，不代表我的能力、知性、教養就會消失啊～
蜜雪兒．歐巴馬的時尚風格證明了：知道自己喜歡什麼，並且自信地表現出來，就是讓自己變得更有力量的方法。
選擇自己所愛的東西，就是成功的第一步。
蜜雪兒．歐巴馬的時尚風格之所以會受到喜愛，還有另一個原因：偏好平易近人的品牌。
唉唷，就算是這樣，第一夫人穿的品牌我們哪負擔得起啊！
對啊，一定很貴。

千萬別這麼想！其實她常穿的品牌是：

J.CREW

TARGET

H&M

GAP

TALBOTS Established 1947

中低價的連鎖品牌

2009年與南茜·雷根見面時穿著GAP價值25美元的開襟毛衣以及10美元的T恤

GAP $25

GAP $10

總統就任前，她穿著J.Crew品牌125美元的開襟毛衣上NBC的脫口秀《今夜秀》，讓眾人感到一陣驚訝。

又被稱為「J.Crew事件」。

當時傳出歐巴馬的強敵——共和黨的莎拉·露易絲·裴林在紐約高級的百貨公司買了15萬美元的名牌服飾，兩者更加形成對比。

BARNEYS NEW YORK

BERGDORF GOODMAN

SAKS FIFTH AVENUE

又叫「15萬美元事件」。

GAP $29.99

2011年6月與總統一起到大衛營時，穿著29.99美元的洋裝。

2011年2月接受NBC《今日秀》訪談時，穿著35美元的H&M洋裝。

H&M $85

359

蜜雪兒·歐巴馬在與重要人物見面的場合，總是穿著人人都買得起的中低價品牌。

全身都是GAP

南茜·雷根

這跟南茜·雷根在當第一夫人的時期面臨經濟蕭條，卻還繼續購買昂貴設計師服飾而遭到白眼的情況相比，可說是天壤之別。

我非常愛買衣服。

我是可以媲美賈桂琳的風格指標～

Bling Bling 超豪華 閃亮亮

經濟蕭條

南茜·雷根喜歡的設計師有詹姆斯·哥勒諾斯、奧斯卡·德拉倫塔、比爾·布拉斯等。

甚至有個笑話是：蜜雪兒·歐巴馬穿的毛衣比南茜·雷根的午餐還便宜。

那麼，賈桂琳喜歡的巴黎世家呢？還是葛莉絲·凱莉喜歡的愛馬仕？蜜雪兒·歐巴馬對這些都沒有興趣。

沒有歐洲名牌要怎麼活啊？

妳不需要？這是愛馬仕耶！

我只要有GAP就夠了。

當然，蜜雪兒·歐巴馬在正式場合還是會穿上厲害的設計師洋裝，但是她絕不是像賈桂琳·甘迺迪那樣盲目追隨高級品牌的人。

為什麼一直講到我？我到底怎麼了！我只是喜歡購物啊！

CHANEL
BALENCIAGA

而且，她大力支持美國的設計師，刻意穿著比較不知名的人才、美國新人設計師的服裝。

Thakoon
邁可·寇斯
吳季剛
艾薩克·麥茲拉西
伊莎貝爾·托利多
彼得·皮洛托
卡爾文·克雷恩
納西索·羅德里格斯
st伊拉斯莫
多娜·瑞可
崔西·芮絲
瑪麗亞·寶托

她大多選擇不是很奢華卻有獨特設計的單品，只要她一穿，那件衣服的設計師就會瞬間成名。

格子 1：
只要是設計師，當然都希望她穿上自己設計的衣服。
- 穿我的衣服！
- 先穿我的！
- 不對！穿我的！！

格子 2：
蜜雪兒・歐巴馬只要穿過一次，設計師和品牌的知名度、銷售量就會瞬間飆漲。

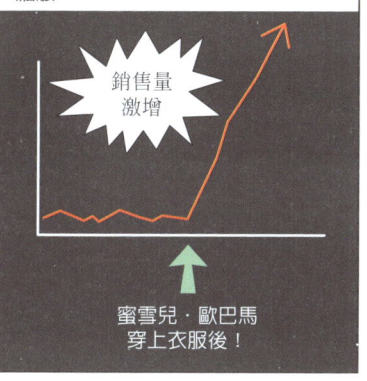

銷售量激增

蜜雪兒・歐巴馬穿上衣服後！

格子 3：
這是在財經雜誌中也常常提到的「蜜雪兒・歐巴馬效應」。

Michelle Obama Effect

格子 4：
第一夫人每次選擇的服裝，不只會影響時尚市場，更會牽動華爾街。

格子 5：
她在公開場合穿的服裝品牌，推估股價平均成長 2～3%。

紐約大學經濟學教授
大衛・耶梅克

格子 6：
在這些品牌之中，受惠最大的是 J.Crew。

J.CREW

就任典禮之後，蜜雪兒・歐巴馬每穿一次 J.Crew，J.Crew 的股價就大幅上漲。

格子 7：
她穿 J.Crew 的衣服上《今夜秀》的隔一天，J.Crew 的網頁連線率提升 64%，股價則在 3 天內上漲 25%！

她穿過後，會對那家公司產生極大的效益！

這是不會出現在正常市場變化中的現象。

格子 8：
蜜雪兒・歐巴馬眾所矚目，有一次她穿著 J.Crew 的奶油色開襟毛衣和鉛筆裙現身倫敦癌症中心，結果才幾個小時身上穿的衣服就銷售一空。

格子 9：
換算蜜雪兒・歐巴馬每穿一個品牌的服裝亮相而帶來的股價價值，相當於 1400 萬美元（約合台幣 4 億 2 千萬）；從 2008 年 11 月到 2009 年 12 月，她為所穿的品牌總共帶來了 2.7 億美元的產值。

有趣的是，甚至當老公歐巴馬支持率下跌時，蜜雪兒‧歐巴馬效應也不受任何影響。

持續不停地上升！

沒有其他第一夫人能像她一樣，對時尚市場有這麼直接的影響。法國前第一夫人卡拉‧布魯妮雖然也以穿衣風格而出名……

但是卻沒有對大眾產生太大影響。這是為什麼呢？

我只穿迪奧的衣服。

Dior

蜜雪兒‧歐巴馬效應之所以能形成，還有另一個原因：人們認為她的選擇是自發性的。

她不會為了宣傳特定品牌而穿衣服，也不接受設計師免費的贊助。

Original

她真的是依照自己的喜好，親自挑選服裝。

純粹由她創造而出的風格。

所以更令人感到信賴！

蜜雪兒‧歐巴馬在穿衣服之前，會希望先了解設計師為什麼這樣設計，之後才開始做造型。

造型師 Tina Chai

另外，因為她不如模特兒纖細，也對大眾的選擇產生了影響。

拜託！那是因為她瘦才好看啊！

就是啊！我太壯了，不適合

喔！如果適合身材豐腴的蜜雪兒‧歐巴馬，應該也會適合我吧？

但是，還是有些人看不慣她的選擇，而其中一個就是設計師奧斯卡‧德拉倫塔。

362 時尚經典的誕生

2011年1月中共前國家主席胡錦濤訪美，蜜雪兒·歐巴馬在晚宴上穿著亞歷山大·麥昆設計的紅色美麗禮服。	紅色在中國的文化中代表了幸福與財富，所以她選擇這套服裝被認為很得體。 甚至被選為2011年該年度的經典風格。	但是在《Women's Wear Daily》雜誌的訪談中，奧斯卡·德拉倫塔則給出負面評價。 那一次是為了促進美國和中國的貿易，她為什麼穿歐洲設計師的衣服呢？
另外，他對蜜雪兒·歐巴馬喜歡J.Crew或新人設計師的傾向也表達了不滿。 多樣性讓美國變得優秀。如果想讓美國的時尚界發展，應該也要穿高價設計師的衣服，而不只是穿J.Crew或新人設計師的衣服。我認為光走一個方向是不對的。	他也批評了蜜雪兒·歐巴馬與伊莉莎白二世女王見面時的服裝。 怎麼可以穿著開襟毛衣到白金漢宮去呢？	其實，過去30多年來，所有第一夫人都穿過他的衣服，除了蜜雪兒·歐巴馬…… 我不是希望第一夫人穿我的衣服才這樣子！我是不喜歡她的時尚品味！
但是正好與他的想法相反，蜜雪兒·歐巴馬已經被認為是世界最佳著裝人士的其中一人。 代表了美國時尚界的安娜·溫圖、莎拉、潔西卡·帕克、凱爾文·克雷恩、王薇薇等人，都已經成了蜜雪兒·歐巴馬風的狂熱粉絲！	蜜雪兒·歐巴馬是一個就算不僱用專業的造型師，也能按照自己的年紀，穿出格調和時髦感的女性。 造型師菲利普·布洛赫	蜜雪兒·歐巴馬穿的衣服、鞋子、皮帶、飾品，成為美國人日常生活的話題，也漸漸帶動全球女性的潮流。 我買了蜜雪兒·歐巴馬的洋裝～ 我買了她的包包呢～

蜜雪兒‧歐巴馬正式晚宴禮服

2011年1月，在白宮招待中共前國家主席胡錦濤的晚宴上，她穿了亞歷山大‧麥昆的紅色真絲硬紗禮服，這是亞歷山大‧麥昆的設計師莎拉／伯頓2011年度假系列（Resort Collection）的其中一套，為了更完美地露出蜜雪兒‧歐巴馬的手臂，所以袖子部分稍做了更動。

2010年5月，在白宮接待前墨西哥總統費利佩‧卡爾德龍夫婦的晚宴上，蜜雪兒‧歐巴馬穿著彼得‧索隆設計的禮服，從她成為第一夫人後，就常常穿他設計的禮服，這是她第五次穿彼得‧索隆的禮服，被選為2010年當年度的經典禮服之一。

她穿過的衣服總是立刻登上時尚部落格，而隔天仿製的商品就會熱銷。

有許多蜜雪兒‧歐巴馬的時尚部落格！

繼賈姬歐（Jackie O）之後，蜜雪兒歐（Michelle O）成為了世界上最有影響力的時尚指標之一。

有人說，如果賈桂琳有卡美洛時代

現在則有「歐巴馬洛（Obamalot）時代」。

她是第一個穿著平凡女性風格的第一夫人。

蜜雪兒為美國帶來了時尚民主主義！

也是唯一一個不受拘束、自信地穿著連鎖店鋪便宜服飾的第一夫人。

FIRST FIRST LADY

名符其實的「第一」夫人！

街頭巷尾也有人傳說蜜雪兒‧歐巴馬是為了看起來「平民」才刻意這樣穿。

這是誤會。她只是喜歡時尚，也很清楚怎麼打扮適合自己罷了。

造型師 Tina Chai

蜜雪兒‧歐巴馬對自己的風格哲學是這麼說的：

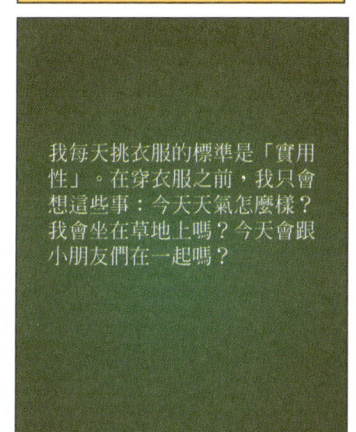

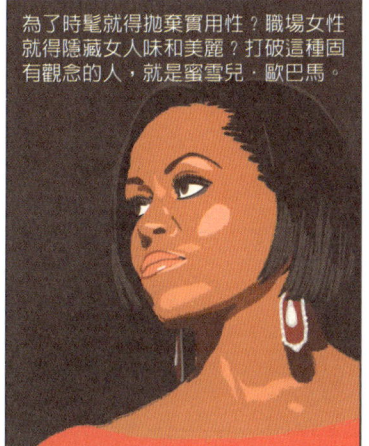

我不會看品牌挑衣服，我每天的穿搭都是以實用性為出發點。

我每天挑衣服的標準是「實用性」。在穿衣服之前，我只會想這些事：今天天氣怎麼樣？我會坐在草地上嗎？今天會跟小朋友們在一起嗎？

為了時髦就得拋棄實用性？職場女性就得隱藏女人味和美麗？打破這種固有觀念的人，就是蜜雪兒‧歐巴馬。

繼2008年，2012年選舉之後，蜜雪兒‧歐巴馬繼續當美國的第一夫人，她現在仍一樣會打扮，自信地在白宮當家。

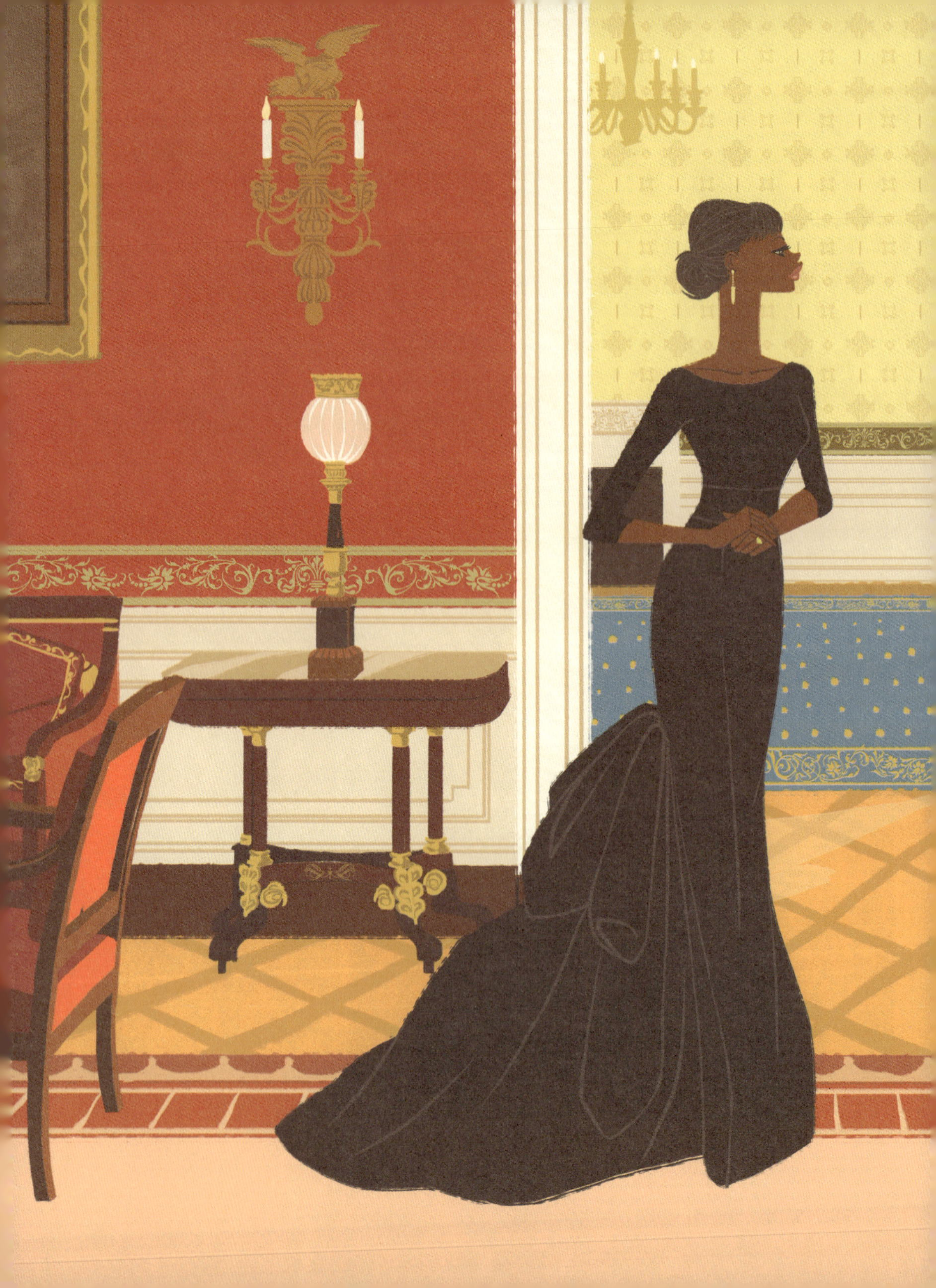

蜜雪兒・歐巴馬

文獻

- Joel Kimbeck（2012），《Fashion Muse》，Miraebook Publishing Co.
- Kate Betts(2011), *Everyday Icon: Michelle Obama and the Power of Style*, Potter Style. Kate Betts, *Michelle Obama and the New Power Dressing*, harpersbazaar.com, 2011. 2. 10
- Kate Betts, *The 10 Best-Dressed First Ladies*, thedailybeast.com, 2011. 2. 7
- Leslie Sanchez, *Commentary: Michelle Obama's smart fashion choices*, CNN.com, 2009. 9. 17
- Ariel Levy, *Michelle Obama in the Fashion Spotlight*, Elle.com, 2009. 3. 6
- Kate Hogan, *Michelle Obama Reveals Her Fashion Motto*, <People>, 2011. 10.18
- Meg Oliver, Suzanne Yeo, *The Midas Touch? Michelle Obama's Fashion Choices Move Markets*, ABC NEWS, 2010. 11. 8
- Julia Neel, *Style File- Michelle Obama*, Vogue.co.uk, 2011. 5. 1
- Joanna Douglas, *Michelle Obama wears $29 Gap dress*, Yahoo.com, 2011. 6. 13. *Michelle Obama's $3 billion fashion 'effect'*, <The Week>, 2010. 10. 28
- *Michelle Obama's Fashion Home Run*, CBS NEWS, 2008. 8. 26
- Rebecca Milzoff, *Michelle Obama's Fashion Legacy: How Stylish Should a First Lady Be?*, Glamour.com.
- Cynthia Nellis', *Michelle Obama's Favorite Fashion Designers*, About.com
- *Michelle Obama's impact on fashion*, marketplace.org, 2011. 2. 8
- Andrea Sachs, *Michelle Obama's Fashion Statement*, Time Entertainment, 2009. 7. 16
- Wendy Donahue, *Michelle Obama's year in fashion*, <Chicago Tribune>, 2009. 12. 27
- F. Chajin, *Oscar de la Renta Criticizes Michelle Obama's Fashion Choice*, terra.com, 2011. 1. 26
- David Yermack, *Vision Statement: How This First Lady Moves Markets*, <Harvard Business Review>, 2010. 11. 1
- Gina McCauley, *Michelle Obama, fashion mistress*, <The Guardian>, 2009. 2. 17
- Jazmine Denise Rogers, *All Articles Tagged 'Michelle Obama fashion'*, Madame Noire, 2013. 3. 8
- Eleanor Glover, *Tamara Abraham. First Lady's fashion sense falters as Michelle Obama and Sarah Brown meet for day two of G20 summit*, <Daily Mail> Online, 2009. 4. 3
- Laura Brown, *Michelle Obama: America's Got Talent*, harpersbazaar.com, 2010. 10. 13
- Gill Hart, *Michelle Obama in Fashion Controversy Over British Designers*, Suite101. com, 2011. 1. 21

網站

- womensforum.com
- bestfashionstyles.com
- mrs-o.com

Kate Middleton

18

Kate Middleton
凱特・密道頓
1982~

密道頓是一位平等的準王妃。
《週日鏡報（Sunday Mirror）》前主編伊芙・波拉德

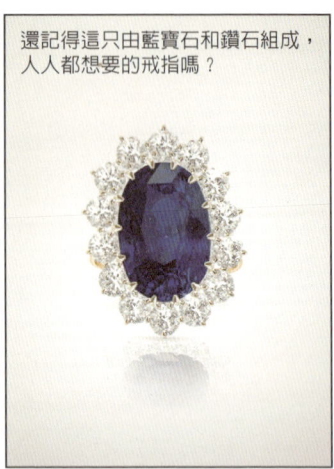

還記得這只由藍寶石和鑽石組成，人人都想要的戒指嗎？	這就是1981年查爾斯王子給黛安娜·斯賓塞的訂婚戒指。 在205頁出現過。	這只戒指在29年後的2010年10月，套到了某個正在肯亞度假的英國少女手上。 「剩下的人生請跟我共度。」 「天啊……」 ↓ 黛安娜的兒子威廉王子
黛安娜王妃的媳婦，威廉王子的妻子，喬治王子的母親，未來英國的王妃，以及冉冉而升的新時尚指標——她就是這本書最後的主角，凱特·密道頓。 本名是凱薩琳·伊莉莎白·密道頓（Catherine Elizabeth Middleton），通常被暱稱為「凱特」。 王室頭銜為劍橋公爵夫人凱薩琳殿下（Catherine, Duchess of Cambidge）。		當她得到黛安娜王妃訂婚戒指的消息傳開，英國和全世界掀起一陣騷動。 藍寶石戒指再次成為話題，每年都有許多情侶湧入紐約天然藍寶石公司。
如果說現在的美國有蜜雪兒·歐巴馬效應，那麼英國就是凱特·密道頓效應。 登登！！！！	2001年，威廉王子與凱特·密道頓在蘇格蘭的聖安德魯斯大學相遇。	他們愛上彼此，成為戀人。

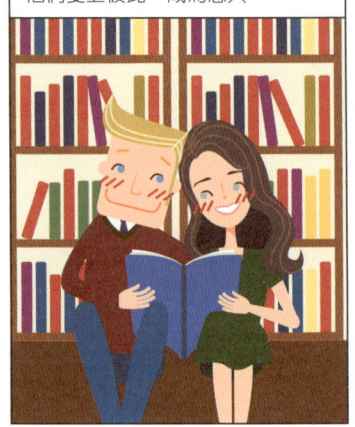

370　時尚經典的誕生

這件事傳出來後，她就跟黛安娜王妃一樣，受到大衆的忌妒和矚目。
什麼?!威廉王子有女朋友了？
是哪個丫頭！我還以爲我會跟王子結婚的！
當然，不只是英國，海外媒體也非常關注她。
妳以後也會被狗仔追著跑的。
嘖嘖
黛安娜
驚！
凱特·密道頓不管去哪裡都被狗仔狂拍，連她的家人也不例外。
喀嚓
喀嚓
喀嚓
喀嚓
喀嚓
但是凱特·密道頓是很有主見的女人，她公開表達對媒體過度關注的不滿。
我沒有做任何事情是值得媒體注意我的！
2007年她和威廉王子曾經警告報社將會提出告訴。
因此發行《時代》和《太陽報》的新聞集團，以及衛報媒體集團都決定不再刊登她被狗仔拍攝的照片。
2010年甚至以侵犯隱私為由，對隨便拍攝自己照片的公司、攝影師提告，並得到對方公開道歉。
5000英鎊的損害賠償，加上訴訟費用！
總共約24萬台幣
£5,000
攝影師
尼拉吉·塔納
因為凱特受到過度的關心，王室保衛處（SO14）更提供24小時的保護。
POLICE
一開始她是因為王子女友的身分而受到大家和媒體注意，但大家之後漸漸地發現了她的魅力……
那就是她出衆的時尚感。

372　時尚經典的誕生

她每次被拍到的照片都打扮得很有品味，因此漸漸以時尚指標的身分受到關注。

New Fashion Icon!

凱特是散發出自信感的年輕女性，她的打扮風格時髦而優雅。

Fresh　Elegant

跟一開始當王妃時有點俗氣的黛安娜不同，凱特婚前就已經很有品味。

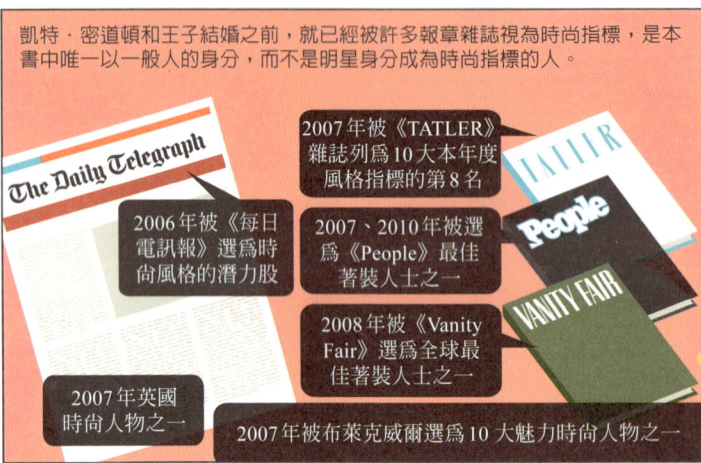

> 我是靠後天學習的，妳是天生就會啊？

> 婆婆一直……呃啊!!!

凱特‧密道頓和王子結婚之前，就已經被許多報章雜誌視為時尚指標，是本書中唯一以一般人的身分，而不是明星身分成為時尚指標的人。

The Daily Telegraph

2006年被《每日電訊報》選為時尚風格的潛力股

2007年被《TATLER》雜誌列為10大本年度風格指標的第8名

2007、2010年被選為《People》最佳著裝人士之一

2008年被《Vanity Fair》選為全球最佳著裝人士之一

2007年英國時尚人物之一

2007年被布萊克威爾選為10大魅力時尚人物之一

最令人印象深刻的是，凱特‧密道頓不是王族或貴族出身——她是英國王室350年來第一位平民出身的王妃。

> 可說是真正的平凡女人

2011年4月29日在全世界人們的羨慕之情中，平凡的她成為了皇家婚禮的主角。

> 世界還真是什麼事都有～
> 我竟然成為王室的一員～

這一天被宣布是英國舉國歡慶的日子，在西敏寺舉行了盛大的王室婚禮。

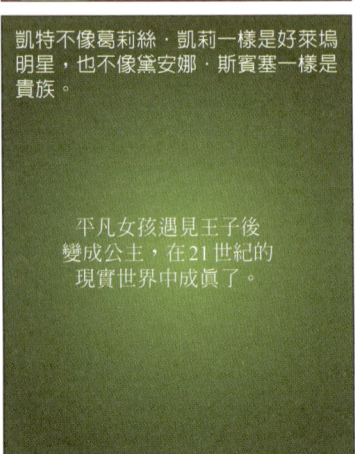

April

> 哇～我婚禮的那天全國放假！

凱特不像葛莉絲‧凱莉一樣是好萊塢明星，也不像黛安娜‧斯賓塞一樣是貴族。

平凡女孩遇見王子後變成公主，在21世紀的現實世界中成真了。

人們最關心的當然就是婚紗了。究竟是哪位幸運的設計師可以製作她的婚紗呢?

許多重量級的設計師都渴望得到這次的機會。
卡爾·拉格斐　吳季剛
亞歷山大·麥昆的莎拉·伯頓　范倫鐵諾
VS

因為只要被選中了,該品牌的股價肯定就會急速上漲。

應該會有很多婚紗店和新娘想要模仿她的婚紗!

婚紗直到婚禮當天,新娘從車上下來之前,全程保密到家。而全球的時尚人士就在緊張的情緒中,翹首盼望著這一瞬間的到來。
撲通撲通　撲通撲通

到了婚禮當天,她的婚紗終於公諸於世。
哇啊啊啊!!

2010年以自殺結束生命的英國名設計師亞歷山大·麥昆所創的同名品牌,就是得到這次機會的幸運兒。

ALEXANDER McQUEEN

在《時尚的誕生》中也出現過。

這件婚紗是由亞歷山大·麥昆的首席設計師莎拉·伯頓和新娘凱特的意見結合而成的作品。

以前製作黛安娜婚紗的大衛·伊曼紐爾,曾經輕微嘲諷她的選擇。

亞歷山大·麥昆雖然是英國的設計師,但現在這個品牌不是歸義大利公司Gucci所有嗎?

這應該是王室的婚禮第一次沒選用英國的設計業者吧?

義大利人應該會抓住這個機會,說三道四一番吧~

凱特・密道頓的婚紗

這件婚紗的設計是從1950年代典雅而復古的禮服中汲取靈感,並添加亞歷山大・麥昆經典的特色——維多利亞時代的元素。

與黛安娜王妃長達8公尺的拖尾相比,凱特王妃的拖尾長度比較短,約2.7公尺。拖尾與凱特王妃的身高達到完美的平衡,在朗讀結婚誓詞時,新娘必須站到階梯上,拖尾讓新娘的背影看起來更纖細、更優雅。

這件婚紗的主體部分是用莎拉・伯頓特別找來的英國產象牙色緞面硬紗製作。

其實這種布料做成A字裙的話,一不小心就會顯得沉重,所以這種設計並不適合個頭嬌小的新娘。

但是對高瘦的凱特來說,這一點不成問題。

大概175公分高

在王族的女性中,她算是個子比較高的其中一人。

374 時尚經典的誕生

另外，她的婚紗也採用了英國傳統結婚的習俗：新娘身上必須有四種東西（舊的東西、新的東西、借的東西、藍色的東西）。

第一點「舊的東西」：凱特王妃上身和袖子部分的花邊貼飾（Applique lace，剪裁後用針縫或拼貼的蕾絲技法）。

Something Old
Something New
Something Borrowed
Something Blue

Something Old

使用愛爾蘭地區流傳下來的Carrickmacross技法，表達對英國傳統手工藝的敬意，而繡花的形狀則象徵著英國的四個地區。

玫瑰：英國
大薊：蘇格蘭
水仙花：威爾斯
酢漿草：愛爾蘭

蕾絲是在莎拉‧伯頓的監督下，由皇家刺繡學院親手縫製。

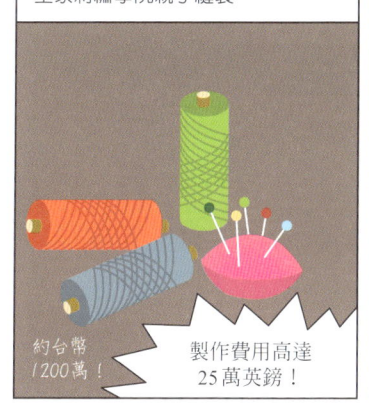

縫製時，每3小時換一次針，為了確保婚紗潔白，每30分鐘就洗一次手。

當時亞歷山大‧麥昆團隊為了保密，並沒有讓刺繡工匠們知道這是凱特‧密道頓的婚紗。

這是要用在電視歷史劇裡的服裝，不管多少費用都能支付，請大家好好繡上。

約台幣1200萬！
製作費用高達25萬英鎊！

第二點「新的東西」

Something New

凱特父母送的鑽石耳環，由羅賓森‧佩樂姆所設計。

那第三點「借的東西」是什麼？

Something Borrowed

凱特頭上戴的卡地亞皇冠是伊莉莎白二世女王借給她的。這是1936年喬治六世送給母親的禮物，是擁有一段歷史的王室物品。

最後一點是「藍色的東西」，不過凱特全白的婚紗上完全看不到藍色，這其中的祕密是？

Something Blue

原來是把藍色的蝴蝶結縫在婚紗裡！

她的婚紗獲得了時尚界和媒體的好評。

非常經典，拖尾的長度很完美，蕾絲也很漂亮，讓人想起1947年伊莉莎白二世的婚禮。

卡爾・拉格斐

這是一套傳統婚禮上非常傳統的婚紗，不會太奢華，也沒有絆手絆腳的長拖尾，或過度的裝飾。這套婚紗非常適合這位美麗的英國少女。

奧斯卡・德拉倫塔

KENZO

品牌的選擇，以及婚紗巧妙地融合了前衛風格和傳統元素——一切都非常英式！

Kenzo 的安東尼奧・馬拉斯

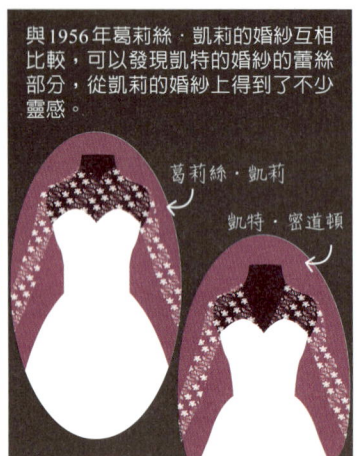

凱特王妃的婚紗常常被拿來和過去的王室時尚指標葛莉絲・凱莉、黛安娜做比較。

與1956年葛莉絲・凱莉的婚紗互相比較，可以發現凱特的婚紗的蕾絲部分，從凱莉的婚紗上得到了不少靈感。

葛莉絲・凱莉

凱特・密道頓

那如果和黛安娜的婚紗比較呢？

黛安娜的婚紗有著純潔、異想天開、童話故事裡的羅曼史的感覺。

王薇薇

為了未來將會成為王妃的現代版公主，凱特的婚紗則用了新的方式詮釋古典主義。

所以，凱特的婚紗比較簡單、現代。

十分簡約

如此受到設計師讚賞的婚紗，當然也受到全世界婚紗店和準新娘的熱烈歡迎。

要用凱特的風格設計才行。

我想穿跟凱特一樣的婚紗結婚！

376 時尚經典的誕生

實際上在婚禮當天,出現了四處都有人在觀察、描繪她的婚紗的奇妙景象。 準備抄襲就緒!	同一時間,已經有許多裁縫師和婚紗工匠在工作室裡準備好要複製這件婚紗。	隔天早上,人們已經可以在高街看到仿凱特婚紗製成的婚紗。
甚至還有婚紗店在婚紗公開後不到5小時就做好了複製的婚紗。 複製的達人!	據說這家店那一天接到數也數不清的購買諮詢電話。 OK! 是的~會做得一模一樣~	凱特的婚紗為婚紗的潮流帶來了變化。 也就是說,在凱特2011年的婚禮之後,準新娘們在選擇婚紗時深受她的影響。 開始風行凱特・密道頓婚紗的設計!
凱特選擇遮住整隻手臂的長袖婚紗,代表著現在開始要跟長久以來流行的無肩帶婚紗說再見了。 Bye Bye~ 《Weddingbells》的主編艾莉森・麥基	凱特的婚紗對之後幾年的婚紗會有很大的影響。這是每次王族或知名人士結婚時都會出現的現象。 高級訂製婚紗設計師維蘿妮卡迪桑托	不只是模仿婚紗而已,這場婚禮的影響力之大,甚至有人特地選同一天結婚! 我們也跟王子王妃一樣,要在4月29日結婚!

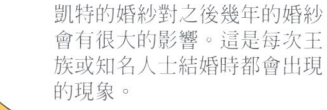

另外，這件婚紗從2011年7月到10月於白金漢宮展示。

白金漢宮的訪客人數因為這樣而大幅增加。

我們去看凱特王妃的婚紗吧！

高達65萬人！

據說入場費的收入被用來當作凱特經營的慈善團體的基金，以及王宮的維修費用。

約800萬英鎊（折合台幣約3.9億）

婚後成為凱薩琳伊莉莎白王妃的凱特，還是一樣簡樸、有氣質，更令人對她產生好感。

不能因為成為王族就變得驕傲。

我只是一個平凡的女人。

與凱特年齡相仿的名人，偏好作風大膽的時尚風格或超高高跟鞋，例如：女神卡卡、雷哈娜這些明星；但是凱特不喜歡奢侈和華麗的東西，所以在她的身上絕對看不到這些東西。

No No

妳要不要也綁蝴蝶結頭？

不用濃妝和昂貴的寶石裝扮自己

不穿複雜的服裝

總是選擇最簡單的裝扮

凱特確實不是走在流行尖端的女人。

穿穿看生牛肉裝吧！說不定可以提升英國牛肉的銷量喔！

凸顯胸部的衣服怎麼樣？

但是她再次讓某個風格開始在全世界流行，那就是……

淑女時尚

378 時尚經典的誕生

凱特的風格是現代之中帶有古典的味道，而她常穿的單品則有及膝的優雅洋裝或裙子、夾克、大衣。

最近迷你裙當道，凱特讓年輕女孩們再次對及膝裙產生了興趣。

中長裙是2012年春季最受矚目的穿搭之一！

凱特・密道頓的淑女風

凱特以端莊、氣質的淑女風，讓中長裙再次復活。她也跟伊莉莎白二世女王一樣，喜歡皇家藍（英國王室象徵色，寶藍色）的服裝。

由凱特·密道頓帶動流行的單品

帽子

英國王室中的女性都愛帽子。就像黛安娜一樣，凱特·密道頓對帽子的熱愛也不同凡響，常常可以看到她在公開場合戴著珍·泰勒、詹姆斯·洛克的帽子出現。2012年1月，凱特被帽子協會（The Headwear Association）選為「最適合戴帽子的人士」，打敗瑞秋·佐伊、尼歐、賈斯汀·提姆布萊克、布魯諾·馬爾斯，以高達91%的支持率登上冠軍。
另外，凱特的髮型好整理又不失性感，也非常受歡迎。

靴子

凱特常穿靴子，就跟她常戴帽子一樣，不管是穿裙子或穿褲子，凱特經常都會搭配過膝靴。
多虧了凱特，靴子也成為流行單品的其中一項。

凱特‧密道頓也被認為對褲襪的復活產生了推波助瀾的功勞。

nude pantyhose

簡單來講就是肉色絲襪～

她喜歡穿絲襪的事一傳開，各品牌褲襪的銷售量甚至增加高達90%。

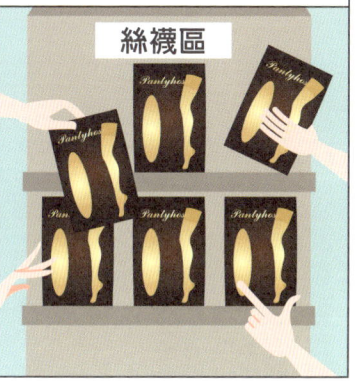

絲襪區

另外，她拒絕王室提供個人造型師的事情也很有名。

我不需要知名的造型師，因為我抓得到感覺，可以自己好好打扮～

眾所周知，不管是設計師品牌或高街時尚，凱特王妃兩種都愛，而現在我們要看的是高街品牌。

* SPA模式是英文 Specialty store retailer of Private label Apparel 的縮寫，以品牌為概念做垂直整合，從商品企劃、生產、物流到販售全部一手包辦。

高街 High Street
意指位於英國各都市的中心街道，是店鋪和零售商店林立的街道。

高街品牌
高街品牌指的是在高街常看到的中低價品牌，以英國高街為中心，價格比設計師品牌低廉許多。英國保稅服裝店不多，大部分的商店都已經品牌化，Topshop之類的SPA模式*品牌都是高街品牌的其中一種。

代表性的高街品牌有Zara、Marks & Spencer、French Connection、Primark、AllSaints、Reiss、L.K.Bennett等。

凱特鍾愛這些品牌，甚至有「英國高街之后」的稱號。

從她在公開場合現身時的穿著來看就能略知一二，比方說她在2012年2月活動上穿的衣服。

利物浦兒童醫院

當時她穿的是英國品牌Hobbs的大衣和Oasis的洋裝。

天啊！太美了！

是哪一家的衣服？

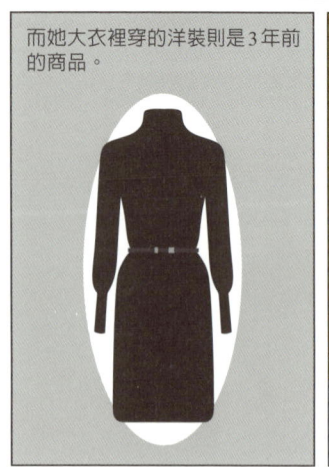

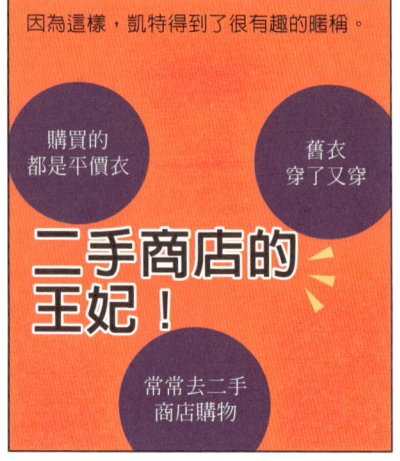

當時她穿的大衣是2011年9月親自在斯隆廣場購買的,有時尚部落客們的親眼見證。

這件大衣原本還有庫存,並且以半價販售,結果凱特一穿,瞬間銷售一空!

HOBBS LONDON
UNLIMITED CELESTE FLARED COAT

NOW £182.00
(was £369.00)

SOLD OUT

45分鐘就斷貨!

而她大衣裡穿的洋裝則是3年前的商品。

在英國國立肖像畫美術館展覽的開場活動上也一樣。

在上流社會豪華的正式活動上,她穿著親自在二手商店購買的衣服!

因為這樣,凱特得到了很有趣的暱稱。

購買的都是平價衣

舊衣穿了又穿

二手商店的王妃!

常常去二手商店購物

其實沒有人會批評王妃在這種正式場合穿著名牌，但是，凱特有自己的立場。

I'm normal!
有什麼好奇怪的？

也有人分析：這是在英國經濟不景氣的狀況下，為了促進大眾消費而進行的策略。

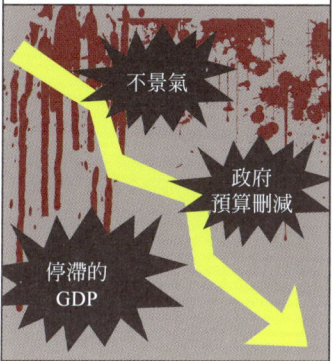

不景氣
政府預算刪減
停滯的GDP

實際上，凱特購物的傾向的確對活化英國高街市場產生了效果。

因為只要是她穿出來亮相的衣服都會熱銷！

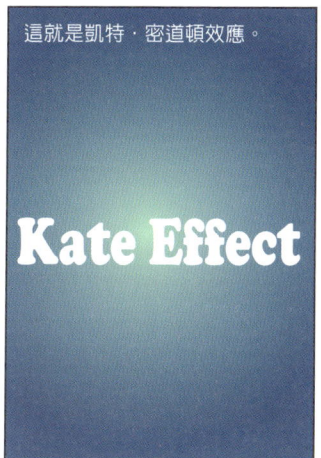

一窩蜂 血拼！血拼！血拼！血拼！

我們去買凱特穿的衣服吧！

這就是凱特・密道頓效應。

Kate Effect

凱特・密道頓效應從公布訂婚的那一天就開始了，當她那天穿上這件藍色的洋裝……

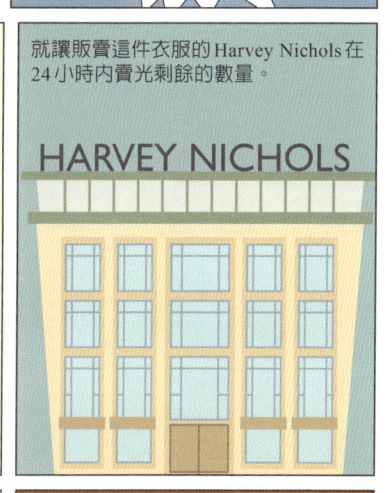

Issa品牌475英鎊的洋裝

就讓販賣這件衣服的 Harvey Nichols 在24小時內賣光剩餘的數量。

HARVEY NICHOLS

連特易購（Tesco）推出的16英鎊同款洋裝也一上架就被搶購一空。

簡而言之她就是英國的完售女*！

那麼2011年5月，凱特在白金漢宮與蜜雪兒・歐巴馬見面時穿的那件175英鎊的Reiss洋裝呢？

呵！不只有蜜雪兒・歐巴馬效應，我的效應也不輸姐姐喔。

喔！妳也喜歡平價時尚？

這件洋裝一直到早上庫存量都很充足，不過凱特一穿上，1分鐘內就賣完！

該品牌網站瀏覽人數暴增500%！

收入翻2倍！

＊有能力造成商品熱銷並賣到斷貨的女人。

更驚人的是，就算凱特沒有出現在公開場合，還是能引發效應！

2011年9月凱特到肯辛頓的Topshop購物。

此時，有人即時把這個消息傳到推特。

我剛剛看到凱特‧密道頓了！她買了65英鎊的藍色仿羔皮呢夾克和38英鎊的綠色點點鉛筆裙！

就算凱特沒有穿這套衣服亮相，這件事還是引發了一股熱潮。

搶購一空！

最近可以舉的例子還有亮色系的緊身褲。當凱特穿著珊瑚色的緊身褲出現在英國的奧林匹克公園……

2012年3月

不過幾小時，亮色系丹寧褲的銷量就增加了高達88%。

凱特穿了亮色緊身褲！好好看～我也要趕快買！

立刻點擊

以超越光速的速度點選

其實這種繽紛的緊身褲是2012年春天流行的款式，在她穿之前，已經有很多其他的名人持續穿著這種褲子。

但是被凱特一穿，就等於是被時尚指標——而且還是王室的時尚指標認可。

有王妃掛保證的衣服！

她當時穿的雖然是242美元的Jbrand緊身褲，卻有眾多中低價品牌跟著推出了約20美元的商品。

這對時尚市場帶來了正面的效果。

提升高達471%！！！

韓國現在也是到處都能看到亮色系的緊身褲。

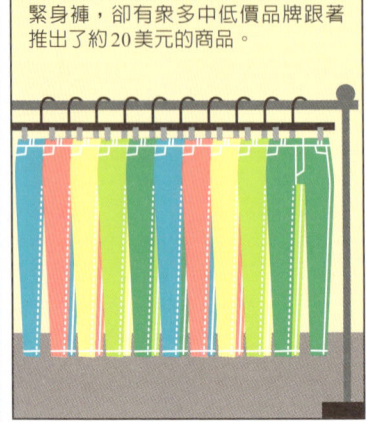

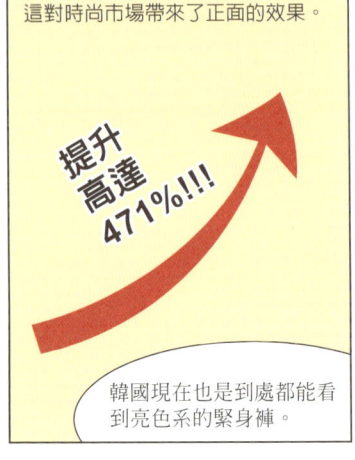

凱特的服裝之所以能用令人難以置信的速度影響時尚市場，網路的影響非常大。

因為網路商店的發達，現在買衣服不用像以前一樣得親自到店面去，而在時尚界分量越來越重的時尚部落客，也扮演了很重要的角色。

輕而易舉地購買商品！

立刻放入購物籃！

時尚部落客 Fashion Blogger
時尚部落客指的是經營以時尚為主題的部落格的人，其優點是：相較於一個月才出一次的雜誌，可以更快掌握潮流、話題、購物情報。隨著時髦程度不輸明星的部落客出現，尤其對時尚市場產生了極大的影響，妲薇・蓋文森、布萊恩男孩、Susie Bubble 等人都是知名的時尚部落客。

當時尚部落客一看到凱特出現在電視上或網路上

喔！剛出爐還熱呼呼的狗仔照！

查出商品的品牌和資訊，有人甚至會附上可以立刻線上購買的連結！

透過智慧型手機或網路，使用者點入連結後，只要按幾個鍵就能輕鬆買到任何東西！

這種小小的過程就像蝴蝶效應一樣，大大改變了原本不景氣的市場。

凱特超紅！　狗仔出動！　活化時尚產業　Fashion　上傳到網路～　ZARA PRIMARK 即時分享情報　火速購買！

凱特・密道頓效應也對英國的經濟起了許多正面的影響。

£2 billion

尤其是高街品牌沾了最多凱特的光，其中最大的受惠者就是 Reiss。

REISS

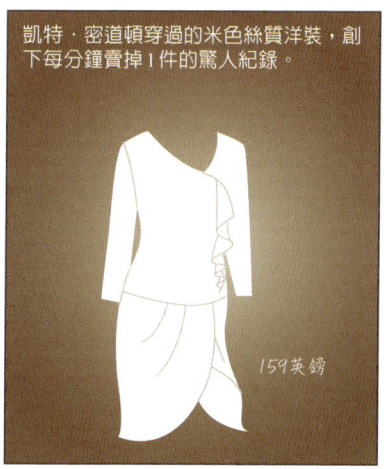

凱特・密道頓穿過的米色絲質洋裝，創下每分鐘賣掉 1 件的驚人紀錄。

159英鎊

年營收從2011年的430萬英鎊（折合台幣約2億元），成長2倍達到850萬英鎊（折合台幣約4億元）。

Thank you, Kate!!!!
REISS

因為這樣的效應，許多高街品牌便持續推出凱特風格的商品。

設計成凱特‧密道頓的風格吧！
ZARA
這樣才會大賣啊！！
TOPSHOP

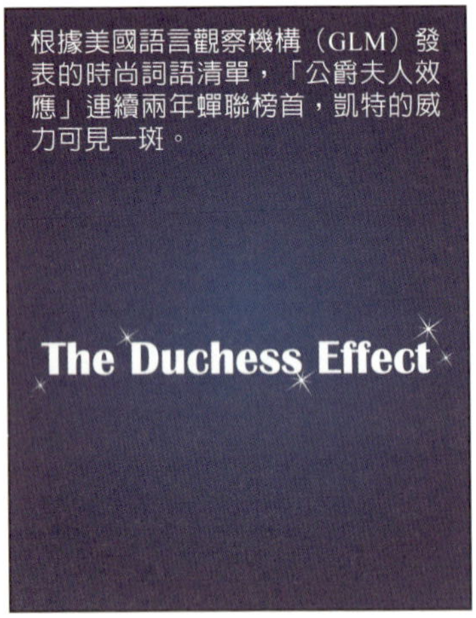

根據美國語言觀察機構（GLM）發表的時尚詞語清單，「公爵夫人效應」連續兩年蟬聯榜首，凱特的威力可見一斑。

The Duchess Effect

婚禮隔天穿著89英鎊的Zara洋裝

2011年3月為了支持癌症患者募款，到英國貝爾法斯特那天所穿的Burberry風衣。

2011年8月造訪伯明罕時穿著亞歷山大‧麥昆的襯衫和裙子。

ZARA　BURBERRY　ALEXANDER McQUEEN

* 威廉王子還未繼位，所以其實凱特目前應該稱作王子妃，但華文媒體還是習慣稱她凱特王妃。

以「凱特·密道頓」這個稱呼更為人所知的凱薩琳王妃，直到幾年前都還是個沒沒無名的存在。

> 只是眾多平凡女性中的其中一個。

但是這位有品味、有一天將成為英國王妃*的年輕女人

> 是愛情、名譽、財富通通都有的女人！
> 上輩子真是燒了好香！
> 哎呀！好羨慕！
> 她的內臟肯定很醜。

滿足了大眾一直以來對新一派風格指標人物的渴望。

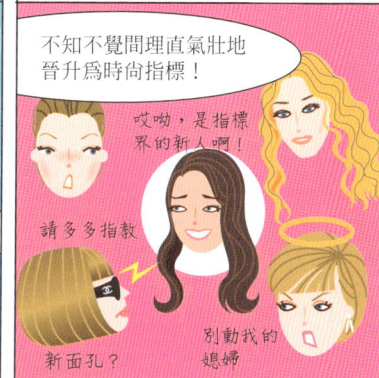

> 不知不覺間理直氣壯地晉升為時尚指標！
> 哎呦，是指標界的新人啊！
> 請多多指教
> 新面孔？
> 別動我的媽婦

凱特平常的樣子變成女性們關注和想模仿的風格。

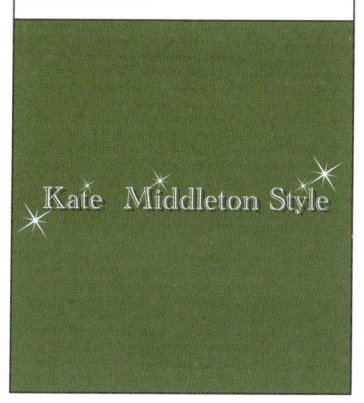

Kate Middleton Style

令人開心的是，她不像其他名人一樣滿身名牌。

> 如果凱特只穿愛馬仕或香奈兒，那我們就不會想要學她了。
> 點頭

在鄰近的百貨公司或連鎖商店、中低價品牌，甚至是二手店，都能找到穿出凱特風的單品。

> 喔！得手！

比起幾十年來深受愛戴、不朽的時尚指標，目前嶄露頭角時間還不長的時尚指標——凱特·密道頓！

> 妳現在還是小孩子。
> 啾啾啾

雖然她現在已經成為小王子的母親，但對許多女性來說，凱特仍是非常優秀的時尚範本。就讓我們一起期待在往後的時尚史裡，她能成為2010年代的時尚指標吧！

2012年6月，凱特·密道頓身穿英國設計師珍妮·帕克漢的淺粉紅珠片禮服參加正式活動。

2012年5月，穿著珍妮·帕克漢的禮服和Jimmy Choo的高跟涼鞋到皇家阿爾伯特音樂廳。

凱特・密道頓

文獻

- Heidi Blake, *Sarah Burton of Alexander McQueen to design Kate Middleton's wedding dress?*, Telegraph.co.uk, 2011. 3. 6
- *Vogue editor on Kate Middleton's fashion style and wedding dress*, Telegraph.co.uk, 2011. 3. 17
- *Royal wedding: Kate Middleton's home village of Bucklebury prepares for big day*, Telegraph.co.uk, 2011. 4. 12
- Belinda White, *Kate Middleton's wedding dress latest: Sophie Cranston of Lib?lula chosen as designer?*, Telegraph.co.uk, 2011. 4. 17
- Imogen Fox, *Speculation over royal wedding dress reaches fever pitch*, <The Guardian>, 2011. 4. 22
- Carlene Thomas-Bailey, Zoe Wood, *How the 'Duchess of Cambridge effect' is helping British fashion in US*, <The Guardian>, 2012. 3. 30
- *Royal wedding: The Kate Middleton story*, BBC NEWS UK, 2010. 11. 16
- *Royal wedding: What are they saying about the dress?*, BBC NEWS UK, 2011. 4. 29
- *Popular girl who caught royal eye*, bbc.co.uk, 2005. 3. 31
- *She's Tops: Kate Named 'Hat Person of the Year'*, <People>, 2012. 1. 27
- Stacey Leasca, *How Kate Middleton saved pantyhose with The Duchess Effect*, <Global post>, 2012. 2. 9
- Anna Pursglove, Sadie Nicholas, *How Kate Middleton saved pantyhose with The Duchess Effect*, <Daily Mail> Online, 2012. 3. 14
- Laura Williams, *Royal Wedding Fashion - A Tall Woman's Perspective*, About.com.
- Tom Sykes, *Kate Middleton Is the Queen of High-Street Fashion*, thedailybeast.com, 2012. 2. 14
- Meredith Lepore, *The 'Kate Middleton Fashion Effect' Is A Machine*, The Grindstone.
- *Kate Wows In Second Sarah Burton Outfit*, Sky News, 2011. 4. 30
- *Middleton to wear McQueen wedding dress: report*, Abc.net.au, 2011. 3. 7
- Booth Moore, *Royal Wedding: Handicapping Kate Middleton's wedding gown designer: The high-fashion favorites*, <Los Angeles Times>, 2011. 4. 27
- *Kate's dress 'timeless'*, Iafrica.com, 2011. 4. 29

網站

- People.com
- royal.gov.uk
- dukeandduchessofcambridge.org
- imdb.com

附錄
其他的流行指標人物

露易絲・布魯克絲 Louise Brooks
葛麗泰・嘉寶 Greta Garbo
克拉克・蓋博 Clark Gable
英格麗・褒曼 Ingrid Bergman
艾維斯・普利斯萊 Elvis Presley
詹姆斯・狄恩 James Dean
艾莉・麥克勞 Ali MacGraw
麥可・傑克森 Michael Jackson
琳達・伊凡吉莉絲塔 Linda Evangelista
妮可・里奇 Nicole Richie
卡琳・洛菲德 Carine Roitfeld
達芙妮・吉尼斯 Daphne Guinness
瑞秋・佐伊 Rachel Zoe
科洛・塞維尼 Chloë Sevigny
席艾娜・米勒 Sienna Miller
艾里珊・鍾 Alexa Chung
布蕾克・萊弗莉 Blake Lively
米蘭達・可兒 Miranda Kerr

1920s

Louise Brooks

露易絲・布魯克絲（1906～1985）
爵士時代中最具指標性的美國女演員兼舞者，曾參與好萊塢電影《潘朵拉的盒子（Pandora's Box）》、《墮落少女日記（Diary of A Lost Girl）》的演出，因而成為知名影星。一頭俐落的黑褐色鮑伯頭是她的招牌風格，喜歡穿著華麗的皮草、絢麗的晚禮服，以及絲綢、絲絨、粗花呢材質的華服。

1930s

Greta Garbo

葛麗泰・嘉寶（1905～1990）
葛麗泰・嘉寶出生於瑞典，被認為是好萊塢默片時期傳奇性的美女演員。形狀如吊鐘模樣的鐘型帽和寬帽簷的垂邊軟帽，是嘉寶最常穿戴的配件，也因此被稱作「嘉寶帽」。以帽簷遮去大半臉龐並散發出誘人的模樣，搭配風衣外套、牛津鞋、長裙和毛衣，就是她最為人知的經典造型。

1930s

Clark Gable

克拉克・蓋博（1901～1960）
有「好萊塢之王」稱號的美國男演員，著名的作品有電影《亂世佳人（Gone with the Wind）》。克拉克富有魅力、外表俊俏，而且時髦又有紳士韻味。他最著名的造型是合身的西裝，胸前口袋小露一角方巾，再配上一頂軟呢帽，這樣的造型不僅深受女性青睞，許多男性也爭相仿效。他抹上髮油，將頭髮梳成乾淨俐落的油頭造型，也成為了紳士的象徵之一。此外，電影《一夜風流（It Happened One Night）》中，為了強調男人味，克拉克襯衫裡什麼都不穿，導致男性內衣銷售量驟減。

1940s

Ingrid Bergman

英格麗‧褒曼（1915～1982）

活躍於歐美的瑞典籍女演員，曾經靠著一對碧藍的瞳孔、豐厚的雙唇及優美的臉型，獲得「完美女人」的讚許。與同時代其他女演員不同，英格麗沒有過度的裝扮或濃豔的妝容，並且拒絕好萊塢的風格。她演出電影《北非諜影（Casablanca）》後，帶動了白色襯衫和風衣的流行，成為時尚指標。英格麗喜歡簡約而時髦的穿衣風格，優雅合身的外套配上經典的鉛筆裙是她的招牌造型，被視為1947年迪奧New Look的代表人物。

1950s

Elvis Presley

艾維斯‧普利斯萊（1935～1977）

被稱為「搖滾樂之王」的艾維斯是音樂人，也是演員。不論衣著、髮型、歌唱的方式還是舞蹈，他的一切都帶給觀眾耳目一新的衝擊。向上豎立的飛機頭造型和用色大膽的穿著是他最大的特色。在從未有人想過男性也能將粉紅色穿上身的年代，艾維斯就穿著粉紅色上衣，並開著粉紅色的凱迪拉克（他最愛的顏色果然是粉紅色）。他熱愛鮮豔色彩或誇張花紋的休閒套裝、特別訂製的華麗珠寶和鞋子，也會穿連身褲。然而，牛仔褲是他的拒絕往來戶，因為這會讓他想起過去窮困的日子。

James Dean

詹姆斯‧狄恩（1931～1955）

美國演員，是1950年代年輕人的偶像，24歲時因悲劇性的意外逝世。詹姆斯的一生雖然只參與過三部電影的演出，卻在世人心中留下了強烈的存在感。他在電影《養子不教誰之過（Rebel Without a Cause）》裡紅色夾克搭配牛仔褲的造型，至今仍引起復古風潮。詹姆斯的一貫風格是將頭髮往後梳，搭配皮衣和貼身的白色T恤、牛仔褲，除此之外不會配戴任何飾品。雖然穿著極為簡單，不過他憂鬱中帶點叛逆且帥氣的外表，仍讓他成為永遠的青春指標。

1970s

Ali MacGraw

艾莉・麥克勞（1939～）
因演出電影《愛的故事（Love Story）》的女主角而聲名大噪的美國女演員。一頭自然的長髮與雙排釦大衣、針織帽、條紋圍巾的學院風（Preppy），是艾莉最知名的裝扮，並且在1970年代帶動流行。Preppy一字原指美國東部私立貴族高中的高中生，而他們典型的穿衣風格就叫做學院風。經典的男性學院風是一件棉長褲搭配POLO衫或毛衣，配上繡有校徽或會章的夾克或打上領帶；而基本的女性學院風則是百褶裙配上格紋或菱格紋針織上衣，外加一件外套。

1980s

Michael Jackson

麥可・傑克森（1958～2009）
流行音樂之王，也是史上最成功的藝人。在音樂、表演、MV、穿著打扮，以及所有文化的層面上，麥可留下了許多經典。頭頂長捲髮，身穿白T恤配黑長褲，腳踩必備的白襪搭黑色樂福鞋，跳著月球漫步的身影，是20世紀最具代表性的畫面之一。他最著名的造型是綴有金色肩章及臂章的外套，配上墨鏡和閃亮的手套。

1990s

Linda Evangelista

琳達・伊凡吉莉絲塔（1965～）
加拿大出身的琳達是活躍於1980年代後期至1990年代的第一代超級名模。22歲時初次登上《VOGUE》雜誌封面，此後陸續拍攝過600多本時尚雜誌的封面照片，所有頂尖設計師的秀必有她的身影。桀驁不馴的形象和對於時尚的敏銳度是她成功的因素。琳達曾說過「一天沒有一萬美金的收入，我們不會起床工作。」在當時引起一番爭議。2011年，她向身家上億美元的法蘭索瓦-亨利・皮諾要求小孩的鉅額撫養費，因而上了新聞頭條。

Since 2000s

Nicole Richie

妮可・里奇（1981～）
美國的女演員、主持人，也是傳奇歌手萊諾・里奇的女兒，與兒時朋友兼希爾頓飯店的繼承人派瑞絲・希爾頓共同參演美國實境秀節目《拜金女新體驗（The Simple Life）》，以節目中活潑淘氣的形象打出知名度，成為流行指標人物。僅有157公分嬌小身材的妮可，擅於混搭寬鬆長裙、大墨鏡及華麗配件，讓波西米亞風的Boho Chic蔚為流行。然而，妮可曾因過度的減肥，導致骨瘦如柴，外界甚至誤會她得了厭食症，引起軒然大波。現在的她已經擺脫過去派對女孩的形象，改以一個孩子的媽、以及自創品牌「Winter Kate」和「House Of Harlow 1960」設計師的身分活躍於時尚界，經常以時髦的面貌示眾。

Carine Roitfeld

卡琳・洛菲德（1954～）
出生於法國，從2001年起擔任法國版《VOGUE》雜誌總編輯10年，可說是法式時尚的指標。擔任《VOGUE》主編的期間，她以刊登大膽、性感照聞名，甚至有「情色時尚女王」的稱號。一直以來卡琳都被視為安娜・溫圖的強敵，卻突然於2010年宣布退出《VOGUE》，造成時尚界一片譁然。現為自由編輯、時尚顧問，並且創辦了《CR》雜誌。

Daphne Guinness

達芙妮・吉尼斯（1967～）
健力士啤酒的繼承人、設計師、表演藝術家，同時也是好幾位藝術家的繆思女神。生活寬裕的達芙妮，出了名地喜歡收藏只有在伸展台上才看得到的高級訂製服，並且在日常生活中實際穿著它們。在時尚與藝術的領域中，她有著獨特的品味，因此時常造成話題，連女神卡卡也曾經從她身上獲得靈感。當造型師伊莎貝拉・布羅自殺後，她的衣服面臨拍賣危機之際，喜愛藝術與時尚的達芙妮為了守護這些衣服而全數買下，留下傳奇之舉。

Rachel Zoe

Since 2000s

瑞秋・佐伊（1971〜）
美國的造型師。曾替安・海瑟薇、卡麥蓉・狄亞、黛米・摩爾、麗芙・泰勒、琳賽・蘿涵、米莎・巴頓、妮可・里奇、麥莉・希拉等一線好萊塢明星打理造型。妮可・里奇成功帶動流行的Boho Chic，也是出自瑞秋・佐伊的造型功力。

Chloë Sevigny

科洛・塞維尼（1974〜）
美國的女演員、模特兒、時裝設計師。雖然她靠著電影《男孩不哭（Boys Don't Cry）》走紅，但是時尚偶像、時尚指標的形象反而更令人印象深刻。她是韓國演員金敏喜仿效的目標，而她最常做的打扮是名牌與中低價位街頭品牌混搭的古著風。即使是走紅地毯，她也不需要造型師的幫忙，就能自己搭配出大膽且出色的禮服造型，因此深受矚目。

Sienna Miller

席艾娜・米勒（1981〜）
女演員兼模特兒、時裝設計師，有小凱特・摩絲之稱，並且以裘德・洛前女友的身分為人所知。彷彿未經打理的髮型和多層次穿搭、Boho Chic，讓席艾娜躍升為時尚指標。她擁有敏銳的時尚品味，總能掌握每季的流行趨勢，因此吸引了狗仔將她列為跟拍對象；而她每日的穿搭造型，也相當受女性歡迎。

Since 2000s

Alexa Chung

艾里珊・鍾（1983～）

英國出身的模特兒兼主持人，目前也是英國《VOGUE》的編輯。一開始從事模特兒的工作，之後因主持英國的音樂節目而踏入星界，曾為DKNY、Lacoste等品牌拍攝廣告。2009年與英國品牌Mulberry合作推出艾里珊包，造成搶購風潮。自此之後，只要是掛名艾里珊的產品，如褲子、鞋子等都會成為流行趨勢。艾里珊以女人味中帶點休閒的日常穿搭受到注意，而她最常穿的則是丹寧材質的單品、展露修長美腿的迷你裙及低跟鞋。同時，艾里珊還再次帶動了牛仔吊帶褲的流行。

Blake Lively

布蕾克・萊弗莉（1987～）

演出美國青春影集《花邊教主（Gossip Girl）》中瑟蕾娜一角，而在一夕之間晉升為大明星，現為最炙手可熱的時尚達人，代言過香奈兒和Gucci。她以178公分的身高和芭比娃娃的曼妙身材為傲，在《花邊教主》中嘗試了性感的學校制服風、紐約客風，以及名人派對風，讓觀眾大飽眼福。布蕾克私下自然不誇張的打扮，也十分受人歡迎。

Miranda Kerr

米蘭達・可兒（1983～）

澳洲出身的模特兒。13歲起便開始擔任模特兒走秀，2007年成為內衣品牌維多利亞的祕密的模特兒，自此走紅。米蘭達稚氣的臉龐與黃金比例的火辣身材，擄獲了男女性的心。在韓國，米蘭達的人氣也是居高不下，甚至親切地稱呼她為米蘭。2010年與演員奧蘭多・布魯結婚，但2013年即辦理離婚，在當時引起了不少話題。生產完的米蘭達依舊保有完美的身材，並且不時展現時尚品味，因此狗仔拍攝她與兒子弗林的照片，總能吸引大眾目光。

延伸閱讀

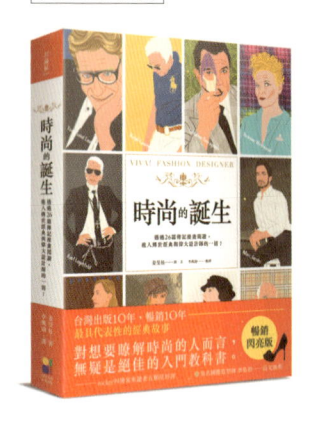

《時尚的誕生（暢銷閃亮版）》

透過26篇傳記漫畫閱讀，
進入傳世經典與偉大設計師的一切！

姜旻枝◎著　李佩諭◎譯

＼台灣出版10年　暢銷10年！／
★最具代表性的經典故事★
對想要瞭解時尚的人而言，無疑是絕佳的入門教科書！

他們，讓時尚誕生了！
26位發明不朽品牌的大師，
他們的傳奇故事，
他們的熱情、創意、成功，
比電影還電影的人生故事，透過一格格漫畫在你眼前上演。

他們打破限制勇敢追夢，他們在創作中苦吞失敗與被嘲笑，
他們「設計眾人的生活」，並不是為了讓品牌貴不可攀，
而是為了讓自己腦中的創意和大眾一起呼吸，
讓衣服飾品等生活物件，更美觀、更實用、更獨特！

這些人生歷程，
就是時尚設計界的歷史與精神。
結合了圖像、故事、藝術、勵志、史實，
是前所未有的新概念時尚教科書！

《建築的誕生》

15位傳奇大師的生命故事，
161件影響世界美學的不朽作品

金弘澈◎著　陳品芳◎譯

他們，讓建築誕生了！

他們曾經立志作一名建築師，也曾經誓言為建築付出一輩子，
但他們不是一開始就找到自己的目標，也不是一路順利完成自己的夢想，
他們從默默無名到成為全球美學的指標，
他們從黑暗與沉默中走向光芒耀眼的世界舞台，
這一本濃縮了人類藝術與文化的建築之旅，加上建築師的傳奇人生，
讓你從漫畫與故事中，誕生屬於你自己的建築知識史與生活思考。

《犬的誕生》

每天陪伴你的毛小孩，
也有屬於牠們的歷史故事，
了解牠們，才會更懂得珍惜牠們

林秀美◎著　陳品芳◎譯

23種狗狗，就有23種個性；
因為理解，所以感到更幸福。

牠們善解人意，總是在最需要安慰的時候，一個可愛的眼神，就讓人瞬間融化；
牠們聰明活潑，總是使命必達又不求回饋，只要你一個擁抱，一句鼓勵；
牠們忠心耿耿，你從不知道為了你，牠們等待多久，尋找多久，愛你多久……
但你有多了解牠們呢？

寵物繪畫師用敏銳的觀察，愛情的心境，細緻描繪300頁以上的彩圖，
最完整23種犬的演化歷程，附加6種主人必備入門飼養技巧，
獻給正在養狗狗，曾經養狗狗，喜歡狗狗的你。

討論區 017

時尚經典的誕生（暢銷閃亮版）
18位名人，18則傳奇，18個影響全球的時尚指標

作　　　者｜姜旻枝
譯　　　者｜黃筱筠

出 版 者｜大田出版有限公司
台北市一〇四四五中山北路二段二十六巷二號二樓
E - m a i l｜titan@morningstar.com.tw　http://www.titan3.com.tw
　　　　　（02）2562-1383　傳真：（02）2581-8761
編輯部專線｜【如果您對本書或本出版公司有任何意見，歡迎來電】

總　 編 　輯｜莊培園
副 總 編 輯｜蔡鳳儀
行 政 編 輯｜鄭鈺澐
行 銷 編 輯｜林聲霓
校　　　對｜鄭秋燕／黃筱筠

初　　　刷｜二〇一五年三月一日　定價：五五〇元
二版初刷｜二〇二四年十一月十二日
網 路 書 店｜http://www.morningstar.com.tw
購書 E-mail｜service@morningstar.com.tw
讀者專線｜04-23595819 # 212
郵政劃撥｜1506 0393（知己圖書股份有限公司）
印　　　刷｜上好印刷股份有限公司
國際書碼｜978-986-179-912-4　CIP：541.85／11301427

① 填回函雙重禮
立即送購書優惠券
② 抽獎小禮物

國家圖書館出版品預行編目資料

時尚經典的誕生／姜旻枝著；黃筱筠譯.
——二版——臺北市：大田，2024.11
面；公分.——（討論區；017）

ISBN 978-986-179-912-4（平裝）

1.時尚 2.漫畫

541.85　　　　　　　　　　11301427

版權所有　翻印必究
如有破損或裝訂錯誤，請寄回本公司更換
法律顧問：陳思成

Printed in Taiwan
"Eternal Fashion Icons" Copyright © 2013 by Kang Min Jee
Original Korean language edition by Rubybox Publishers Co.
Traditional Chinese Translation Copyright © 2015 TITAN
Publishing Co., Ltd.
This edition is arranged with Rubybox Publishers Co.
through Pauline Kim Agency, Seoul, Korea.
No part of this publication may be reproduced, stored in a
retrieval system
or transmitted in any form or by any means, mechanical,
photocopying, recording,
or otherwise without a prior written permission of the
Proprietor or Copyright holder.